U0650697

投资精英都是技术控——

教你玩转量化交易

张 聪◎著

中国铁道出版社有限公司
CHINA RAILWAY PUBLISHING HOUSE CO., LTD.

北 京

图书在版编目（CIP）数据

投资精英都是技术控：教你玩转量化交易 / 张聪著.
北京：中国铁道出版社有限公司, 2025.1. -- ISBN 978
-7-113-31663-1

Ⅰ. F830.91

中国国家版本馆 CIP 数据核字第 2024L7H018 号

书　　名：投资精英都是技术控——教你玩转量化交易
　　　　　TOUZI JINGYING DOU SHI JISHU KONG：JIAO NI WAN ZHUAN LIANGHUA JIAOYI
作　　者：张　聪

责任编辑：张　明　　　　编辑部电话：(010) 51873004　　　电子邮箱：513716082@qq.com
封面设计：宿　萌
责任校对：安海燕
责任印制：赵星辰

出版发行：中国铁道出版社有限公司（100054，北京市西城区右安门西街 8 号）
网　　址：https://www.tdpress.com
印　　刷：河北宝昌佳彩印刷有限公司
版　　次：2025 年 1 月第 1 版　　2025 年 1 月第 1 次印刷
开　　本：710 mm×1 000 mm 1/16　印张：15.5　字数：322 千
书　　号：ISBN 978-7-113-31663-1
定　　价：88.00 元

版权所有　侵权必究

凡购买铁道版图书，如有印制质量问题，请与本社读者服务部联系调换。电话：(010) 51873174
打击盗版举报电话：(010) 63549461

前　　言

　　量化交易是一种基于数学模型和算法，通过对市场历史数据的分析来制定和执行交易策略的交易方式。与依赖个人经验的传统交易方式相比，量化交易凭借其高效、精准和智能化的优势，正在全球资本市场中占据越来越重要的地位。

　　在国际市场上，量化交易已经经历了几十年的长足发展。1978 年，詹姆斯·西蒙斯创立了 Monemetrics，这家机构后来发展为全球知名的文艺复兴基金。尽管西蒙斯已离世，但他的开拓性实践深刻影响了全球量化交易行业，并激励了无数后来者。

　　在 A 股市场，量化交易的发展尚处于初级阶段。与成熟市场相比，A 股的市场结构、市场风格和市场机制均存在显著差异。A 股市场中散户投资者的比重较大，而他们对量化交易的态度则较为复杂：一方面，散户对量化交易的高效与精准心怀向往；另一方面，他们又担心量化交易可能加剧市场波动，甚至损害市场的公平性。然而，全球市场的实践早已表明，量化交易不仅不是市场的"搅局者"，反而是推动市场走向成熟的重要力量。通过提升市场流动性、加快信息传递、提高价格发现效率，量化交易在一定程度上增强了市场有效性和平稳性。

　　基于这一认识，我编写了这本专注于 A 股市场量化交易的书，旨在为广大投资者揭开量化交易的神秘面纱，帮助大家理性看待并积极参与这一新兴领域。本书的目标并不是成为一部面面俱到的专业教科书，而是希望在有限的篇幅内，深入浅出地介绍量化交易的核心概念、主流策略及实战应用。

　　本书聚焦于中低频交易，从基本面分析和技术分析入手，系统讲解了业内主流的因子分析方法和人工智能技术在投资中的应用，力求为读者提供一套可落地、易上手的量化交易框架。无论您是希望转型量化交易的独立投资者，还是有志于毕业后投身量化机构的在校学生，本书都希望为您提供一条可行的学习和实践路径。

　　在交易策略实现方面，Python 凭借其简洁的语法、丰富的库支持和广泛的应用场景，已成为量化交易领域的首选编程语言。出于实用性考虑，书中许多章节都提供了具体的 Python 代码实现。需要注意的是，本书假定读者已具备一定的 Python 编程基础，因此未对基础语法做过多赘述。若您对 Python 语法尚不熟悉，互联网上有大量优质的学习资源，相信这不会成为您的学习障碍。

　　为使内容更具针对性和实用性，作者在初稿成型后对部分章节进行了精简和调整。被删减的内容大多已发布在作者的个人公众号"至简量化"上，供有需要的读者查阅。此外，书中原计划收录的"机器学习的数学基础"部分，因为内容相对独立且阅读门槛较高，已被制作成一份独立的 PDF 文档。如果您对这份文档感兴趣，在公众号后台回复"数学"，即可获取。

需要特别强调的是，仅通过阅读本书不足以使您成为量化交易领域的理论专家，书中的策略也未必能为您直接带来丰厚的投资回报。但我相信，将书中介绍的理论和方法与您自身的投资经验和智慧相结合，能够帮您找到投资道路上的独门秘籍。

最后，我要表达一些特别的感谢。本书初稿的写作时间，几乎与我妻子的孕期完全重合。在那段时间里，我们一边期待着新生命的到来，一边共同见证着书稿的逐步成型。感谢创作过程中妻子给我的理解和支持，那是一段宝贵的回忆。在宝宝即将满一周岁之际，本书也即将与大家见面。在我心里，这本书不仅是对读者的交代，也是送给宝宝的第一份生日礼物。我希望，若干年后，当他有能力阅读这本书时，能够从中感受到我对他的期许：保持对未知的好奇，勇敢去探索更广阔的世界。

感谢中国铁道出版社有限公司的编辑老师，没有她就不会有这本书。也向每一位读者表达我的谢意，感谢您愿意花时间阅读本书，去思考、去尝试、去质疑。我会根据您的反馈，不断完善书中的内容，并持续在"至简量化"公众号上分享新的研究和思考。希望这本书能够成为您量化投资之路上的一个起点、工具和指引。

张　聪

2024 年 12 月

目　　录

第 **1** 章　股市量化投资之路

近年来，随着人工智能和大数据技术的飞速发展，量化交易在股票、期货、外汇及新兴的数字货币等市场中的应用越来越广泛。据统计，在全球范围内，大约有70%的交易量都是由量化交易程序执行的。随着中国资本市场的日益壮大和开放程度的不断提高，越来越多的投资者开始尝试在 A 股进行量化交易。

本章将为读者介绍量化交易的基本理念和特点，探究量化交易的基本流程和注意事项。希望通过对本章的学习，帮助读者开启量化交易之路，掌握系统化的背景知识，让读者在量化交易之路上行稳致远。

1.1 股票量化交易简介

本节简单介绍股票量化交易的概念和特点，帮助大家形成对量化交易，特别是股票量化交易的整体认识。

1.1.1 概　　念

量化交易是一种基于计算机程序和统计模型的交易方式，它使用数学模型和算法从历史市场数据中挖掘规律和趋势，并通过计算机程序执行交易策略。与传统的基于人工经验的交易方式相比，量化交易的自动化和智能化程度更高。

股票市场是量化交易的主要应用领域之一，股票市场的量化交易通常也称量化投资，本书后面的章节会混用这两个名词。与其他市场的投资相比，基本面因素在股票投资中扮演的角色尤为重要。基本面因素指公司或者行业的财务和经营指标，如盈利能力、成长潜力、负债状况、管理层的能力、市场份额等。在股票投资中，投资者可以通过分析这些基本面指标评估企业的成长性和潜在风险，判断股票的估值是否合理，从而决定是否买进或卖出股票。当然，在外汇、商品等交易中主要关注的价量指标，在股票市场中也扮演着重要角色。

因此，股票市场量化投资需要采取人工智能和大数据等先进技术，处理和分析股票的基本面和量价数据，包括历史和实时数据，建立交易策略，为交易行为提供指导，甚至自动执行买入和卖出操作。量化交易在股票市场中的应用，不仅提高了投资的时效性和准确性，还可以有效降低人为因素对交易的影响，从而实现收益最大化。

1.1.2 特　　点

虽然国内可投资的资产类别已经很丰富，但吸引最多个人投资者的还是 A 股，本书主要关注的也是 A 股的量化交易，因此，有必要对 A 股量化交易的特殊性进行介绍，主要包括以下几点。

（1）逐步完善的市场。首先，作为一个新兴市场，A 股市场的监管制度仍在不断完善，量化投资者需要及时了解和应对不断变化的法律和监管要求，以确保投资行为合法合规。其次，A 股市场退市机制仍在完善中，上市公司数量持续增长，A 股市场存在流动性不足、波动性较大的现象。量化交易者需要灵活应对市场波动，采取有效的风险管理措施。最后，A 股市场的投资者结构多元，除了类型多样的机构投资者，散户投资者的筹码也占据了相当大的市场份额。因此，量化交易策略需要根据 A 股市场独特的投资者结构做出相应的调整。

（2）涨跌幅限制。涨跌幅限制是指对股票在一个交易日内涨跌幅度的限制，目的是控制市场波动和抑制投机交易。A 股的涨跌幅限制统一为 10%，目前创业板和科创板的涨跌幅限制都已放宽到 20%。对量化投资者来说，A 股涨跌幅限制可能会造成交易机会减少，交易策略的盈利潜力降低，交易成本增加等影响。但这并不意味着量化交易策略就不能成功地应用于 A 股市场，只是投资者在设计交易策略时需要针对涨跌幅限制做更精细的处理。

（3）做空成本高。首先，融券利率较高。在 A 股市场中，做空股票时需要通过融券融资渠道融入股票。融券利率通常会比借款利率高出数倍，这意味着做空成本很高。其次，A 股市场对融券的股票范围和融券数量是有限制的，这使得投资者无法对某些股票进行大量的做空交易，从而影响了量化交易策略的实施。最后，还要考虑监管的限制。监管机构对于市场中的做空行为非常关注，不仅发布了一些限制做空的常规规定，有时还会采取一些打击空头的非常规行动。因此，在制定 A 股量化交易策略时，特别是在构建多空组合时，要认真考虑做空的可行性。

（4）"T+1" 交易制度。自 1995 年 1 月 1 日起，为保证股票市场的稳定，防止过度投机，A 股实行 "T+1" 交易制度，也就是当日买入的股票，要到下一个交易日才能卖出。这一制度使国际上流行的高频交易策略在 A 股市场无法直接应用，投资者需要付出更多的成本实现变相的 "T+0"。

1.2　量化交易的基本流程

如前所述，量化交易是通过数据分析、模型构建等手段，基于严谨的逻辑和规则，对股票、期货等进行交易的一种交易方式。与传统的人工交易方式相比，量化交易的主要流程是截然不同的。下面将从数据获取、数据预处理、策略构建、回测、模拟交易和实盘交易六个环节介绍量化交易的基本流程。

1.2.1　数据获取

数据是量化交易的基础，因此，量化交易的第一步就是数据获取。量化交易可能需要的数据既包括行情数据、公司财务数据、宏观经济数据、行业数据等传统数据，也包括新闻、社区评论、电商数据甚至卫星图像等其他类数据。

目前，A 股市场上有多家数据供应商，如中证指数有限公司、万得、东方财富、同花顺、聚宽等，它们都提供量化投资所需的关键数据，在全面性、准确性、及时性等方面各有所长。因此，在选择数据来源的时候，需根据自己的需求综合权衡。对于专业投资者，往往需要接入多个数据源。

对于股票数据源有两点需要特别关注，一是对股票历史数据是否进行了复权处理，二是历史数据中是否包含已退市股票。一方面，上市公司会在除权日进行股票拆分，在除息日进行股息发放，除权、除息会带来股价的大幅变动，但这只是一种形式上的调整，本质上并没有变化。比如一只 20 元的股票十送十后股价变成了 10 元，如果不复权，会误以为股价下跌了 50%，将产生严重的误导。另一方面，A 股退市制度日益严格，仅 2023 年一年就有 43 家公司退市，如果历史数据中不包含已退市公司的数据，会造成幸存者偏差。

1.2.2 数据预处理

数据质量是决定量化交易成败的关键，有统计指出，量化交易员有三分之二的工作时间都在处理数据。数据预处理手段通常包括数据清洗、数据集成、数据变换、数据规约四种。

数据清洗是指删除重复的数据，统一数据格式，去除不相关、不准确或者损坏数据的过程，包括检查数据一致性，处理无效值和缺失值等。

数据集成是指将来自不同来源的多个数据集合并成一个数据集，以便更好地分析和决策。数据集成可以通过多种方式实现，包括连接、合并、添加和覆盖数据等。

数据转换是指将数据从一种表示形式转为另一种形式的过程。通常，数据转换可以通过对数据进行归一化、缩放、聚集、离散化、平滑化等实现，以改善数据质量和提高算法的效率。

数据规约是指将原始数据集缩小到更小且更可管理的规模，通常是通过特征选择、特征提取、实例选择等方式实现，以保留最有用的和最相关的信息，同时减少数据集的大小和复杂度，以提高模型的训练和测试效率。

1.2.3 策略构建

量化交易策略的构建包括策略设计和策略实现两步。量化交易策略的设计需要经过专业的数据分析、严密的逻辑思考。通常情况下，在策略设计的过程中，除了要对数据进行综合分析，还需要对当下的政策环境、市场风格和投资者结构等方面及其可能的演变方向进行全面了解。一套完整的交易策略至少应包含交易信号生成、资金管理、风险管理等内容。

策略实现是指对策略设计的处理逻辑进行编程实现，策略实现后需要部署在特定的交易平台上运行。因此，开发工具和交易平台的选择是这一环节需要作出的重要决策。在策略实现过程中，需要考虑量化交易策略的运行逻辑与实际交易平台的匹配度，确保交易策略能够稳定、准确、高效地在实际交易市场中运行。

1.2.4　回　　测

回测是指通过历史数据验证量化策略是否有效，可以说它是量化交易区别于传统交易的最大特点。具体而言，回测的过程是将历史数据输入到构建好的量化交易策略中，通过策略的历史表现预判这个策略未来投入使用后的表现。

在回测的过程中，需要考虑一些重要的要素，如回测周期、回测时长、参照基准、交易费用和滑点等。对这些参数的设置要格外谨慎，尽可能地模拟出真实的市场环境。

回测的目的是根据回测结果优化策略，回测结果中最值得关注的指标包括夏普率、收益率、波动率等。

1.2.5　模拟交易

模拟交易也称纸上交易，一般是在模拟交易平台上进行的，这类平台通常提供实时市场数据、图表和分析工具，帮助交易者进一步验证策略在真实市场上的可行性。模拟交易不会产生实际的盈利或亏损，但可以使我们更深入地理解某策略获取超额收益的逻辑，并提前发现策略在实际运行中可能出现的问题，进而可以帮助我们更好地评估策略收益和风险，并据此进一步优化策略。

1.2.6　实盘交易

当你对策略足够有信心后就可以投入实盘了。实盘交易是指在真实市场上实际买入和卖出股票、期货等交易产品，策略是否真的能带来收益只有投入实盘后才能真正确认。理论上完全智能的量化交易策略是可以全自动执行并可以根据市场的实时变化不断自我优化的，不需要任何人工干预，但现阶段大多数量化交易策略还不能完全脱离人工。

在实盘交易过程中，需要量化投资者做持续的交易监控和优化。量化投资者需要关注多个方面，包括政策变化、市场情绪变化，以及策略自身的收益率、风险、交易成本等。在交易策略产生异常时，量化投资者通常会进行干预，以避免产生不可承受的损失。但对策略的人工干预必须基于明确的逻辑，例如，根据某些指标判断，市场环境已经不符合策略设计所基于的假设。

总的来说，量化交易涉及的环节很多，它需要量化交易人员在数据获取、数据处理、策略构建、回测、模拟和实盘交易等方面都有一定的专业知识和技巧。只有我们更好地了解了量化交易的整体流程，并且在实践中不断地学习、调整和优化，才能创造出更好的交易成果。

1.3　量化交易的常见陷阱及应对

经过几十年的发展，量化交易的价值已经毋庸置疑，但在进行量化交易时有很多常见陷阱，对于初学者来说需要特别注意。在本节我们将讨论量化交易的常见陷阱及如何应对。

1.3.1　幸存者偏差

幸存者偏差是指只考虑那些仍然存在并在市场上交易的股票而排除那些已经破产、退市或被收购的股票所带来的偏差。这种偏差会扭曲策略的回测表现，导致投资者对策略的效果产生错误预期。

1. 示例

假设我们有一个简单的"便宜时买进"策略，每月初将持仓调整为等权持有市场上市盈率（PE）最低的 20 只股票。我们想通过回测验证在 2012 年至 2022 年期间，这一策略在股票市场上的表现。如果我们直接以今天市场上交易的所有股票作为股票池，在回测中从 2012 年 1 月起每月对这些股票的 PE 进行排序，买入排名最后的 20 只股票，回测效果可能会非常好。但是，这一回测是存在幸存者偏差的，因为我们的策略在回测中只买入了那些当时非常便宜且存活下来的股票，而忽略了那些退市的股票。

2. 影响

幸存者偏差对股票的历史表现数据造成的影响是显而易见的，因为一些失败的公司被排除在策略视野之外，可能会错误地提升回测表现，影响投资决策。

3. 应对方法

要避免幸存者偏差，最简单的方法就是使用无幸存者偏差的历史数据，并在回测的每个时间节点上只使用当时可见的股票池。如果数据源的质量无法保证，可以退而求其次，只用近期数据进行回测，这样也可以避免大部分幸存者偏差所带来的影响。

1.3.2　前视偏差

前视偏差是指在回测中使用了未来的信息，即使用了在交易时点之后才公开的数据，从而使得回测结果与实际操作的结果产生差异。

1. 示例

一个简单的例子是在回测中使用了未来的价格数据来进行交易决策。例如，一个基于均线的交易策略可能会在回测中错误地使用从当前时点到未来某个时点的均线数据来确定交易时机，这在实际交易中显然是不可能的。另一个更常见的例子是在策略执行过程中用到了当天的最高价或最低价，这显然也是不合理的，因为交易当天的最高价和最低价只有在收盘后才能确定。

2. 影响

在股票量化交易中，前视偏差是一种非常常见且十分严重的问题，前视偏差会使得回测结果过于乐观，导致投资者对策略的表现期望过高，以致在投入大量资金后遭遇亏损。

3. 应对方法

为避免前视偏差，股票量化交易者应使用滞后的历史数据来计算策略信号。滞后数据是指在计算移动平均值、最高价、最低价、成交量等指标时，只使用上一交易期限的收盘数据。前视偏差有时候很隐蔽，除了在策略实现和回测过程中反复检查外，最好还要通过一段时间的模拟交易来检验。

1.3.3　数据迁就偏差

数据迁就偏差是指因迁就历史数据的噪声而过度优化模型参数，导致策略在实盘中表现不佳的问题。数据迁就偏差是数据分析中面临的普遍问题，在金融领域，由于市场数据的低信噪比及时间序列特征，数据迁就偏差问题尤为严重。在股票量化交易中，交易策略的设计、回测和优化都是基于历史数据的，因此，如果过度追求回测的高收益和低风险，很容易造成数据迁就偏差。

1. 示例

现在人工智能技术在量化交易中的应用十分广泛，这类技术往往涉及大量的参数，有些复杂的人工智能模型，参数规模可以达到千亿级。使用人工智能技术的策略在回测中通过不断调整参数可能得到很好的表现，但在实际交易中很可能表现不佳。

2. 影响

数据迁就偏差会导致回测曲线与实盘曲线不符，即交易策略的回测结果与实盘表现出现较大的差异，从而可能导致交易者在实际操作中亏损。

3. 应对方法

只要采用回测的方式验证策略，就必然存在数据迁就偏差，这一问题无法彻底消除，但有一些经验方法可以降低数据迁就偏差的影响。

（1）降低模型复杂度：如果两个模型的回测表现接近，一定要优先选择更简单的模型。对于常用的机器学习模型来说，经验表明，拟合有效信息并不一定需要复杂的模型，而复杂模型更容易出现过度拟合问题，即过度拟合噪声而不是有效信息。

（2）增加样本量：这包含两个方面的含义，一是使用足够多的回测数据量，二是增加交易次数。在回测数据量方面，根据经验规则，优化参数所需的数据量条数应该是模型中自由参数个数的 250（一年交易天数）倍左右，所以，对于有三个参数的日频交易策略，应该使用至少三年的历史数据。在交易次数方面，有些中低频交易策略在回测期内可能只交易了几十次，无法形成统计意义，因此，必须增加回测过程中的换股次数以减少过度拟合问题。经验表明，模型中的每一个自由度至少需要 15 个测试样本以防止过度拟合。例如，一个策略有五个筛选条件、五个排名条件、两个交易条件，那么策略换股次数需要达到（5+5+2）×15＝180 次以上，才能防止过度拟合。

（3）进行样本外测试：将历史数据根据时间先后分为测试集和训练集两个部分。在构建模型时，参数优化和定性选择使用前一段数据（训练集），所得模型的测试使用后一段数据（测试集），这样测试集就是样本外数据。需要注意的是，不要根据测试集的表现反复优化模型，因为这相当于把测试集变成了另一段训练集，失去了样本外测试的意义。更有效的方法依然是模拟交易，使用尚未发生的真实数据进行真实准确的样本外测试，这样可以发现很多回测中隐藏的问题。

（4）模型集成：由于每个模型都不可避免地带有一定的过拟合成分，将多个模型集成应用可以在一定程度上降低过度拟合风险。

1.3.4　交易成本估计不足

交易成本估计不足是指在股票量化交易中，交易员没有充分估计交易可能涉及的所有成本，导致无法正确衡量交易成本对策略表现的影响。在量化交易中，要考虑的成本很多，除了难以计量的机会成本，可量化的直接交易成本至少应包括交易手续费和滑点两种。

股票交易手续费包括印花税、佣金、过户费等。佣金由投资者和证券公司协商决定，每个人的佣金标准可能不一样。印花税和过户费则有国家规定的固定标准，目前 A 股市场的印花税只在股票卖出时单边征收，为卖出总额的 0.1%。过户费是指股票成交后，更换户名所需支付的费用，此费用按成交金额的 0.001% 收取。

佣金是投资者支付给证券公司的费用，政策规定的最高佣金为买卖金额的千分之三，每笔交易佣金不足 5 元的，按 5 元收取，买卖双边征收。随着证券经纪业务竞争的白热化，佣金成本是逐渐降低的，目前市场上大多数券商已经可以接受万分之一（0.01%）甚至更低的佣金，不过每笔交易佣金最低 5 元的限制还很难突破的。

滑点是指下单时的点位和实际成交点位的差值。滑点问题主要是针对市价单的，限价单理论上不存在这个问题。滑点问题的成因比较复杂，至少受三方面影响：一是订单规模，二是证券流动性，三是系统延时。买卖订单的规模越大，对市场的影响越大，滑点的成本越高，这种由于买卖订单造成的市场价格波动有个专门的名词，叫作"市场冲击"。在当前的市场环境中，有太多机构时刻监控订单簿，一旦有大单出现在订单簿上，哪怕没有实际成交，也会迅速造成市场价格的波动。订单的大小是相对的，不能脱离股票自身的流动性单独考虑，对于一些流动性较差的小盘股来说，一笔资金规模达到 500 万元的买入订单可能就是大单，足以造成很大的市场冲击，而同样的订单放在茅台之类的股票上就只是一笔小单。另一个影响滑点的因素是系统延时，主要由券商交易系统的软硬件设施决定，包括网络延迟、软件系统及服务器响应等，不同券商有明显的差异，要慎重选择。

1. 示例

一位独立投资者通过日频调仓的选股策略长期保持较高的收益，得到了业内的广泛认可，后来他进入基金公司成为一名基金经理，然而进入机构后他的策略不变，收益却不尽如人意。原因就是他没有考虑到交易成本的增加，在资金规模扩大后每次调仓的成本都会大幅提高，最终使得投资收益大幅降低。

2. 影响

交易成本可能会对交易策略的执行结果产生意想不到的影响，并导致策略失效。

3. 应对方法

一方面，交易员需要考虑所有可能涉及的成本，并在回测中充分计入；另一方面，应该根据自己的资金规模和交易标的流动性等情况，综合评估自己的订单可能造成的市场冲击，并据此调整自己的交易频率和下单算法，尽量降低自己的交易成本。大型机构一般都有专门的算法交易下单系统，资产规模越大，算法交易的重要性越高。对于系统延时问题，可以在回测时设置延迟几秒后再发送指令。

1.3.5　偷　　价

偷价指的是在量化策略中偷来一个本不存在的价格去进行成交，具体来说是试图在交易中以比市场价格低的价格购买股票或以高于市场价格的价格出售股票。

1. 示例

某个交易策略的规则是当天最高价大于某个固定价位时即以开盘价买入。在用历史数据进行回测时，可能因为策略编写或回测系统的缺陷，形成错误的成交记录。但在实际交易中，当信号出现时，市场价格可能已经高于开盘价一定距离了，这时用开盘价买入是做不到的。

2. 影响

偷价也会造成回测结果与实盘结果的差异，策略在实盘中可能发出大量无法成交或成交价严重偏离预期的订单，造成资产损失。

3. 应对方法

一方面，在策略编写时应主动避免偷价；另一方面，应该在回测系统中充分考虑这类陷阱并充分回测。当然，模拟交易也是发现这类问题的有效手段。

综上所述，在量化交易过程中，需要对可能存在的各类陷阱保持警惕。这些陷阱有的是数据原因导致的，有的是策略设计导致的，还有些是量化交易机制本身必然存在的，需要在量化交易的不同环节中针对性分析，没有标准的解决方案。不过，总体而言，加深对策略的理解并进行充分的模拟交易，有助于避免大部分问题。

1.4 国内主流股票量化交易策略

量化交易策略已经发展出了很多类型，一个主流划分方式是按是否进行对冲将策略分为市场中性策略和量化多头策略，量化多头策略又分为量化选股策略和指数增强策略。这些名词想必大家或多或少都听过，作为量化交易初学者有必要对它们的原理进行了解。

1.4.1 市场中性策略

市场中性策略是指在持有某些股票多头的同时，利用各类对冲工具建立空头头寸进行对冲，构建对市场风险的敏感度贝塔（Beta）为 0 的，以绝对阿尔法（Alpha）（超额收益）为目标的组合策略。这类策略在执行中具有一定局限性，由于 A 股的对冲机制尚不健全，融券对冲困难，目前，机构主要通过股指期货进行对冲。现今，市场上交易的股指期货已经扩展到四种，分别是沪深 300 股指期货（IF）、上证 50 股指期货（IH）、中证 500 股指期货（IC）和中证 1000 股指期货（IM）。尽管如此，仍存在对冲精度不足和对冲成本高的问题。

市场中性策略的优缺点就像硬币的两面，优势在于风险低，可以实现穿越牛熊的稳定收益。而缺点就是主动放弃了 Beta 收益，当市场处于持续向上的牛市时很可能跑输市场。

1.4.2 量化多头策略

与市场中性策略相对应，如果不放弃 Beta 收益，不对冲掉市场风险，只持有看好的股票多头，这类量化策略就是量化多头策略。目前，市场上的量化多头策略又分为量化选股策略和指数增强策略两种，二者的主要区别就在于是否对标指数。严格意义上的指数增强策略需要让持有的一揽子股票与指数的风格、行业进行一一匹配，以保持模型选出来的一揽子股票能够具有与指数相似的特征。在这种严格的对标下，当中证 500 指数持有 10% 的消费行业股票时，指数增强产品也需要持有 10% 的消费行业股票，即使模型预期消费行业的股票并没有非常好的前景，也依然会为了保持对标而持有。

而量化选股策略在设计时不考虑与指数在风格和行业上的严格对应关系，而是让模型根据计算结果，更加自由地选择股票。这使策略每次都试图选择股票池中最优的那部分股票，而不会受到指数对标的硬性约束。这也意味着量化多头策略在行业和风格的配置上变得更为灵活，在收益弹性上获得了更大的空间。

对比来看，量化选股策略不对标指数，选股较为灵活，但超额收益波动较大；指数增强策略对标某一指数，在策略的风格暴露上较为严格，因而收益相对稳健。两种策略从本质上来看无所谓优劣，投资者应根据自身的风险收益偏好进行选择。其中，指数增强策略更适合看好某一指数、对业绩波动要求更稳定的投资者，公募基金一般偏好这类策略，而量化选股策略更适合追求高收益、对波动和回撤容忍度较高的投资者，私募基金更偏好这类策略。

1.4.3　策略 Alpha 来源

衡量策略从市场异象中获益能力的关键指标是 Alpha，因此，无论是市场中性策略，还是量化多头策略，目标都在于追求 Alpha 收益最大化。

Alpha 收益的来源有以下几种。

1. 因子选股 Alpha

因子选股 Alpha 贡献了超额收益的主要部分，也是各大机构角逐的主战场。近年来，因子挖掘的重点逐渐由中低频基本面因子转向中高频量价因子，这类因子主要用于捕捉中短期交易的定价偏差。中高频价量因子的生命周期较短，因此，需要不断地进行挖掘。部分头部私募采用世坤投资咨询公司的因子挖掘模式，采用遗传算法和机器学习算法进行批量因子挖掘。还有部分头部私募与著名高校建立合作，共同进行因子研究。随着基础数据的频率越来越高，因子的挖掘和计算对硬件的算力要求也越来越高，对于系统配置和有效算力提升要求更高。

2. 择时策略

择时策略包括大盘择时和个股择时。大盘择时用来控制总体仓位高低或者股票风险敞口大小，个股择时用来决定对具体个股的超配和低配，有效的择时体系能够给产品带来一定收益增强。择时策略具体有多种实现方案，较常见的有：基于资金流向指标的择时策略，基于龙头股的短期市场择时策略等。

3. T+0 交易

以 T+0 交易作为策略 Alpha 收益的主要来源，可以按操作方式细分为以人工为主的手工 T+0 策略及以程序化交易为主的机器 T+0 策略。此外，按对冲手段分类，T+0 策略也可以分为一般 T+0 策略及融券 T+0 策略，后者可以利用融券机制在完全对冲风险敞口的前提下，利用高换手率的价差交易逐步累计 Alpha 收益。

除此之外，量化投资者还可以获取一些较传统的超额收益，如打新收益，包括新股打新和可转债打新。

1.5 如何走上自己的量化交易之路

不知道正在阅读这本书的你是出于什么样的考虑选择了这条道路？无论你的答案是什么，既然选择了这条道路，下一个问题就是怎么才能在这条路上长远地走下去？这个问题太大了，我把它分成三个小问题来回答。

1.5.1 应该学习哪些基础知识

一名合格的量化交易员至少应在金融、数学和计算机技术三方面有一定的知识储备。

1. 金融知识

在量化交易中，需要根据金融市场的特点设计出相应的交易策略，并进行交易风险控制，这些都需要基于对金融市场的深入理解。在学习金融知识时，可以具体关注以下几个方面。

经济学和金融学：量化交易员需要了解经济学和金融学的基础理论和方法，以便在交易策略中对应用宏观经济和企业基本面数据进行分析。

市场基础知识：量化交易员需要了解市场的基本知识，包括股票、期货、期权等交易品种的交易规则、市场结构、交易机制、定价原理等。

行为金融学：行为金融学认为，证券的市场价格并不只由证券内在价值决定，还在很大程度上受到投资者主体行为的影响，即投资者心理与行为对证券市场的价格决定及其变动具有重大影响，相关理论是量化交易策略的重要灵感来源。当然，避免自己在交易中陷入各种心理陷阱也是量化交易员的必修课。

投资组合理论：投资组合理论的核心是通过资产多样化实现分散风险、提高效益的投资目的。量化交易在持仓分散度和调仓频率上通常都高于传统投资，因此，需要对投资组合理论给予更多关注。

2. 数学知识

量化交易是一套科学的方法体系，专业的量化交易者必须擅长数学和定量分析、概率论和数理统计、微积分、线性代数的基础知识是必需的。概率论和数理统计是量化交易的核心基础，主要用于挖掘交易机会和评估交易策略的可行性。微积分和线性代数是量化交易中的常用工具，用于处理数据和优化模型。

数学知识的应用贯穿于从数据预处理到回测和优化再到策略执行的全流程，量化交易者在基本概念理解上的一个小错误可能导致巨大的资金损失。因此，如果条件概率、偏度、峰度、偏导数和矩阵等术语对你来说听起来很陌生，那你可能需要先停下来补充一下这些基础知识。

3. 计算机技术

要将策略思想实现为可执行的策略必须掌握编程能力，因此，量化交易者需要至少掌握一种编程语言，如 Python、R、C++等。目前，Python 是量化交易领域最热门的编程语言，其优点包括简单易学、开源、可扩展性强等，Python 的学习资源也很丰富，各种网络教程和书籍很多。如果对策略的性能有较高的要求，可以考虑使用 C++ 编程，这种语言的语法比较复杂，学习成本要高得多。如果策略涉及复杂的处理逻辑或大规模的数据，还需要用到数据结构和算法方面的知识，数据结构和算法可以帮助你更好地处理数据、优化算法等。另外，人工智能类技术在量化交易中的应用越来越广，这类技术本身也在不断发展，想要在量化交易的道路上走得更远，需要不断更新自己的知识体系。

1.5.2　怎么找到适合自己的策略

这个问题我想结合我的经历来谈。

我开始编写量化交易策略时并没有什么交易实战经验，灵感都来自当时读的一些技术分析书籍。我实现的第一个量化交易策略是在读了约翰 F. 卡特的《驾驭交易》一书后，被书中描述的"挤牌"策略的神奇效果深深吸引，于是按照书中的描述在 Thinkorswim 平台和 Tradestation 平台分别实现了一遍，计划分别用来做美股和 A 股的择时。后来又陆续实现了《以交易为生》中讲到的"三重滤网"策略和《海龟交易法则》中讲述的海龟交易策略。策略表现并不稳定，可能因为书中的策略已经被过度普及，如果直接拿来应用往往很难取得预期的效果。

后来随着学习的深入，我认识到量化交易并不只是技术分析的量化实现，无论是基本面分析、技术分析还是行为金融学理论都可以纳入量化交易的框架中来。同时，我获取交易策略理念的渠道也丰富了很多，不再单纯依赖投资交易类书籍。

现在我获取交易策略理念的渠道主要有三个。一是券商的金工研报。现在各大券商基本都有专门的金工团队，会定期发布各类量化策略报告，无论是选股、择时还是商品交易顾问（CTA）策略都能找到特别优质的系列研报。比如华泰证券的多因子、人工智能选股系列研报，既深入浅出又与时俱进，质量很高。二是量化社区。量化社区里分享和讨论量化交易策略的高手很多，可以在上面找到量化交易策略的具体逻辑甚至是完整代码。最早我主要在 Quantopian 上学习量化交易策略，Quantopian 停止运营后，我被迫转到国内的量化社区，经常看的有聚宽和 BigQuant。三是学术论文，通过阅读学术论文可以了解更前沿的投资理论和技术，不过学术论文中使用的数据往往比较专业，对普通投资者来说可能获取成本较高甚至根本没有渠道获取。当然书还是要读，建立某一领域的完善知识体系，最好还是通过读书来实现。

获得交易策略理念后就要判断策略是否适合你，这需要结合自己的情况具体分析。一是要看策略中用到的数据你的数据源能否覆盖，如果根本无法获取相关数据就只好放弃。二是要看自己的量化策略的自动化水平，如果不能全自动执行，那可能你只能考虑隔夜持仓的交易策略。三是要看你的资金规模，小的资金规模必然限制持仓分散度，很多用到资产组合管理的策略都无法应用，同时，对冲策略的资金要求也可能无法满足。四是要结合个人的收益目标和风险承受能力，根据回测效果，排除收益率低、波动率大、回撤幅度大、回撤周期过长的策略。五是要根据自己的编程能力做选择，如果策略中需要用到神经网络等复杂的技术而你没有能力实现也只能放弃。

最后要提醒一点，无论你的策略是借鉴了别人的理念还是完全独创，他人可能都已经有了相同或类似的实现，即使今天没有，很可能明天也会有，所以，没有一劳永逸的策略，需要持续不断地改进优化。

1.5.3　如何选择策略回测和实盘平台

回测是量化交易区别于传统交易方式的最主要的一环。根据自己的编程能力，可以选择三类回测平台。

第一类是以 Tradestation 为代表的高度集成回测系统。这类交易系统在交易看板中集成了回测功能，支持通过简单的脚本语言编写策略并在平台上回测，回测的买卖点直接在看板中展示，清晰直观。缺点是只能支持一些简单的策略，且无法移植到其他平台。

第二类是以聚宽、Bigquant 为代表的量化投研平台。在这类平台上可以用 Python 编写自己的策略，做研究和回测，开放度很高，平台提供丰富的数据和 Python 工具包，可以支持较复杂的策略，对回测效果的评价也很全面，如图 1-1 所示。缺点是如果需要使用平台没有的外部数据或加载平台不支持的 Python 包时很困难，而且回测速度也受平台资源的限制。

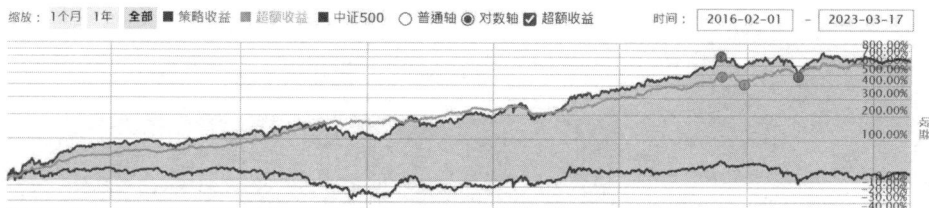

图 1-1　聚宽平台回测效果

第三类是使用开源回测框架自己开发，这样就可以加载任意的数据源和工具包，对回测评价指标和结果展示页面可以做任意的定制化开发，如果追求回测速度也可以靠提升硬件配置解决。广泛使用的开源回测框架包括 Zipline、Backtrader 等，国内的 Vn. py 近些年也日益完善。

一般来说，回测、模拟和实盘应该使用同一平台，只有这样才能避免策略迁移带来的偏差，保证回测、模拟和实盘是严格执行的同一套逻辑。因此，对回测平台和实盘平台的选择应该统一考虑。上面介绍的三类回测平台中的几个代表平台都是同时支持回测、模拟和实盘的，考虑回测平台的优劣后，再结合实盘的交易成本和时效性即可做出最终选择。

第 2 章　技术面量化交易

　　技术分析是通过研究股市的价格和成交量数据判断未来股价走势的一种方法。技术分析在传统投资领域中应用广泛，随着量化交易的兴起，技术分析也逐渐被运用到了量化交易中。在第 1 章中提到过，笔者最早编写的几个量化交易策略就是基于经典技术分析书籍里的技术指标构建的。

　　本章将为读者介绍技术分析的基本概念和常见指标，并探讨技术分析的两种对立的底层逻辑，分析技术分析的优势和劣势，并通过海龟交易系统的实现展示技术面量化交易的具体实现步骤。希望通过对本章的学习，帮助读者深入理解技术分析的基本原理，并能够将其应用在量化交易中。

2.1　技术分析简介

技术分析的最大优势在于它是一种广泛适用的交易方法，在任何资产类型和任何时间尺度上都可以使用技术分析。此外，技术分析需要的数据通常比基础面分析少得多，而且数据比较容易获得和分析。尤其是随着计算机技术的不断发展，越来越多的交易平台竞相提供日益丰富的技术分析数据和工具。

尽管技术分析已经被应用到了几乎所有类型的金融市场上，但针对它的批判从未停止过。有人指出技术分析依赖历史数据作出的买卖决策，具有滞后性。更严厉的批评者认为技术分析的准确性无法验证，即使应验了也不过是因为相关理论的接受者太多，形成了"自我实现预言"。

个人认为在股票市场上应该结合投资周期和市场有效性理论来决定是否使用技术分析。投资周期是指投资者打算持有金融资产的时间周期，可以是短期、中期或长期。市场有效性是指市场上的信息是否已经被反映在股价中，市场的有效性程度与市场上的信息获取成本和信息传递速度有关。

在短期投资中，市场有效性相对没有那么高，市场波动往往由非理性因素驱动，技术分析有着明显的优势。因为在短期内，基本面很少发生变化，而市场上的信息带来的供需变化会持续不断地反映在价格上，技术分析能够及时捕捉到这些变化，为交易决策提供依据，帮助投资者及时调整仓位，获得较高的收益率。因此，技术指标是短期交易中常用的分析工具之一，它可以更快地反映市场的变化和趋势。

相对地，在长期投资中，技术分析的优势较小。因为在长期投资中，市场有效性相对较高，股价受到基本面因素的影响较大，而经验表明技术分析往往并不能有效捕捉到这些基本面因素的变化。在这一场景下，技术分析更多的是作为基本面分析的补充手段，为投资决策提供一些趋势方面的参考信息。

2.2　技术分析与量化交易

常见技术分析方法可以分为图表形态和技术指标两大类，使用图表形态的分析师通过观察一段时间的 K 线排列的形态来确定未来价格走势，而使用技术指标的分析师借助统计科学和计算机工具分析市场量价等指标数据，并以此来判断股价的未来走势。笼统而言，图表形态比较依赖主观判断，在量化交易中的应用较少，而技术指标天然适合量化交易，但并非总是如此。

2.2.1 图表形态

图表形态是由 K 线组成的，有人只使用单一 K 线或不超过三根 K 线的简单形态来做技术分析，也有人使用多根 K 线形成的复杂形态（如旗形、楔形、三角形等）来做分析，核心是通过市场交易形成的股票形态判断当前价格趋势将会持续还是即将反转。

整体来看，图表形态在量化交易中应用不多，有以下原因。一是图表形态，特别是复杂图表形态通常需要结合主观判断和经验，同一个价格走势图在某些技术分析师看来是楔形，在另一些技术分析师眼里可能是对称三角形，这使得它们难以通过量化手段识别。二是即使通过量化手段可以识别出部分形态，但技术分析师对每种形态的划分存在分歧，以对称三角形为例，有的人认为它是趋势形态，也有人将它划入反转形态，这些形态的实际效果很难定量检验，如果在策略设计时排除这类有分歧的形态，则可用形态大幅减少。三是技术分析通常不是简单地根据一个形态判断未来走势，而是要结合多种图表形态和其他技术指标共同形成判断，但这种结合主要是依赖个人经验，即基于对图表的整体感觉，是一种交易的艺术，无法转化为量化模型。

2.2.2 技术指标

技术指标是根据证券的价格、成交量按照某种逻辑进行计算形成的新数值。指标可以图形化地显示在价格图表上，也可以单独显示在价格图表的下方，用来辅助交易决策。技术指标的体系也很庞杂，主要类型有均线指标和动量指标等，核心也是判断当前价格趋势将要持续还是反转。技术指标的历史没有图表形态那么久远，但在计算机得到普及后它的影响力已经后来居上了。因为在本质上，技术指标背后是一套价量数据加工逻辑，加工过程可以通过计算机程序完成，加工结果也可以通过使用计算机程序进一步分析生成买入卖出信号。因此，虽然将量化交易片面地理解为技术指标分析是种误解，但技术指标天然适合量化交易。

2.3 对股票价格走势的再认识

有效市场假说认为，证券市场中全部的信息都已经反映在证券价格中，这意味着证券的历史价格对其未来价格不具有预测性。与这一理念相契合的证券价格走势理论认为，证券价格的波动是随机的，价格的下一步走向是没有规律的，这就是随机漫步理论。

这一理论在学术上很有价值，但在业界饱受批评，因为基于这一理论，任何主动投资都是徒劳的。统计数据表明，在特定时间周期内，证券市场中确实存在均值回归（也称反转）和动量（也称趋势、惯性）两种异象。动量是指股票价格在未来一段时期的变化趋势将延续过去的趋势，即过去表现良好的股票未来仍将继续表现良好，而表现较差的股票未来仍将表现较差。均值回归则认为过去表现良好的股票将在未来表现较差，而过去表现较差的股票将在未来表现良好。几乎所有的时间序列上的量化策略都是基于这两种异象设计的，基于这两种互相矛盾的认识，在同一时点上对同一股票的交易方向可能完全相反。

2.3.1　行为金融学解释

传统金融理论主要通过风险因子解释这两类异象，但并没有形成有说服力的结论。行为金融学将均值回归和动量异象归因于对信息的反应过度和反应不足，这在逻辑上更为合理。均值回归源于投资者对市场中未预期的新信息反应过度：在牛市中，股价往往会上涨到远超公司价值的程度，而在熊市中，股价又会下跌到令人无法接受的程度，股价偏离实际价值越极端，一旦牛市（熊市）出现利空（利好）的消息，投资者就越容易改变投资策略，导致股价越快地下跌（上涨），产生越显著的反转效应。反应不足则表现在投资者没有因为新信息的出现立刻改变投资策略，股价也就不会发生反转，而是会继续延续过去的趋势，产生"强者恒强，弱者恒弱"的动量效应。根据对导致投资者反应过度和反应不足的因素的不同解释，形成了许多不同的模型。

第一类模型认为，有限理性的投资者存在错误的行为偏差，这些行为偏差造成了投资者的反应不足与反应过度，进而导致动量效应与反转效应的出现。最具代表性的研究是由 Barberis、Shleifer 和 Vishny 提出的模型（简称 BSV 模型）。他们认为投资者存在两种行为偏差：一是代表性启发，即投资者过于注重事件对股票收益影响的大小，而忽略了事件本身的可信度，例如小道消息，这些消息可能对股票收益产生显著影响，但不一定真实。在这种偏差下，投资者对新信息反应过度，股票价格与收益表现出反转效应。二是保守主义，即投资者过于注重事件的可信度，而忽略了事件本身对股票收益影响的大小，例如，公司财报是真实可信的，但不一定会对当前的股票收益产生显著影响。在这种偏差下，投资者对新信息反应不足，股票走势便表现出动量效应。BSV 模型认为，投资者会不断在这两种行为偏差中转换，最终导致股价表现出短期的动量效应与长期的反转效应。量化交易中的事件驱动策略与此类模型的研究关系密切。

第二类模型认为，市场中存在公共信息（如公司财报）与私人信息（如小道消息），投资者在面对这两种信息时因不同的心理导致了反应不足与反应过度，进而导致动量效应与反转效应的出现。最具代表性的研究是由 Daniel、Hirshleifer 和 Subrahmanyam 提出的模型（简称 DHS 模型）。他们认为市场中存在风险中性的知情者和风险厌恶的不知情者两类投资者，知情者根据私人信息做出决策，但他们容易受到两种心理偏差的影响：过度自信与有偏的自我归因，而不知情者根据公开信息作出决策。知情者通常会高估自己对信息的处理能力，并且将决策的正确性归因于自己的能力，导致他们对私人信息反应过度，而对公开信息反应不足。因此，当私人信息为利好（或利空）时，股价会过度上涨（或下跌），如果未来的公开信息确认了私人信息，会进一步推高（或压低）股价，导致短期内股价动量的形成。当公开信息最终显示股价过高（或过低）时，价格将回调，但调整速度相比动量形成的速度缓慢得多，导致股价反转。在 DHS 模型中，知情者决定了股票价格，实际上扮演着市场中动量策略交易者的角色，而不知情者则扮演了反转策略交易者的角色。分析师一致预测是目前业界广泛使用的一种另类数据，使用这类数据的理念与第二类研究密不可分。

第三类模型认为，与股票价格相关的信息不会被市场中全部投资者同时获得，而是在投资者中慢慢扩散传播。随着一条新闻被越来越多的人注意到，越来越多的人对新闻做出反应，参与到对某一股票的买入或卖出交易中来，使得股票价格朝一个方向持续运动，形成动量，直到偏离真实价格太多，形成均值回归，在这一过程中对信息的反应不足和反应过度交替出现。量化交易中有一个常用的策略是"后盈利公告漂移"，就是基于这一理念设计的。这类模型中最具代表性的研究是由 Hong 和 Stein 提出的模型（简称 HS 模型），他们认为市场中存在新闻观察者和动量交易者两类参与者。新闻观察者根据他们观察到的私人信息进行决策，但他们无法从价格中获取其他新闻观察者观察到的私人信息，换句话说，每个新闻观察者只能观察到全部信息的一个子集，这会导致他们对信息的反应不足。动量交易者则根据股价历史的变化趋势进行决策，由于信息观察者反应不足，因此，动量交易者能够通过短期的"追涨杀跌"获利。但随着私人信息逐渐在市场中扩散，动量交易者的套利行为最终导致股票价格偏离其真实价值，从而出现反应过度表现，因此，股价长期内将发生反转。

第四类模型将心理学的假说引入行为金融理论，认为心理因素决定了投资者对股票价格和市场信息的反应不足与反应过度，进而导致动量效应与反转效应的出现。最具代表性的研究是由 Barberis、Huang 和 Santos 提出的模型（简称 BHS 模型）。他们将 Kahneman、Tversky 提出的前景理论引入资本资产定价模型，认为投资者存在损失厌恶的心理，而厌恶程度的高低取决于前期的投资表现：如果某只股票在投资前期盈利，那么投资者的损失厌恶程度将下降，并进一步投资于该股票，导致股价被继续推高；相反，如果前期亏损，那么投资者的损失厌恶程度将上升，并减少对该股票的投资，导致股价下降。因此，股票价格会延续先前的表现，这就解释了股价动量效应的存在，但模型并没有解释反转效应是如何存在的。BHS 模型的衍生研究聚焦于处置效应，即投资者具有持有前期亏损的股票，并卖出前期盈利股票的倾向。基于处置效应的（capital gain overhang，CGO）因子是量化交易中最常用的行为金融学因子。

可以看出，行为金融理论在解释均值回归和动量的成因方面做了许多尝试，并得到了许多有价值的结论，但行为金融理论缺少统一的理论框架，基于不同的假设形成了对投资者行为模式的不同理解，新的分歧不断产生。

另一种更包容的理论是分形市场假说。该假说认为市场中的投资者是有限理性的，并且不同的投资期限、不同的投资者面对信息时的反应也不同。根据分形市场假说，投资者在关注短期信息时倾向于采取动量策略，而在关注长期信息时倾向于采取反转策略，从而导致证券价格遵循分形随机游走。这一理论的实用性更强，可以基于此设计更有效的动量反转组合策略，以获得稳定的投资收益。

2.3.2　统计检验

股票的价格数据和收益率数据都是典型的时间序列数据。时间序列是指一组按时间排序的数据，这组数据在时间上是等间隔的，时间间隔可以是每小时、每分钟、每月或每季度等。针对时间序列有一套成熟的分析方法，本节我们尝试用时间序列分析方法验证 A 股最具代表性的沪深 300 指数的走势到底是符合随机游走，还是均值回归抑或动量。

1. 平稳性和自相关性检验

时间序列分析中有一个常用的模型是自回归过程，所谓自回归过程是指变量对其自身的回归。在时间序列中，这意味着当前值线性依赖于其过去的值，这与技术分析的逻辑类似。p 阶自回归过程记为 AR（p），AR（p）将当前值 y_t 表示为漂移项常数 C、当前误差项 ε_t 和序列的前 p 个值的线性组合，公式为：

$$y_t = C + \phi_1 y_{t-1} + \phi_2 y_{t-2} + \cdots + \phi_p y_{t-p} + \varepsilon_t$$

对于一阶自回归过程，也就是 AR（1），公式为：

$$y_t = C + \phi y_{t-1} + \varepsilon_t$$

其中：ϕ 是时间序列的根，它的取值关系到时间序列中的一个重要概念，即平稳性。平稳的时间序列的属性不随着时间的推移而改变，也就是说，它的均值、方差、自相关性等统计值都不是时间的函数。平稳性是很多时间序列模型的基本假设，包括 AR 和更复杂的 ARMA、ARIMA、SARIMA 等。只有当时间序列数据通过平稳性检验后，才能使用这些模型，否则模型的预测将不可靠。

当时间序列的根等于 1 时，称为单位根，这时的 AR（1）公式为：

$$y_t = C + y_{t-1} + \varepsilon_t$$

从公式中可以看出，时间序列的方差随着时间的推移而增大，也就是说，时间序列是不稳定的。此时如果 C 等于 0，那么时间序列是一个随机漫步过程，如果 C 不等于 0，则时间序列是一个带漂移的随机漫步过程。随机漫步过程理论上是不可预测的，因为 ε_t 的期望值为 0，所以，对随机漫步过程的下一个取值的最佳预测就是当前值。理想的情况是时间序列的根取值介于 -1 到 1，这时时间序列是平稳的，可进一步分析用上面提到的 AR、ARMA 等模型中的一种进行预测。

检验时间序列平稳性的方法有很多，它们基于不同的假设，有时会得出相反的结论，最常用的当属 ADF。

在介绍 ADF 之前我们先来介绍迪基-富勒（Dickey-Fuller，DF）检验。DF 检验可以用来测试一个自回归模型中是否存在单位根。在 AR（1）的公式两边同时减去 y_{t-1}，同时定义 Δy_t 为 y_t 的一阶差分，即 $\Delta y_t = y_t - y_{t-1}$，$\delta = \phi - 1$，可以得到：

$$\Delta y_t = C + \delta y_{t-1} + \varepsilon_t$$

DF 检验的 H0 假设即为 $\delta = 0$，如果能拒绝这一假设，说明不存在单位根，价格序列是平稳的。DF 检验仅在 ε_t 是白噪声序列时有效，如果随机误差项 ε_t 是自相关的，DF 检验无效。

扩展的迪基-富勒（augmented dickey-fuller，ADF）检验是 DF 检验的延伸，DF 检验是基于 AR（1）的，而 ADF 检验基于的是 AR（p）。让我们从 AR（2）的公式开始：

$$y_t = C + \phi_1 y_{t-1} + \phi_2 y_{t-2} + \varepsilon_t$$

稍作变换，可得：

$$y_t = C + (\phi_1 + \phi_2) y_{t-1} - \phi_2 (y_{t-1} - y_{t-2}) + \varepsilon_t$$

在等式两边同时减去 y_{t-1}，得到：

$$\Delta y_t = C + \delta y_{t-1} + \beta_1 \Delta y_{t-1} + \varepsilon_t$$

其中：$\delta = \phi_1 + \phi_2 - 1$，$\beta_1 = -\phi_2$。

根据同样的方式继续推演，可以扩展到 AR（p）的模式：

$$\Delta y_t = C + \delta y_{t-1} + \sum_{i=1}^{p} \beta_i \Delta y_{t-i} + \varepsilon_t$$

在等式右侧加入漂移项 β_t 就是常见的 ADF 公式：

$$\Delta y_t = C + \beta_t + \delta y_{t-1} + \sum_{i=1}^{p} \beta_i \Delta y_{t-i} + \varepsilon_t$$

与 DF 检验类似，ADF 检验的 H0 假设同样是 $\delta = 0$，如果能拒绝这一假设，说明不存在单位根，时间序列是平稳的。

对于平稳时间序列而言，自相关意味着可以通过历史数据预测未来，检测时间序列的自相关性需要用到自相关函数（autocorrelation function，ACF）。ACF 是时间序列分析中常用统计工具，它衡量的是时间序列与其自身滞后值之间的相关性。具体来说，滞后 k 期的 ACF 是原始序列 y_t 与其滞后 h 个时间单位的版本 y_{t-h} 之间的相关系数。

$$\rho_h = \frac{\mathrm{cov}(y_t, y_{t-h})}{\sigma_t \sigma_{t-h}}$$

根据平稳时间序列的性质，分子 $\mathrm{cov}(y_t, y_{t-h})$ 与 t 无关，只与 h 有关，分母中 $\sigma_t = \sigma_{t-h} = \sigma$。

通过这种方式，可以计算出时间序列对每个滞后期的相关性，并将其绘制在显示每个滞后期相关系数的图表上。

需要注意的是，通过 ADF 判定一个时间序列是非平稳的不足以说明序列是随机漫步的，确定一个非平稳的时间序列是否是随机漫步还需要对它的一阶差分进行检验，只有当它的一阶差分是平稳的且是非自相关时，才能确定时间序列是随机漫步的。

接下来，我们用上述方法分别分析沪深 300 指数的价格时间序列，通过统计数据重新认识沪深 300 指数的价格走势，重新审视技术分析的可行性。

我们从聚宽平台获取 2010 年 1 月 1 日到 2023 年 3 月 31 日的沪深 300 指数收盘价组成的时间序列，并绘制出曲线。代码如下：

```python
from jqdata import *
import numpy as np
import pandas as pd
import time
mpl.rcParams['font.family']='serif'
mpl.rcParams['axes.unicode_minus']=False    # 处理负号
import pickle
import matplotlib as mpl
from datetime import date
import warnings
warnings.filterwarnings('ignore')

start_date='2010-01-01'
end_date='2023-03-31'
price = get_price('000300.XSHG',start_date=start_date, end_date=end_date, fields='close')

fig, ax = plt.subplots()
ax.plot(price.index, price['close'])
ax.set_xlabel('日期')
ax.set_ylabel('沪深 300 收盘价')

fig.autofmt_xdate()
plt.tight_layout()
```

生成图片如图 2-1 所示。

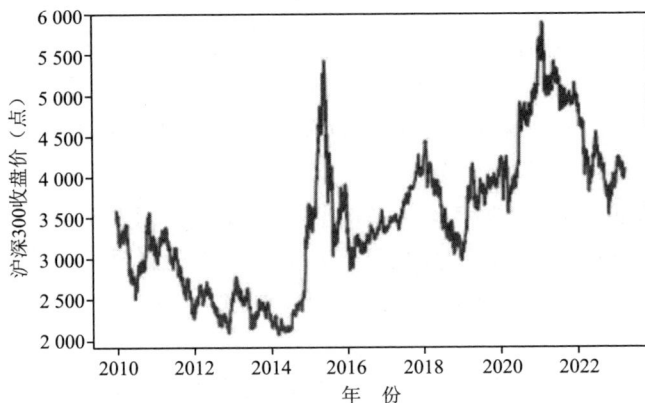

图 2-1　沪深 300 指数收盘价时间序列

直观来看，这个时间序列在不同的时间区间它的均值和方差显然是不同的，所以，它应该是非平稳的，下面通过 ADF 对它进行检验。代码如下：

```
from statsmodels.tsa.stattools import adfuller
HS300_ADF_result = adfuller(price['close'])
print(f'ADF Statistic: {HS300_ADF_result[0]}')
print(f'p-value: {HS300_ADF_result[1]}')
```

运行结果显示 ADF 统计值为 -1.79，p-value 为 0.39，ADF 结果证明它确实是非平稳的。

接下来，通过对沪深 300 价格序列的一阶差分序列进行平稳性和自相关性检验，进一步验证沪深 300 价格序列是不是随机漫步。首先是 ADF 检验：

```
diff_close = np.diff(price['close'], n=1)
HS300_diff_ADF_result = adfuller(diff_close)
print(f'ADF Statistic: {HS300_diff_ADF_result[0]}')
print(f'p-value: {HS300_diff_ADF_result[1]}')
```

运行结果显示 ADF 统计值为 -10.38，p-value 为 2.14×10^{-18}，证明这个时间序列是平稳。接下来绘制它的 20 个滞后期内的自相关系数图：

```
from statsmodels.graphics.tsaplots import plot_acf
plot_acf(diff_close, lags=20)
```

结果如图 2-2 所示。

从图 2-2 中可以看出，除了滞后 6 期、14 期和 20 期略显著之外，没有任何显著的自相关系数。这种没有不连续的显著系数可以认为是偶然出现的，可以忽略。我们可以认为沪深 300 价格序列的一阶差分是非自相关的，这也就意味着沪深 300 价格序列是随机漫步的。

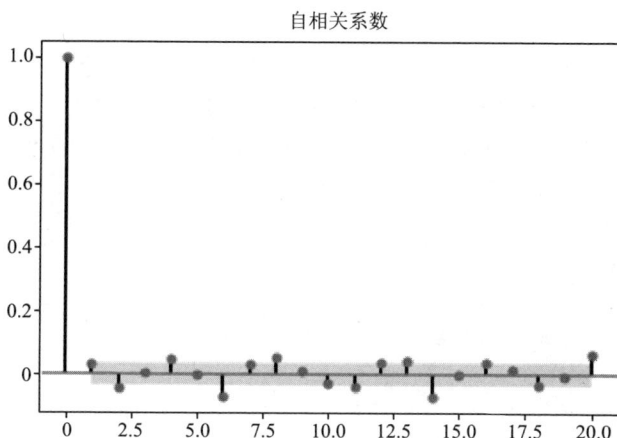

自相关系数

图 2-2　沪深 300 指数收盘价时间序列 ACF

2. 扩散速度检验

另一种判断价格序列中均值回归或趋势行为存在的方法是通过分析该序列的扩散速度，并将其与随机行为的扩散速度进行比较。直观地说，如果一个价格序列是平稳的，价格序列的扩散速度要低于几何形式的随机波动速度。

通过研究方差如何依赖于后续测量值之间的差异，可以测量扩散：

$$\mathrm{Var}(\tau) = \langle\, |z_{t+\tau} - z_t|^2 \,\rangle$$

符号 $\langle\ \rangle$ 表示求所有时间序列的平均值，z_t 是价格 y_t 的对数，即 $z_t = \ln y_t$，τ 是两个测量之间的时间间隔。股票价格收益的方差很大程度上取决于衡量它的频率，如果股票价格遵循几何随机行为，方差将随着滞后 τ 线性变化：

$$\mathrm{Var}(\tau) \propto \tau$$

当与纯随机行为有小偏差时，就像经常发生的那样，给定的滞后 τ 的方差不再与 τ 成正比，而是获得一个反常扩散指数：

$$\mathrm{Var}(\tau) \propto \tau^{2H}$$

H 是赫斯特指数，它可以用来区分三种可能的市场模式。

如果 $H<0.5$，则时间序列是均值回归或平稳的。与几何布朗运动相关的正常扩散相比，对数价格波动增加的速度更慢。在这种情况下，该序列显示了所谓的反持久性（在相邻点的高值和低值之间长期切换）。

如果 $H>0.5$，该序列存在动量效应。

$H=0.5$ 的情况对应于几何布朗运动。

赫斯特指数可以衡量时间序列的持续性水平，并可以用来识别市场状态：如果在某个时间尺度上，赫斯特指数发生变化，这可能意味着从均值回归到趋势状态的转变，反之亦然。为了获得对 τ 的方差依赖关系，我们必须对许多滞后重复相同的计算，并提取结果的对数图的斜率。

H 的值很大程度上取决于我们对滞后时间 τ 的选择，我们可以通过对 τ 设置不同的值，验证前一节中根据理论得出的价格序列短期呈现动量模式、长期均值回归的结论，依然以前文中的沪深 300 收盘价时间序列作为验证对象，代码如下：

```python
import numpy as np

def hurst(price, min_lag=200, max_lag=400):
    lags = np.arange(min_lag, max_lag + 1)
    tau = [np.std(np.subtract(price[lag:], price[:-lag]))
        for lag in lags]
    h = np.polyfit(np.log10(lags), np.log10(tau), 1)
    return h[0]

# Assuming you have run the above code to obtain 'hs300'!
print("Hurst(hs300):  %s" % hurst(stock_ts))
```

将滞后时间范围设为 2 到 20 时得到的赫斯特指数为 0.51，将滞后时间范围设为 200 到 400 时得到的赫斯特指数为 0.19，可见序列在短期存在微弱的动量效应，更接近于随机漫步，在长期则呈现明显的均值回归特征。不过 200 到 400 这个时间范围太大了，有没有办法更精确地确定均值回归的时间呢？有，那就是均值回归半衰期。

3. 均值回归的半衰期

半衰期衡量时间序列需要多长时间才能恢复到偏离均值的初始偏差的一半。半衰期可以作为资产选择标准，例如，只有当资产价格时间序列的半衰期小于等于 50 天时，我们才考虑进行均值回归交易。此外，半衰期还可以为持仓的时间限制提供参考。

欧内斯特·陈在《算法交易：制胜策略与原理》一书中提出了一种计算均值回归速度的方法。他提出将 ADF 公式从离散时间序列形式调整为微分形式，只需要忽略公式中的漂移项 β_t 和延迟差异 $\sum_{i=1}^{p} \beta_i \Delta y_{t-i}$，这个公式就变为：

$$dy_t = (\delta y_{t-1} + C)dt + d\varepsilon$$

这其实就形成了均值回归过程的奥恩斯坦-乌伦贝克（Ornstein-Uhlenbeck）公式。

接下来，通过 ADF 公式中 Δy_t 对 y_{t-1} 的线性回归得到 δ，然后将其代入上面的偏微分形方程，得到 y_t 的期望：

$$E(y_t) = y_0 \exp(\delta t) - C \div \delta \times [1 - \exp(\delta t)]$$

对于均值回归序列 δ 应为负。当 δ 为负时，价格指数衰减的期望值为 $-C \div \delta$，衰减半衰期等于 $-\ln 2 \div \delta$。

代码实现如下：

```python
import statsmodels.api as sm

def get_halflife(s):
    s_lag = s.shift(1)
    s_lag.iloc[0] = s_lag.iloc[1]

    s_ret = s - s_lag
    s_ret.iloc[0] = s_ret.iloc[1]

    s_lag2 = sm.add_constant(s_lag)

    model = sm.OLS(s_ret,s_lag2)
    res = model.fit()
    # print(res.summary())

    halflife = round(-np.log(2) / list(res.params)[1],0)
return halflife
```

同样的，将沪深 300 指数数据传入函数分析，得到半衰期为 384 天。这个半衰期太长了，在这么长的周期里使用均值回归策略即使成功了，赚钱效率也太低了。

总之，根据统计数据显示沪深 300 指数长期呈随机漫步模式，即使有均值回归的趋势，相应的半衰期也非常漫长。但这并不足以全面否定技术分析，毕竟如上一节所言，技术分析的可行性至少在短周期上是有行为金融学理论支撑的，而且确实有很多交易员通过技术分析取得了巨大的成功，海归交易系统就是一个著名的成功案例。

2.4 技术分析量化策略示例——海龟交易系统

本节来实现一个具体的策略——基于海龟交易系统改造的股票交易策略。海龟交易系统起源于 20 世纪 80 年代的美国，当时著名交易员理查德·丹尼斯与好友比尔打了个赌，主题是一个成功的交易员是天生的还是后天的。理查德用十年时间证明了通过后天的系统培训，可以将一个普通人培养成一名优秀的交易员，理查德·丹尼斯在培训中教授的系统就是海龟交易系统，这套系统随着《海龟交易法则》一书的流行而风靡全球。

2.4.1 原　　理

海龟交易系统是一个完善的机械交易思想，系统地覆盖了整个交易过程。该系统的核心思想是在价格突破通道时进行交易，以此来把握市场的趋势方向。具体来说，海龟交易系统采用唐奇安通道的突破来确认趋势方向，产生买卖信号，根据平均真实波动振幅（average true range，ATR）分批加仓或者减仓，并动态进行止盈和止损。

1. 市场选择

海龟交易系统本质上是一个针对时间序列上的动量效应设计的择时策略，没有任何资产选择的逻辑，所以，使用者必须预先选好买卖市场，市场选择的原则是避开流动性小或鲜有趋势的市场。这一原则经常被忽视，很多人用海龟交易系统交易 A 股，但按照这个标准，至少 A 股的股指相关交易应该要被排除在外，因为按照经验，A 股虽然流动性不小，但整体以横盘震荡为主，鲜有趋势。海龟交易侧重于交易纽约和芝加哥期货市场的场内期货，投资者也应该选择类似的股票或期货合约进行交易。

2. 头寸规模

头寸规模对分散化和资金管理都有影响，分散化要求将持仓分散到多种资产上以分散风险，资金管理要求控制风险避免被迫出局，两者都要求控制头寸规模，而这也正是海龟交易系统的核心所在。

海龟交易系统根据每个市场的波动性决定头寸规模，市场的波动性越大，头寸规模越小，市场的波动性越小，头寸规模越大，这样一来在每个市场的头寸的变化基本相同。海龟交易系统使用 "N"，也就是 ATR 来衡量波动性。

$$TrueRange = max(High - Low, High - PreClose, PreClose - Low)$$

$$N = (PreN \times 19 + TrueRange) \div 20$$

其中，High 表示当期最高价，Low 表示当期最低价，PreClose 表示前一期收盘价，PreN 表示前一期的 N 值。

在此基础上，可以进一步计算头寸规模单位。

$$绝对波动幅度 = N \times 合约每点金额$$

$$头寸规模单位 = (1\% \times 总资产净值) \div 绝对波动幅度$$

海龟交易系统的资金管理法则要求在 4 个层面上控制头寸上限，这 4 个层面的限制见表 2-1。

表 2-1　海龟系统头寸限制

层　　面	限制范围	头寸单位上限
1	单个市场	4
2	高度关联的多个市场	6
3	松散关联的多个市场	10
4	单个方向（多头与空头）	12

3. 入市策略

在趋势信号的捕捉上，海龟交易系统使用的是唐奇安通道。唐奇安通道指标由

3 条轨道线组成，分别称为上轨、中轨、下轨，该指标用一定时间周期（一般设为 20）内的最高价和最低价来衡量市场价格的波动性，当市场波动较小时，通道收窄，当市场波动比较大时，通道扩宽。

唐奇安通道的各项指标的计算方法为：

上轨 $=\max($ 最高价，$n)$，近 n 期最高价的最大值

下轨 $=\min($ 最低价，$n)$，近 n 期最低价的最小值

中轨 $=($ 上轨 $+$ 下轨 $)\div 2$

海龟交易系统针对短期突破和中长期突破，分别将 n 设为 20 和 55，形成了两套唐奇安通道突破规则，进而形成两套独立的交易系统，分别称为系统 1 和系统 2。当价格冲破该通道的上轨道时即为做多信号，反之，价格冲破下轨时即为做空信号。

海龟交易系统采用逐步建仓法，在突破点建立一个头寸规模单位的头寸，然后按 $0.5N$ 的价格间隔一步一步扩大头寸。具体而言，如果开的底仓是多仓且资产的价格在上一次建仓（或者加仓）的基础上又上涨了 $0.5N$，就再加一个头寸规模单位的多仓；如果开的底仓是空仓且资产的价格在上一次建仓（或者加仓）的基础上又下跌了 $0.5N$，就再加一个头寸规模单位的空仓。以此类推，直到达到资金管理法则要求的头寸上限为止。

4. 止损

要在投资行业内长期生存下去，必须及时控制损失。突破买入法的问题是大多数突破都不会真正引发趋势，这意味着海龟交易系统的大多数交易都是亏损的，所以，止损对于海龟交易系统尤为重要。

海龟交易系统根据不同市场的波动性设定止损标准，使任何一笔交易的损失不得超过总资产净值的 2%，这意味着投资者们的止损标准是 $2N$。如果开的底仓是多仓且资产的价格在建仓（或者加仓）的基础上又下跌了 $2N$，就卖出全部头寸止损；如果开的底仓是空仓且资产的价格在上一次建仓（或者加仓）的基础上又上涨了 $2N$，就平掉全部的头寸止损。可以看出，这是一种动态止损策略，止损点随着每次加仓操作而调整。

海龟交易的另一套止损方法是静态止损，以建仓价格为准，止损标准为 $0.5N$。因为按照资金管理原则在一个市场最多只能持有 4 个头寸单位，所以，按照这一止损标准，总损失不可能超过 2%，也就不需要随加仓调整止损点。

5. 退出

海龟交易系统对系统 1（短期）和系统 2（中长期）采取不同的退出标准。对于短期交易，采用 10 日突破退出法，对多头头寸来说，在价格跌破过去 10 日最低点时退出；对空头头寸来说，在价格超过 10 日最高点时退出。总之，一旦价格发生了不

利于头寸的 10 日突破，所有头寸单位都要退出。

对于中长期交易则采用 20 日突破退出法则：对多头来说是 20 日向下突破，对空头来说是 20 日向上突破。也就是说，只要价格发生了不利于头寸的 20 日突破，所有头寸单位都退出。

海龟交易系统没有单独的止盈规则，退出里其实隐含了止盈，当买入后趋势向不利的方向发展就退出，如果当时是盈利的也就是止盈了。

2.4.2　策略实现

海龟交易系统主要用于期货市场的择时交易，由于本书侧重于股票市场，因此，我们稍做改造将它用于 A 股。海龟交易系统需要人工选择交易标的，选择的标准是流动性高、趋势性强，创业板 50 指数成分股大致满足这一要求，为简单起见，我们直接用创业板 50 指数成分股作为交易标的。由于股票每点波动固定对应 1 元人民币金额波动，这会造成按原始的方法计算的头寸规模单位特别大，无法起到分散化的效果，我们将计算公式里的 1% 再乘 0.1，这样算出的头寸规模较为合理。在资金管理方面，限制每只股票的头寸单位上限为 4，同一申万一级行业的股票的头寸单位上限为 6，所有股票头寸的单位上限为 12。在入市和退出方面，只考虑做多，不考虑做空，采用系统 1 作为入市和退出的标准，即以近 20 日最高价的最大值的突破作为入市标准，以近 10 日最低价的最小值的跌破判断是否退出。利用聚宽平台的回测系统进行回测，回测周期为 2019 年 4 月 1 日至 2023 年 4 月 1 日，每天开盘执行买入卖出操作。

代码如下：

```
# 导入函数库
from jqdata import *
import numpy
import math

def initialize(context):
    set_params()               #1 设置策参数
    set_variables()            #2 设置中间变量
    set_backtest()             #3 设置回测条件

    #run_daily(trade, time='every_bar', reference_security='399673.XSHE')
    run_daily(trade, time='open', reference_security='399673.XSHE')
#1
#设置策略参数
def set_params():
    #创业板 50
    g.index_symbol = '399673.XSHE'
```

```
    # 上轨计算天数
    g.up_band_days = 20
    # 下轨计算天数
    g.down_band_days = 10
    # 股票每变动 1 点对应资金变动 1 元
    g.dollars_per_share = 1

    # 计算 N 值的天数
    g.number_days = 20
    # 单证券最大允许单元
    g.sec_unit_limit = 4
    # 单行业最大允许单元
    g.ind_unit_limit = 6
    # 总允许持有单元上限
    g.unit_limit = 12
#2
# 根据不同的时间段设置滑点与手续费
def set_slip_fee(context):
# 将滑点设置为 0
    set_slippage(FixedSlippage(0))
    # 根据不同的时间段设置手续费
    dt=context.current_dt
# 设置中间变量
def set_variables():
    # 初始单元
    g.unit = {}
    # 存储 N 值
    #g.N = []
    g.N={}
    #g.break_price = 0
    g.break_price={}
    # 系统 2 的突破价格
    g.sec_hold={}
    # 存储唐奇安通道上轨
    g.high={}
    # 用来存储唐奇安通道下轨
    g.low={}

    g.ind_hold ={}

    g.total_hold =0
```

```
#3
#设置回测条件
def set_backtest():
    # 作为判断策略好坏和一系列风险值计算的基准
    set_option('use_real_price',True)          # 用真实价格交易
    log.set_level('order','error')             # 设置报错等级
    set_benchmark('399673.XSHE')               # 设置基准

'''
================================================================
每天开盘前
================================================================
'''
#每天开盘前要做的事情
def before_trading_start(context):
    dt =context.current_dt
    set_slip_fee(context)                      # 设置交易费率
    g.security = get_index_stocks(g.index_symbol, date=dt)
    positions = context.portfolio.positions.keys()

    #如果持仓股被踢出指数则清空
    for code in positions:
        if code not in g.security:
            order_target(code, 0)
            #获取申万一级行业
            ind_dict =get_industry(security=[code])
            sw_dict={k: v.get('sw_l1', {'industry_code': np.nan})[
                                      'industry_code'] for k, v in ind_dict.
items()}
            ind = list(sw_dict.values())[0]
            g.ind_hold[ind]-=g.sec_hold[code]
            g.total_hold-=g.sec_hold[code]
            g.sec_hold[code]=0

    for code in g.security:
        if code not in positions:
            g.sec_hold[code]=0
        if code not in g.N.keys():
            g.N[code]=[]
            g.high[code]=[]
            g.low[code]=[]
            g.break_price[code]=0
            g.unit[code]=1000
```

```
    calculate_N(code)              #计算 N


    #计算唐奇安通道上轨
    price=attribute_history(code,g.up_band_days,'1d',('high'))
    g.high[code].append(max(price['high']))
    #计算唐奇安通道下轨
    price=attribute_history(code,g.down_band_days,'1d',('low'))
    g.low[code].append(min(price['low']))

#设置费率

if dt>datetime.datetime(2013,1, 1):
    set_commission(PerTrade(buy_cost=0.0003, sell_cost=0.0013, min_cost=5))

elif dt>datetime.datetime(2011,1, 1):
    set_commission(PerTrade(buy_cost=0.001, sell_cost=0.002, min_cost=5))

elif dt>datetime.datetime(2009,1, 1):
    set_commission(PerTrade(buy_cost=0.002, sell_cost=0.003, min_cost=5))

else:
    set_commission(PerTrade(buy_cost=0.003, sell_cost=0.004, min_cost=5))

'''
=========================================================
每天交易时
=========================================================
'''
# 开盘交易回测
def trade(context):
    #获取当前账户的价值和资金
    value=context.portfolio.total_value

    current_data = get_current_data()
    for code in g.security:

        # 取得最新价格
        current_price = current_data[code].last_price

        Dollar_Volatility=g.N[code][-1]*1
        #股票多乘以 0.1, 一手 100 股, 不够 100 的向上取整
```

```
            g.unit[code]=math.ceil(value*0.01*0.1/Dollar_Volatility/100)*
100#当前波动率下，最大单次损失1%的购买量
            #获取申万一级行业
            ind_dict=get_industry(security=[code])
            sw_dict={k: v.get('sw_l1', {'industry_code': np.nan})[
                                    'industry_code'] for k, v in ind_dict.
items()}
            ind = list(sw_dict.values())[0]

            #如果股票所在的行业没有持仓，先初始化行业持仓为0
            if ind not in g.ind_hold:
                g.ind_hold[ind]=0

            if g.sec_hold[code]==0:
            if current_price > g.high[code][-1]:
                log.info('可买入%s:%2f.份',code, g.unit[code])

                market_add(context,current_price,code,ind,context.portfo-
lio.available_cash)                        #开仓买入
            elif current_price<g.break_price[code]-2*g.N[code][-1]:#价格距离
最后买入价格回调2个单位的波动
                log.info('可止损-%s',code)
                market_out(current_price,code,ind)    #止损
            elif current_price>=g.break_price[code]+0.5*g.N[code][-1]:#当前
价格大于上次买入价格的0.5个N
                log.info('g.sec_hold可加仓{}:{}'.format(code,current_price))
                market_add(context,current_price,code,ind,context.portfolio.
available_cash)#加仓
            elif current_price<g.low[code][-1] and g.sec_hold[code]>0:#当前价
格低于唐奇安通道下轨
                log.info('可离场-%s',code)
                market_out(current_price, code,ind)    #出局


    #计算N
    def calculate_N(code):
        if len(g.N[code])==0:
            price=attribute_history(code,21,'1d',('high','low','close'))
            st1=[]
            for i in range(1,21):
                hl=price['high'][i]-price['low'][i]
                hc=price['high'][i]-price['close'][i-1]
                cl=price['close'][i-1]-price['low'][i]
                True_Range=max(hl,hc,cl)
```

```
            st1.append(True_Range)
          current_N=round(np.mean(np.array(st1)),3)
          g.N[code].append(current_N)
      else:
          price = attribute_history(code, 2, '1d',('high','low','close'))
          hl = price['high'][-1]-price['low'][-1]
          hc = price['high'][-1]-price['close'][-2]
          cl = price['close'][-2]-price['low'][-1]
           # Calculate the True Range
          True_Range = max(hl, hc, cl)
          # 计算前 g.number_days(大于 20)天的 True_Range 平均值,即当前 N 的值:
          current_N = round((True_Range + (g.number_days-1)* (g.N[code])
[-1])/g.number_days,3)
          (g.N[code]).append(current_N)


   #买入 & 加仓
   def market_add(context,current_price,code,ind,cash):

      num_of_shares=cash/current_price
      if num_of_shares>=g.unit[code] and g.sec_hold[code]<g.sec_unit_limit
and g.ind_hold[ind]<g.ind_unit_limit and g.total_hold <g.unit_limit:


          order(code,int(g.unit[code]))
          g.sec_hold[code]+=1
          g.ind_hold[ind]+=1
          g.total_hold+=1
          g.break_price[code]=current_price
          log.info('持有%s:%2f.单位',code,g.sec_hold[code])
          log.info('持有%s:%2f.单位',ind,g.ind_hold[ind])
          log.info('总持有:%2f.单位',g.total_hold)
   #止损 & 退出
   def market_out(current_price,code,ind):

      order_target(code, 0)
      g.total_hold-=g.sec_hold[code]
      g.ind_hold[ind]-=g.sec_hold[code]
      g.sec_hold[code]=0

      log.info('持有%s:%2f.单位',code,g.sec_hold[code])
      log.info('持有%s:%2f.单位',ind,g.ind_hold[ind])
      log.info('总持有:%2f.单位',g.total_hold)
```

回测结果如图 2-3 所示。

收益概述									
策略收益	策略年化收益	超额收益	基准收益	阿尔法	贝塔	夏普比率	胜率	盈亏比	最大回撤 ⓘ	索提诺比率
12.58%	3.09%	-34.35%	71.48%	-0.036	0.249	-0.081	0.154	0.734	19.14%	-0.110
日均超额收益	超额收益最大回撤	超额收益夏普比率	日胜率	盈利次数	亏损次数	信息比率	策略波动率	基准波动率	最大回撤区间
-0.03%	61.48%	-0.595	0.493	8	44	-0.492	0.112	0.298	2021/02/10,2022/09,

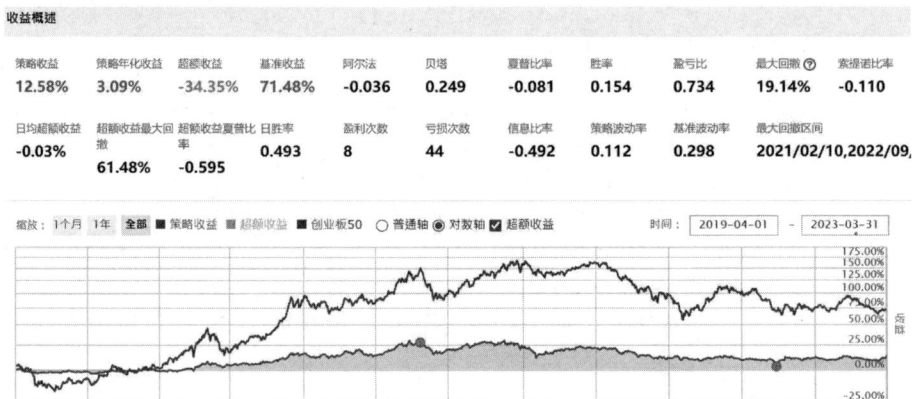

图 2-3　中证 500 成分股海龟策略选股回测

从结果可以看出，相对于基准而言，策略的波动性要小得多，策略在市场下跌时可以减少损失，但在市场大幅上升时无法把握机会，这一结果与海龟交易系统的设计初衷不符。分析原因有以下两个方面：一是我们实现的策略直接以指数成分股作为输入，没有预先认真选股，这些股票在回测区间内并没有表现出显著的趋势性；二是直接照搬原始参数设置在 A 股可能行不通，需要根据 A 股的实际情况调整策略参数，例如，按照原始的资金管理限制，多头方向最多持有 12 个头寸单元，但根据回测结果即使持有 12 个头寸单元，也只使用了三分之一左右的本金，资金利用率过低。

通过这个回测结果，大家应该认识到把经典的技术分析策略不经优化直接拿来用大概率不会有理想的效果。虽然效果不理想，但是对海龟交易系统的原理和实现方法的介绍应该已经足够充分了，有兴趣的读者可以在此基础上进一步优化。

第3章 基本面量化交易

基本面分析是与技术分析完全不同的另一种股票分析方法，它通过研究宏观经济基本面、行业景气度和公司发展情况等信息确定股票的合理价值，更多用在选股上。当前国内的量化市场受困于中频赛道的拥挤，正朝着低频化和高频化两个方向演进，低频化的策略更多依赖于基本面分析。

本章将为读者介绍基本面分析的基本概念和常见指标，探讨基本面分析方法的优势和劣势，而后通过神奇选股策略的实现展示基本面量化交易的具体实现步骤。希望通过对本章的学习，帮助读者深入理解基本面分析的基本原理，并能够将其用在量化交易中。

3.1 基本面分析简介

在本节将从概念、分析方法、优劣势三个方面对基本面分析进行介绍，帮助大家形成对基本面分析的基本了解。

3.1.1 概　　念

基本面分析是一种通过分析各种宏观经济和微观经济因素来评估股票内在价值的方法。基本面分析的关键就是通过将股票的内在价值与市场价格相比来确定股票是被低估还是被高估了，从而做出买入、持有或卖出的决定，以最大限度地提升潜在收益。

内在价值是基本面分析的核心概念。基本面分析的主要假设之一是股票的市场价格并不能完全反映股票的真实价值，内在价值就是这个真实价值的金融术语。如果市场总是正确的，就没必要进行分析了。基本面分析的主要工作是基于当前经济和市场状况及公司的财务状况等基本面信息确定股票的内在价值。基本面分析的第二个主要假设是从长期来看股市将反映基本面。这一假设带来了基本面分析的两大不确定性，一是基本面分析可采用的数据和方法太多，对同一只股票不同的人会分析出截然不同的内在价值，无法确定哪个才是真正的内在价值；二是股票价格回归到内在价值的时间到底有多长无法确定，可能会超出投资者的接受范围。

3.1.2 分析方法

基本面分析是一种全面分析的方法，主要依靠公开数据来预测未来的增长，要分析这些数据，至少需要分析师能够阅读财务报表、理解宏观经济数据并掌握一种或多种估值技术，这就要求分析师对经济学、金融学和会计学等领域的知识都有一定的积累。

整体来看，基本面分析包括三个层面：经济分析、行业分析和公司分析。根据对这三个层面的分析次序不同，基本面分析可以分为自顶向下的分析和自底向上的分析，如图3-1所示。遵循自顶向下方法的投资者从整体经济的健康状况开始分析。通过分析各种宏观经济因素，如利率、通货膨胀率和国内生产总值（GDP）增速等，确定经济的发展情况和未来方向。之后，投资者根据经济发展状况和方向评估各行业的发展前景和潜在机会，找出拥有最佳投资机会的行业或板块。最后，分析并选择最有前途的行业中的个股。与之相反，自底向上的分析从研究公司开始，深挖其财务报告和经营表现，然后将关注点上移到行业状况，再到更宏观的经济因素。

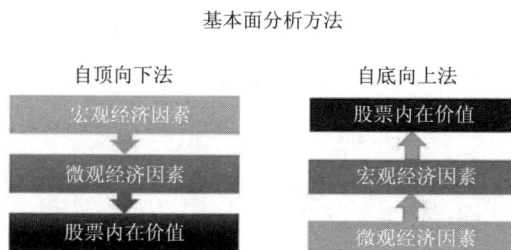

图 3-1 自顶向下与自底向上分析

3.1.3 基本面分析的优劣

与技术分析不同，基本面分析并不适用于所有的金融市场，而且不同金融市场关注的基本面要素也不完全相同。基本面分析的主要优势是全面客观，股票市场的基本面分析涵盖经济、行业、公司三个层面，涉及的分析方法众多。对基本面分析的批评则包括估值可靠性不高、忽视市场风险等。

在实务中，与技术分析一样，是否使用基本面分析也应结合投资周期和市场有效性理论来决定。在短期内，市场有效性相对没有那么高，基本面很少发生变化，基本面分析很难发挥价值。在长期投资中，基本面分析的优势较为明显。因为在长期投资中，股价受到基本面因素的影响较大，市场很可能是弱有效的，通过基本面分析很可能获得超额收益。

3.2 宏观经济基本面与股市

股市被认为是经济的晴雨表，这是因为股市的表现通常反映了宏观经济的状况。在影响股价变动的诸多因素中，宏观经济周期的变动是最重要的因素之一，它对企业经营及股价的影响极大，决定股市的大行情。因此，经济周期与股价的关联性是投资者不能忽视的。

A 股似乎是个特例，其一直被诟病完全脱离经济基本面，原因是中国经济在过去40 年经历了高速发展，而上证指数一直维持在 3 000 多点，股市好像完全没有体现经济形势。但是洪灝在《预测：经济、周期与市场泡沫》一书里用实际数据证明，以上证指数为代表的 A 股市场并没有脱离经济基本面，之所以给大家这种错觉，是因为A 股市场往往领先实体经济大约 6 个月。另外，反映经济的增速变化的是股市的回报率，而不是股市的绝对水平。图 3-2 把代表经济基本面的工业增加值做时间滞后性调整后，与上证指数的月度同比变化绘制在一张图上，可以看出二者是息息相关的。

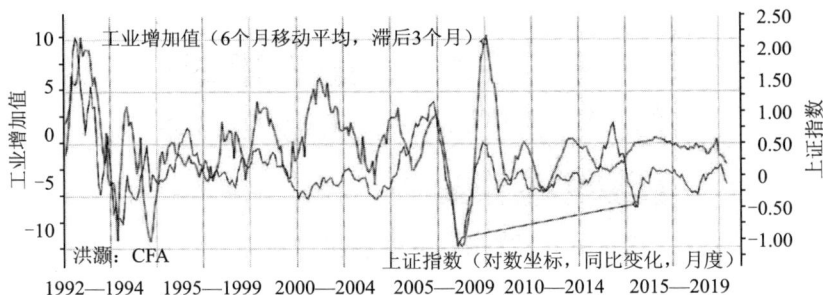

图 3-2　工业增加值与上证指数对比

本节以沪深 300 指数代表 A 股市场，验证一些具体经济指标，包括货币、实业、物价三大类，与 A 股市场能否互相预测。验证预测性的方法是首先画图观测，其次用格兰杰因果关系检验。最后提供一个简单的利用经济指标进行股指择时的策略。在实际使用中需要特别注意数据的可用时点，每个月的宏观经济数据多在下个月的中旬发布，而股指的月涨幅在当月最后一个交易日收盘时即可确定。

3.2.1　格兰杰因果关系检验

格兰杰因果关系检验是一种统计假设检验，用于确定一个时间序列是否对预测另一个时间序列有价值，由克莱夫·格兰杰在 1969 年首次提出。2003 年，他因时间序列方面的贡献被授予诺贝尔经济学奖。他的工作从根本上改变了经济学家分析金融和宏观经济的方法。

对于两个时间序列变量 X 和 Y，格兰杰因果关系的定义是，若通过变量 X、Y 的历史信息对变量 Y 的预测效果优于单独由 Y 的过去信息对 Y 进行的预测效果，即变量 X 有助于解释变量 Y 的未来变化，则认为变量 X 是导致变量 Y 的格兰杰原因。

用数学语言描述，如果下列关系成立则序列 X 是序列 Y 的格兰杰原因：

$$\mathrm{MSE}(E[\,y_{t+s}\,|\,y_t, y_{t-1}, \cdots, x_t, x_{t-1}, \cdots\,]) \ll \mathrm{MSE}(E[\,y_{t+s}\,|\,y_t, y_{t-1}, \cdots\,])$$

其中 MSE 是指均方误差，是一种衡量预测误差的指标。

从技术上讲，如果 F 检验拒绝原假设 H_0：$\gamma_1 = \gamma_2 = \cdots = \gamma_p = 0$，这些 γ 来自 X 的 OLS 估计，则 X 是序列 Y 的格兰杰原因：

$$y_t = \alpha_0 + \sum_{i=1}^{p} \beta_i y_{t-i} + \sum_{j=1}^{p} \gamma_j x_{t-j} + \varepsilon_t$$

需要注意，格兰杰因果关系检验是统计上的时间先后顺序，并不表示二者真正存在因果关系，是否存在真正的因果关系需要根据理论和经验来判定。

进行格兰杰因果关系检验的一个前提条件是时间序列必须具备平稳性，否则可能会出现伪回归问题。所以，一般的处理程序是：对时间序列数据做单位根检验，如果不存在单位根，则时间序列平稳。接着对时间序列数据做格兰杰因果关系检验，检验其变量之间的因果关系。

用 Python 做格兰杰因果关系检验十分方便，statsmodels 包里提供了现成的方法 grangercausalitytests。下面随机生成两个序列 x、y，验证 x 是不是 y 的格兰杰原因：

```
from statsmodels.tsa.stattools import grangercausalitytests
import pandas as pd
import numpy as np
#随机生成两个序列 x、y
df = pd.DataFrame(np.random.randint(0, 100, size=(10, 2)), columns=['y', 'x'])
#验证 x 是不是 y 的格兰杰原因
grangercausalitytests(df[['y', 'x']], maxlag=2)
```

对于投资者来说，研究宏观经济指标的目的是预测股市，接下来，我们用这套方法检验一系列宏观经济指标与代表股市行情的沪深 300 指数月环比涨跌幅的格兰杰因果关系，看它们是否真的能够帮助预测股市，用于分析的数据区间为 2006 年 1 月 1 日至 2023 年 3 月 31 日。这些宏观经济指标分为实业指标、货币指标和物价指标三类，对于不满足时间序列平稳性的指标，取变化率处理。

检验结果见表 3-1。

表 3-1　宏观经济指标与沪深 300 环比涨跌的格兰杰因果分析结果

指标类型	指标名称	指标解释	变量处理	结果
实业指标	制造业、采购经理指数（PMI）	中国 PMI 是通过对企业采购经理的月度调查结果统计汇总、编制而成的指数，涵盖企业采购、生产、流通等各个环节，能反映全体制造业景气度 发布时间：当月最后一天 发布机构：国家统计局	不处理	沪深 300 指数是制造业 PMI 的格兰杰原因，而制造业 PMI 不是沪深 300 指数的格兰杰原因
实业指标	工业增加值	中国工业增加值即工业企业在生产活动中的最后成果，是用来反映一定时期工业生产物量增减变动程度的指标 发布时间：每月中下旬发布上一月的数据 发布机构：国家统计局	变化率	两个序列互相都不是对方的格兰杰原因

续上表

指标类型	指标名称	指标解释	变量处理	结果
货币指标	$M_1 - M_2$	M_1 和 M_2 同比增速的剪刀差经常被用于判断市场情绪。M_1 增速>M_2 增速表示民间投资对于未来是"正向"看待的，愿意把钱放在活期存款中并准备随时投资。M_1 增速<M_2 增速表示民间投资对于未来是"负向"看待的，只愿意把钱放在定期存款账户，不愿意投资 发布时间：每月中上旬发布上月 M_1、M_2 增速数据 发布机构：中国人民银行	不处理	沪深 300 指数是 $M_1 - M_2$ 的格兰杰原因，而 $M_1 - M_2$ 不是沪深 300 指数的格兰杰原因
货币指标	超额流动性	超额的流动性定义为 M_2 同比增速减去工业增加值，只有超过了实体经济增长所需要的资金供给，才会导致经济增速超过潜在的增速	不处理	两个序列互相不是对方的格兰杰原因
物价指标	城市消费者物价指数（CPI）	CPI 代表的物价水平与经济息息相关，在经济增长较快时总是伴随着物价的大幅上涨。中国的 CPI 分为城市 CPI 和农村 CPI，城市 CPI 稳定性较高 发布时间：每月中上旬发布上月 CPI 数据 发布机构：国家统计局	不处理	两个序列互为对方的格兰杰原因

实验证明，A 股可以预测很多经济指标，股市是经济的晴雨表在中国同样成立，只是因为股市的领先性而被误解。不过对投资者来说更重要的是预测股市，可惜能够预测股市的宏观经济指标并不多，感兴趣的读者可以用本节介绍的方法继续挖掘。

3.2.2　用宏观经济指标做股指择时

城市 CPI 是沪深 300 指数的领先指标，那么我们就构建一个简单的策略，验证用城市 CPI 做沪深 300 指数择时的效果。逻辑是当城市 CPI 三个月均线上扬时空仓，下降时满仓，由于是在每个月中旬公布上个月的 CPI 数据，因此，我们将计算出的持仓信号后移两个月作为实际买卖信号。因为是基于月频数据择时，交易频率很低，因此，可以忽略交易成本。时间范围是从 2008 年 3 月至 2022 年 10 月。

代码如下：

```
##########################################################
#当 CPI 3 月均线上扬时卖出, 下降时买入
##########################################################
import talib as tl
#生成持仓信号, 返回 0 时空仓, 返回 1 时满仓
def get_position(array_data):
    ma = tl.EMA(array_data,timeperiod=3)

    signal = 0
    position = []
    for i in range(len(array_data)):
        if isnan(ma[i]) or i==0:
            signal = 0
        elif ma[i] > ma[i-1]:
            signal = 0
        elif ma[i] < ma[i-1]:
            signal = 1
        else:
            signal = position[-1]
        position.append(signal)
    print(position[-5:])
    return position


#生成持仓信号
data['signal'] = get_position(cpi['yoy'])


#因为 CPI 数据是每月中旬发布上个月的, 也就是每月初只能获得 2 个月前的脆皮数据
#因此将持仓信号后移两个月
data['position'] = data['signal'].shift(2).fillna(method='bfill')
#忽略掉前两个月的收益
data['ret'] = data['close'][2:]
#结合持仓信号计算每月收益
RET = data["ret"]*data["position"]
#计算 CPI 择时的累计收益率
CUM_RET = (1+RET).cumprod()
#计算一直持仓不择时的累计收益率作为基准
CUM_RET_ORG = (1+data["ret"]).cumprod()


fig = plt.figure(figsize=(20,8))
ax1 = fig.add_subplot(1, 1, 1)


ax1.plot(CUM_RET,color ="red",label='CPI 择时净值')
ax1.plot(CUM_RET_ORG,color ="blue",label='沪深 300 基准净值')
ax1.set_ylabel('资产净值')
```

```
fig.autofmt_xdate()
plt.tight_layout()
plt.legend(loc='best')
plt.show()
```

结果如图 3-3 所示,图中的①线代表使用 CPI 择时的沪深 300 指数净值变化,②线代表作为基准的一直持仓不做择时的沪深 300 指数净值变化,可见使用 CPI 择时的净值远高于不择时的净值。具体来看,使用 CPI 择时的净值在测试的 14.5 年里增长了约 126%,而不择时的基准净值亏损了 25%,超额收益率达到了 151%。

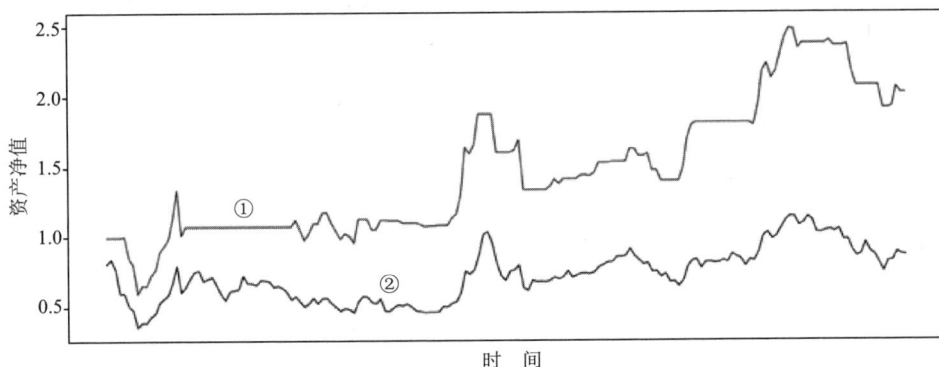

图 3-3　使用 CPI 择时的沪深 300 指数净值变化

需要注意的是,回测区间的大部分时间中国经济都处于高速增长且通胀温和的阶段,如果这一宏观背景发生改变,上述择时策略很可能不再有效。

3.3　行业基本面分析

按照标准的自上而下的基本面分析方法,在完成宏观经济基本面分析后,就应该进入中观层面的行业分析。国民经济是由各个行业构成的,而这些行业在不同时期和不同环境下呈现出不同的发展态势和收益水平。有一类专门的策略称为行业配置策略,核心思想是在国民经济上行时,选择先行启动的"领头羊"行业;在国民经济衰退时,避免投资先行下跌的行业。通过行业配置,可以降低在数以千计的股票池中选股的工作量,并降低个股选择的重要性。

行业配置的价值毋庸置疑,但行业配置的难度很高,存在行业配置胜率偏低、赔率不稳定、等待市场印证观点的时间不确定等挑战,这些挑战少有投资者能够克服。本节尝试从行业分类标准出发,介绍行业分析的基础框架,希望能帮助读者理解行业配置的价值和方法。

3.3.1　行业分类

行业分类是按照一定的规则，对从事国民经济生产和经营的单位或个体的组织结构体系进行详细划分与归类。在国内资本市场，为各方进行市场研究和统计管理提供指导的权威分类指引是证监会在 2012 年发布的《上市公司行业分类指引》修订版，沪、深交易所现行使用的行业分类主要遵行该指引。为进一步满足投资、研究的需要，申万宏源证券、国信证券、中信证券等证券公司建立了面向投资应用的行业分类标准，其中，申万宏源证券和中信证券的行业分类标准的应用相对广泛，在量化投资中可以直接使用它们发布的行业指数。

随着中国经济和股票市场的发展，申万宏源证券和中信证券的行业分类标准也在不断进行修订。申万宏源证券行业分类标准的最新版在 2021 年 7 月 30 日推出，划分了 31 个一级行业、134 个二级行业和 227 个三级行业。中信证券行业分类标准 2.0 版在 2020 年 1 月 2 日发布，划分了 30 个一级行业、109 个二级行业和 285 个三级行业。中信证券在一级行业的基础上又聚类出了板块一级划分，将一级行业划分为金融、周期、消费、成长与稳定五个风格板块，这一板块划分思路在量化投资领域得到了广泛应用。

3.3.2　行业分析的基础框架

行业分析包括定性和定量两部分内容。定性分析一般需要对行业的生命周期、市场结构、行业的经济周期等进行分析，定量分析需要确定行业的市场容量、销售增长率、毛利率、净资产收益率等。这两种分析方法不是独立的，更普遍的做法是结合定性和定量，使用一些专业的模型进行行业分析，如波特的五力模型、大环境分析模型等。

1. 定性分析

（1）行业生命周期。行业的生命周期是指行业从诞生到消亡的全过程，通常可以分为幼稚期、成长期、成熟期、衰退期四个阶段。对于投资者来说，可以根据市场规模、竞争环境、技术创新、政策导向等因素来判断行业的生命周期，以更好地制定投资策略。

（2）市场结构。行业的市场结构是指行业内不同企业之间的竞争状态和竞争程度，影响因素包括市场集中度、竞品率、买方议价能力、卖方议价能力等。市场结构根据竞争程度从高到低可分为完全竞争型、垄断竞争型、寡头垄断型、完全垄断型。不同的市场结构会对企业的行为和市场的表现产生不同的影响。

（3）行业与经济周期的关系。根据行业增长与经济周期的关系，可以将行业分为三大类：增长型行业、周期型行业和防御型行业。增长型行业是指在不同经济周期中均呈现高速增长的行业，周期型行业是指在经济周期中呈现周期性波动的行业，防御型行业是指在经济周期中呈现平稳增长的行业。投资者在选择行业时，应该根据具体情况综合考虑行业前景、竞争环境、利润率等因素，做出全面的判断。

2. 定量分析

行业分析中的定量分析主要包括以下内容。

市场规模：通过收集和分析行业的历史销售数据、市场需求趋势及竞争状况，根据现在的市场规模预测未来市场规模和增长趋势。

销售增长率：销售增长率是衡量一个行业销售额增长的指标。通过计算销售增长率，可以了解销售额在一定时间内的变化情况，从而对未来的销售情况有一个更为准确的预测。此外，行业销售增长率也是判断行业生命周期的主要指标之一。

毛利率：毛利率是公司核心业务盈利能力的直接体现，不同行业受产销量、产销结构等影响而差异巨大，研究具体公司的毛利率时需要结合行业毛利率水平进行分析。

此外还有净利率、净资产收益率、财务杠杆率等指标，也可以进行量化分析。对于投资者来说，更重要的不是统计这些指标的历史数据，而是对这些指标的未来走势进行预测。常用的预测技术是根据历史数据采用时间序列上的自回归模型进行预测，但预测效果往往并不可靠，仅能作为参考。

3.3.3 行业估值分析

对于投资者来说，除了关注上一节中提到的反映行业发展水平的指标，还需要格外关注行业的估值水平，常用的估值指标包括市盈率（PE）、市净率（PB）和市销率（PS）等。

市盈率：市盈率是最常用的估值指标，反映的是行业的盈利能力是否被市场合理定价。

行业市盈率＝行业（价格）指数÷行业净利润。

由于公式中净利润计算维度的不同，市盈率又分为三种：一是静态市盈率（上一年度的净利润）；二是动态市盈率（当年净利润的预测值）；三是滚动市盈率（近12个月的净利润合计值）。其中，滚动市盈率使用最为普遍。

PE估值指标多适用于主营业务清晰、盈利较为稳定的成熟期行业，比如食品饮料、家电等。

市净率：市净率的使用率仅次于市盈率，体现的是市值与账面价值的偏离度。

行业市净率＝行业（价格）指数÷行业净资产。

对于强周期行业，PE 估值无法发挥作用，这些行业通常适用 PB 估值。另外，市净率更适合用于重资产行业，包括资金型的行业，比如银行、券商、房地产等，也包括重投资、重工业制造行业，比如机械重工、汽车行业、建设机械等。

市销率：市销率的重要性较低，通常只在 PE 和 PB 都不适用的时候才用。

行业市销率＝行业（价格）指数÷行业总营收。

PS 不会出现负值，对于亏损企业和资不抵债的企业，也可以计算出有意义的价值乘数，所以，PS 估值特别适用于创业板的企业或高科技企业、互联网公司，尤其是处于成长期的公司。

估值体系的基本原理是安全边际和均值回归。在理想情况下，排除其他外部风险因素，股票价格围绕内在价值上下波动，如果选择估值相对低位的行业或股票，有较大概率在估值恢复到平均水平的过程中获得收益。而选择估值相对高位的行业或股票，则面临估值回落至平均水平的风险。

如前所述，不同行业的公司具有不同的特性，例如，生命周期、市场结构、与经济周期的关系等，这些因素对估值的影响非常大，因此，跨行业比较估值高低很难作为投资依据。投资中真正具有参考价值的是将行业当前估值水平与其自身的历史估值相比较。

3.3.4　行业轮动

A 股长期存在行业轮动现象。股市的行业轮动现象是指在一段时期内，不同行业的股市表现存在交替上涨和下跌的现象。据统计，从年度收益来看，每年收益前 5 名与后 5 名的行业都一直在轮动，且每年前 5 名的赢家行业相对后 5 名的输家行业至少有 20% 的超额收益。行业轮动的原因可以从盈利与估值共振两个方面来解释。企业自身盈利存在周期性，盈利会受宏观经济、产业政策影响，同时，行业所处的产业链上下游结构也会影响其盈利变化的先后顺序。企业的估值在短期还会受到市场资金偏好、流动性及交易行为等方面的因素影响。短期估值波动和中长期盈利变化共同形成了行业轮动现象。

行业轮动策略是根据行业轮动现象制定的策略，是一种试图从不同时期的强势行业中获利的方法，属于主动交易策略。传统的行业轮动策略一般是基于中信行业或者申万行业进行轮动，一个简单的策略思路是在每个月的月初计算所有行业的 PE 在其过去 5 年中的分位数，然后对分位数进行排名，选择排名最后的 5 个行业买入，逐月调仓。

这种方法显然是过于简单了，业界真正使用的主流的行业轮动策略有两种：一种是基于截面分析，类似于多因子选股，即寻找影响所有行业的共同因子，根据行业因子的打分对所有行业排序，进而选出"优势行业"和"劣势行业"，据此构建多空组合或者纯多头组合；另一种是基于时间序列分析，即分别构建所有行业的择时模型，择时模型也可以使用时间序列上的多因子模型，根据每期每个行业的择时结果，决定下一期所配置的行业，进而形成行业轮动策略。这两种方法与因子选股、股票因子择时的方法除了使用的具体因子不同外，在原理上基本是一样的。

不过行业层面的因子投资还面临一些特殊的困难。行业相对于股票来说数量较少，无论是申万行业还是中信行业，一级行业都只有约30个，且部分行业表现相关性过高（如轻工制造和纺织服装月收益率相关性可达93%以上），所以，要找到截面上区分效果好的因子并不容易。对于择时模型来说，与宽基指数相比，行业层面涉及的因子较多导致构建策略的难度加大，且同样面临行业表现相关性过高的问题，使用中信的风格板块是个不错的替代方案。

3.4 公司基本面分析

在股票基本面分析中，最为重要的还是对公司本身的基本面进行分析。公司本身经营状况是决定基本面最基本的因素，虽然短期内影响股价的因素很多，但股价最终还是会反映一家公司的内在价值。

上市公司的月报、季报、年报是基本面投资者可以获取的最重要的公开资料，投资者可以通过这些报表判断公司是否能够持续成长，从而决定是否要继续投资。通过这些报告，投资者既可以获得丰富的量化数据，包括营业收入增长率、毛利率、净利率、杠杆率等财务数据，也可以将这些数据与市场数据结合得到市盈率、市净率等估值指标。此外，投资者还可以根据报告中关于公司业务模式、行业前景、管理团队等因素的描述进行定性分析，从而评估公司的长期投资价值。基本面分析中的定性分析和定量分析都很重要，不过本书侧重于定量分析。

3.4.1 财务报告简介

财务报告是企业管理层定期对外披露企业经营状况的主要工具，是一切基本面分析的基础，也是量化分析的重要数据来源。财务报告由会计报表、会计报表附注和财务情况说明书组成，其中，最核心的是资产负债表、利润表和现金流量表三张报表。本节将简单介绍这三张报表的内容和用途。

1. 资产负债表

资产负债表是总括反映公司在一定日期全部资产、负债和股东权益的会计报表，反映了公司在特定日期的静态财务状况，因而又称为财务状况表。它表明公司在某一特定日期所拥有的经济资源、所承担的经济义务和公司所有者对净资产的要求权。

在资产负债表中，资产是指企业过去的交易或者事项形成的、由企业拥有或者控制的、预期会给企业带来经济利益的资源。资产项目按照流动性由强到弱排列，即按照资产再次变为现金所需时间的长短进行排序，基本分为流动资产和非流动资产两大类。流动资产是指现金及预期能在一年或者超过一年的一个经营周期内变现或者运用的资产。流动资产主要包括货币资金、应收账款、存货、其他流动资产等。非流动资产包括长期应收款、长期股权投资、投资性房地产、固定资产、无形资产、商誉等。

负债是上市公司所承担的能以货币计量、需以资产或劳务偿付的债务。公司生产经营活动的资金，除投资者投入以外，可向银行等金融机构借入。另外，公司在生产经营中由于购买材料、商品等或接受其他单位劳务供应而结欠其他单位的款项，公司由于接受投资者投入资金而应付给投资者的利润，以及应缴纳的税金、应付给职工的工资、福利费等，都属于公司的负债。负债也可以按偿还期限分为流动负债和非流动负债两类。流动负债是指将在一年或超过一年的一个营业周期内偿还的债务，包括短期借款、应付票据、应付账款、应付职工薪酬、应交税费、应付利润、预提费用等。非流动负债是指偿还期在一年或超过一年的一个营业周期以上的债务，有长期借款、应付债券、长期应付款等。

所有者权益是指企业所有者对企业净资产的要求权，是企业全部资产减去负债后由股东享有的剩余权益。它表明公司的资产总额在抵偿了一切现存债务后的差额部分，包括公司所有者投入资本及留存收益，反映了股东对公司净资产的所有权。按照形成的来源，所有者权益可以分为投入资本和留存利润。前者是所有者投入企业的资本，后者是企业生产经营活动所产生的利润在缴纳所得税后的部分。投入资本还可以进一步分为实收资本和资本公积，留存收益则由盈余公积和未分配利润构成。

资产负债表向人们揭示了企业拥有或控制的能用货币表现的经济资源，即资产的总规模及具体的分布形态。由于不同形态的资产对企业的经营活动有不同的影响，因此，通过对企业资产结构的分析可以对企业的资产质量、偿债能力、资源的利用情况、财务状况的发展趋势等做出一定的判断。

2. 利润表

利润表是反映企业一定会计期间（如季度、半年度或年度）生产经营成果的会计报表。利润表全面揭示了企业在某一特定时期实现的各种收入、发生的各种费用、成本和支出，以及企业实现盈利或发生亏损的情况，因此，利润表也被称为损益表。利润表属于动态会计报表，反映了企业经营资金的动态表现。

利润表中最重要的部分是企业的营业收入和利润。企业的营业收入主要包括销售收入。企业的营业成本通常包括人工成本、物料成本、租金等，此外还有管理费用、销售费用等。通过分析利润表，投资者可以了解企业在一段时间内的经营成果、盈利能力、运营效率和成本控制等情况，从而对企业的发展前景有更深刻的认识。

3. 现金流量表

现金流量表是展示企业在一定会计期间现金和现金等价物流入和流出情况的报表。与利润表相比，现金流量表的可操纵性要小得多，因此，它更能反映企业的真实经营情况，对于企业管理者制定经营决策和投资者评估企业财务状况都非常重要。现金流量表通常包括经营现金流、投资现金流和融资现金流及其他部分。

经营现金流：是指企业在经营过程中产生的现金流量，包括销售产品、提供服务、采购原材料等活动所产生的现金流入和流出。

投资现金流：是指企业为获取收益而进行的投资活动所产生的现金流量，包括投资股票、债券、房地产等资产所产生的现金流入和流出。

融资现金流：是指企业通过融资渠道获得的现金流量，包括借款、发行债券等活动所产生的现金流入和流出。

现金流量表有助于投资者分析企业的收益质量及影响现金净流量的因素，解释资产、负债变动的原因，对资产负债表和利润表可起到补充说明的作用，是连接资产负债表和利润表的桥梁。

总之，资产负债表、利润表和现金流量表是企业管理当局对外披露企业财务状况的三张重要报表。它们分别反映了企业的财务状况、营业收入和利润状况及现金流状况。对于投资者而言，财务报表具有重要的参考价值，可以帮助投资者了解企业的财务状况、盈利能力、投资风险和市场前景等方面的情况，从而更好地进行投资决策。对于量化投资者来说，更重要的是通过组合三张表中的数据及其他数据，形成能够直接用于量化投资的具体指标。

3.4.2 主要公司基本面指标

作为量化投资者不需要过度深入财务报表的细节，对我们来说更重要的是知道哪些数据能够作为选股的量化指标。财务报表中的数据项很多，通过将这些数据项交叉组合，能够形成成百上千的基本面指标，下面介绍常用的几类。

1. 成长指标

投资者有理由相信，只有稳定成长的公司的股价才能表现优秀。成长类指标是指用于衡量过去一段时间内股票的各项基本面指标的增长率，进而衡量公司的成长性的指标。每种增长率指标都可以按同比、环比细分为两个指标，无论是同比还是环比，理论上增长率越高代表公司成长性越好。

每股净资产增长率：每股净资产增长率是资产企业本期净资产增加额与上期净资产总额的比率，反映股东权益的收益水平，用于衡量公司运用自有资本的效率。

每股净资产增长率=每股净资产年增长额÷年初每股净资产额×100%。

每股收益增长率：即 EPS 增长率，每股收益增长率反映了每一份公司股权可以分得的利润的增长程度。

每股收益增长率=(本期净利润÷本期总股本−上年同期净利润÷上年同期总股本)÷(上年同期净利润÷上年同期总股本)×100%。

净利润增长率：净利润是指利润总额减所得税后的余额，是当年实现的可供股东分配的净收益，也称为税后利润。

净利润增长率=(当期净利润−上期净利润)÷上期净利润×100%。

营业收入增长率：营业收入增长率是企业营业收入增长额与上年营业收入总额的比率，反映企业营业收入的增减变动情况。其计算公式为：

营业收入增长率=(营业收入增长额÷上年营业收入总额)×100%

2. 规模指标

规模即市值，市值异象是 A 股市场中最显著的异象之一，市值异象是指小市值股票相对大市值股票具有显著溢价，但一般认为小市值股票的风险也更高。这类指标除了常用的总市值指标以外，流通市值也是用于衡量股票流通规模的一个常用指标。

流通市值：指在某特定时间内当时可交易的流通股股数乘以当时股价得出的流通股票总价值。

总市值：是指在某特定时间内总股本数乘以当时股价得出的股票总价值。

流通市值对数、总市值对数：由于 A 股全体股票的市值分布存在较为严重的厚尾，因此，也有很多研究对市值或者流通市值取自然对数，使取值的分布更接近于正态分布。

3. 质量指标

价值投资的核心是选择便宜的优质股，那么，如何衡量股票的质量呢？质量指标就是用于衡量股票质量的指标，这是一个宽泛的分类，包括盈利能力、收益质量、偿债能力、营运能力等。

(1) 盈利能力。这类指标衡量企业在一定时期内获取利润的能力，如净资产回报率、资产回报率、毛利率等。

资产回报率：资产回报率=税后净利润÷总资产，用于衡量每单位资产创造多少净利润。其值越高，代表公司利用资产创造收入的能力越强。

净资产回报率：资产回报率=税后净利润÷净资产，用于衡量每单位净资产创造多少净利润。其值越高，代表公司经营效率越高。

毛利率：毛利率是毛利润与销售收入（或营业收入）的百分比，其中，毛利润是营业收入和与为取得营业收入所付出的营业成本之间的差额，用公式表示：毛利率=(营业收入−营业成本)÷营业收入。毛利率越高，说明企业的盈利能力和成本控制能力越强。

（2）收益质量。这类指标衡量会计收益中企业经济价值有关信息的可靠程度，如扣非净利润占比等。

扣非净利润占比：指扣非净利润占净利润的比例，扣非净利润是指扣除非经常性损益后的净利润，这是单纯反映企业经营业绩的指标，这个比例太低可能意味着公司业绩被过度粉饰。

经营现金流量比率：经营活动现金净流量占总现金净流量的比率。该比率用于衡量企业经营活动所产生的现金流量可以抵偿流动负债的程度。

营业收入的含金量：营业收入的含金量＝销售商品、提供劳务收到的现金÷营业收入。营业收入含金量越高，表示企业通过销售收入创造现金净流入的能力越强。

（3）偿债能力。这类指标通过对企业资产结构的分析衡量企业能否长期经营下去，如流动比率、速动比率等。

流动比率：流动比率衡量公司用流动资产偿还流动负债的能力，理论上该比率越高，公司偿还当前债务的能力就越强。流动比率＝流动资产÷流动负债。

速动比率：速动比率与流动比率类似，它是将流动资产中变现性较差的预付款项、存货剔除，用剩下变现性较好的速动资产来和流动负债做比较。

利息保障倍数：利息保障倍数是企业生产经营所获得的息税前利润与利息费用之比。它是衡量企业长期偿债能力的指标。利息保障倍数＝息税前利润（EBIT）÷利息费用。

（4）营运能力。这类指标衡量企业营运资产的效率，即资产的周转速度，如流动资产周转率等。

流动资产周转率：流动资产周转率是销售收入与流动资产平均余额的比率，它反映的是全部流动资产的利用效率。流动资产周转率是分析流动资产周转情况的一个综合指标，流动资产周转率越高，代表资金利用效率越高。

总资产周转率：总资产周转率是指企业在一定时期内销售（营业）收入同平均资产总额的比值。一般来说，总资产周转率越高，表明其周转速度越快，营运能力也就越强。

应收账款周转率：应收账款周转率是指在一定时期内（通常为一年）应收账款转化为现金的平均次数。应收账款周转率＝销售收入÷应收账款平均余额。一般来说，应收账款周转率高，表明公司收账速度快，坏账损失少。

应付账款周转率：应付账款周转率表示的是企业一定时期内（通常为一年）平均支付应付账款的次数。应付账款周转率＝营业成本÷应付账款平均余额。一般来说，应付账款周转率高，表明付款条件对公司不利，公司总是要被迫尽快还清欠款，公司在供应链中的地位较低。

3.4.3　公司估值方法

价值投资的核心理念是买入被低估的优质股，3.4.2 介绍的基本面指标可以用于评估股票的质量，另有一套方法则专门用来确定股票的估值。估值是指确定公司或资产现值的过程，通过估值可以判断一家公司是否被市场低估或高估。目前，国际上通行的估值方法主要分为成本法、收益法和市场法三大类，其中，以收益法中的 DCF、FCFE、FCFF 等模型最为常用。

3.5　神奇公式选股策略实现

谈基本面分析的应用离不开价值投资理念。因为巴菲特的关系，价值投资的理念在国内特别盛行，绝大多数专业投资人都对客户宣称他做的是价值投资。

那到底什么是价值投资？有什么个人投资者能够践行的价值投资方法吗？哥谭资本的创始人乔尔·格林布拉特在《股市稳赚》一书中给出了一种简单有效的价值投资方法，被他称为"神奇公式"。

众所周知，价值投资的理念就是买入低价的优质股，但是具体怎么操作呢？书中给出了简单的三步法。

第一步，将上市公司按资本收益率从高到低的顺序排序。

资本收益率高意味着同样的投入能获得更高的回报，是代表公司优质的特征，神奇公式中用 ROIC 代表资本收益率。计算公式为：ROIC＝NOPAT（税后净营业利润）÷投入资本。另一个类似的指标是净资产回报率 ROE，但 ROE 存在一个缺陷，如果一个企业大量举债，即使毛利率和净利率较低，也可能获得很高的 ROE。但是，不平衡的负债结构会使企业长期盈利的难度较大。而 ROIC 衡量的是所有投入企业的各种资本能够创造的收益，所以，ROIC 更加能够反映企业经营的好坏。

第二步，按照公司的股票收益率将上市公司从高到低进行排序。

神奇公式中用的股票收益率的计算方式是 EBIT（息税前收益）÷EV（市值+净有息负债），EV 代表买下这个公司的总付出，即总市值加上买下企业后需要承担的原有的债务。这个比例代表如果按照市值把公司买下来，能够给我们带来什么样的回报率。为什么不用 PE 的倒数代表股票收益率呢？因为其分母是每股收益或是净利润，不如息税前收益更能说明企业总体盈利能力，而且这一指标也存在更大的财务操作空间。

第三步，将上述这两个排名加起来，按相加后的得分重新排序，选取排名靠前的股票持有，调仓频率为每年一次。

我们在中证 500 成分股上应用神奇公式选股，在从 2010 年到 2022 年的每年最后一个交易日获取中证 500 成分股，剔除 ST、PT 股票，剔除上市不满 12 个月的新股，剔除每个截面期下一交易日停牌的股票。对于剔除后的股票池，按上面的三步法计算得分，选择排名最靠前的 100 只股票，在下一年的第一个交易日等权买入。代码如下：

```python
from jqdata import *
import numpy as np
import pandas as pd
from tqdm import tqdm_notebook
from dateutil.parser import parse
# 设置时间范围
START_DATE = '2010-01-01'

END_DATE = '2023-04-07'
# 中证 500 指数
INDEX ='000905.XSHG'


############################### 筛选成分股 ###############################


class FilterStocks(object):
    '''
    获取某日的成分股股票
    1. 过滤 ST
    2. 过滤上市不足 N 个月
    3. 过滤当月交易不超过 N 日的股票
    ----------------
    输入参数：
        index_symbol:指数代码, A 约等于全市场, 800 是设置的 HS300+ZZ500
        watch_date:日期
        N:上市不足 N 月
        active_day:过滤交易不足 N 日的股票
    '''

    def __init__(self, index_symbol: str, watch_date: str, N: int = 3, active_day: int = 15):

        self.__index_symbol = index_symbol
        self.__watch_date = parse(watch_date).date()
        self.__N = N                              # 过滤上市不足 N 月股票
        self.__active_day = active_day            # 交易日期


    ############################### 获取并过滤成分股 ###############################
```

```python
    # 获取股票池
    @ property
    def Get_Stocks(self) -> list:
        '''
        bar_datetime:datetime.date
        '''

        if self.__index_symbol == 'A':

            stockList = get_index_stocks('000002.XSHG', date=self.__watch_
date) + get_index_stocks(
                '399107.XSHE', date=self.__watch_date)

        else:
            stockList = get_index_stocks(
                self.__index_symbol, date=self.__watch_date)

        # 过滤 ST

        st_data = get_extras(
            'is_st', stockList, end_date=self.__watch_date, count=1).iloc[0]

        stockList = st_data[st_data == False].index.tolist()

        # 剔除停牌、新股及退市股票
        stockList = self.delect_stop(stockList, self.__watch_date, self.__N)

        # 近 15 日均有交易的股票
        active_stock = self.delect_pause(stockList, self.__watch_date,
self.__active_day)

        return active_stock

    # 去除上市距 beginDate 不足 3 个月的股票
    @ staticmethod
    def delect_stop(stocks: list, beginDate: datetime.date,
                    n: int = 30 * 3) -> list:

        return [
            code for code in stocks
            if get_security_info(code).start_date < (beginDate - datetime.
timedelta(days=n))
        ]
```

```python
# 近15日内有交易
@ staticmethod
def delect_pause(stocks: list, beginDate: datetime.date, n: int = 15)
-> list:

    beginDate = get_trade_days(end_date=beginDate, count=1)[
        0].strftime('%Y-%m-%d')

    # 获取过去22日的交易数据
    df = get_price(
        stocks,end_date=beginDate,count=22,fields='paused',panel=False)

    # 当日交易
    t_trade = df.query('paused==0 and time==@ beginDate')[
        'code'].values.tolist()

    # 当日交易 且15日都有交易记录
    total_num = df[df['code'].isin(t_trade)].groupby('code')[
        'paused'].sum()

    return total_num[total_num < n].index.tolist()


# 获取年末季末时点

def GetTradePeriod(start_date: str, end_date: str, freq: str = 'WE') -> list:
    '''
    start_date/end_date:str YYYY-MM-DD
    freq:M月, Q季, Y年 默认ME E代表期末 S代表期初
    ================
    return  list[datetime.date]
    '''
    days = pd.Index(pd.to_datetime(get_trade_days(start_date, end_date)))
    idx_df = days.to_frame()

    if freq[-1] == 'E':
        day_range = idx_df.resample(freq[0]).last()
    else:
        day_range = idx_df.resample(freq[0]).first()

    day_range = day_range[0].dt.date
    return day_range.dropna().values.tolist()
```

```python
#获取 ROIC 和 EBIT/EV
def get_ebit2ev_roic(index_symbol: str, start: str, end: str, freq: str =
'YE') -> pd.DataFrame:

    '''
    因子获取，只用资金流因子
    ---------

        index_symbol:成分股代码
        start:开始日期
        end:截止日期
        freq:日期频率
    '''

    periods = GetTradePeriod(start, end, freq)

    factor_dic = {}
    for d in tqdm_notebook(periods):
        #取指数成分股，过滤停牌股和新股
        securities = FilterStocks(
            index_symbol, d.strftime('%Y-%m-%d'), N=12).Get_Stocks
        print(len(securities))
        q= query(valuation.code,
            balance.total_sheet_owner_equities,
            balance.non_current_liability_in_one_year,
            balance.longterm_loan,
            balance.bonds_payable,
            balance.longterm_account_payable,
            income.financial_expense,
            finance.STK_BALANCE_SHEET.lease_liability,
            balance.total_sheet_owner_equities,
            valuation.market_cap,
            balance.cash_equivalents,
            balance.total_liability,
            income.net_profit,
            income.income_tax_expense,
            income.interest_expense,
            income.total_operating_revenue,
            income.total_operating_cost
            ).filter(valuation.code.in_(securities))
        df = get_fundamentals(q, date = d)
        #print(df['code'])

        #以 0 来填充缺失值;
```

```
        df.fillna(0, inplace=True)

        #把代码设为索引;
        df = df.set_index('code')
        df = df[~df.index.duplicated()]
        print(len(df))
        for col in df.index:
            if col not in securities:
                print(col)
        '''
        the_path = '/home/jquser/DataNew/'
        ind =1
        if ind==1:
            df.to_csv(the_path+INDEX+'_shenqi.csv')
            ind=2
        '''
        #EV = 公司市值+ 总债务-现金和现金等价物
        df['EV'] = df['market_cap']*100000000 +df['total_liability']-df
['cash_equivalents']
        #EBIT = 净利润+所得税+利息
        df['EBIT'] = df['net_profit'] +df['income_tax_expense']+df['in-
terest_expense']

        df['EBIT2EV'] = df['EBIT']/df['EV']

        #NOPLAT=净利润+利息 /NOPLAT = EBIT*(1 - tax rate)
        df['NOPLAT'] = df['net_profit'] +df['interest_expense']

        #Invested Capital = ( Long-term debt + short-term debt + capital
lease) + Equity
        df['IC']=df['total_sheet_owner_equities'] + df[
            'non_current_liability_in_one_year'] + df['longterm_loan'] + df[
                'bonds_payable'] + df['longterm_account_payable']+df['lease_
liability']


        #计算投入资本回报率
        df['ROIC'] = df['NOPLAT'] / df['IC']
        #print(df['NOPLAT'].rank(method="min",ascending=False))
        #print(df['IC'].rank(method="min",ascending=False))
        df['score'] =df['NOPLAT'].rank(method="min",ascending=False)+
df['IC'].rank(method="min",ascending=False)
        factor_dic[d] = df[['score','EBIT2EV','ROIC']]
```

```
        factor_df = pd.concat(factor_dic)
        factor_df.index.names = ['date', 'code']
        return factor_df
result = get_ebit2ev_roic(INDEX,START_DATE,END_DATE)

def get_weight(data: pd.DataFrame,n:int = 20) -> pd.DataFrame:


    # 为不破坏原始数据，先对其进行复制
    data_ = data.copy()
    #print(data_['final_factor'].sort_values(ascending=False)[:n])
    data_ = data_['score'].sort_values(ascending=True)[:n]

    data_ = pd.DataFrame(data_)

    data_['w'] = 1/n

    data_ = data_.reset_index().set_index('code')
    #print(data_)
    return data_.drop('date', axis=1)
w = result.groupby(level='date').apply(get_weight,10)
w.to_csv('DataNew/score_weight.csv')
```

接下来在 2011 年 1 月 1 日到 2022 年 3 月 17 日进行回测，回测代码如下：

```
from jqdata import *
import pandas as pd
import numpy as np
from six import BytesIO                          # 文件读取


enable_profile()                                 # 开启性能分析


def initialize(context):

    set_params()
    set_variables()
    set_backtest()

    run_monthly(Trade, 1, time='open', reference_security='000905.XSHG')
    def set_params():

        g.result_df = pd.read_csv(

            BytesIO(read_file('DataNew/score_weight.csv')), index_col=[0])
```

```python
    def set_variables():

        pass


    def set_backtest():

        set_option("avoid_future_data", True)         # 避免数据
        set_option("use_real price", True)             # 真实价格交易
        set_benchmark('000905.XSHG')                   # 设置基准
        #log.set_level("order", "debuge")
        log.set_level('order', 'error')


    # 每日盘前运行
    def before_trading_start(context):

        # 手续费设置
        # 将滑点设置为 0
        set_slippage(FixedSlippage(0))

        # 根据不同的时间段设置手续费
        dt = context.current_dt

        if dt > datetime.datetime(2013, 1, 1):
            set_commission(PerTrade(buy_cost=0.0003, sell_cost=0.0013, min_
cost=5))

        elif dt > datetime.datetime(2011, 1, 1):
            set_commission(PerTrade(buy_cost=0.001, sell_cost=0.002, min_
cost=5))

        elif dt > datetime.datetime(2009, 1, 1):
            set_commission(PerTrade(buy_cost=0.002, sell_cost=0.003, min_
cost=5))

        else:
            set_commission(PerTrade(buy_cost=0.003, sell_cost=0.004, min_
cost=5))


    def Trade(context):

        #bar_time = context.current_dt.strftime('%Y-%m-%d')
```

```
bar_time = context.previous_date.strftime('%Y-%m-%d')
log.info('%s 启动'% bar_time)

if bar_time in g.result_df.index:
    print('存在')
    target_slice = g.result_df.loc[bar_time]
    BuyStock(context, target_slice)


def BuyStock(context, target_slice: pd.DataFrame):

    order_dict = target_slice.set_index('code')['w'].to_dict()

    for hold in context.portfolio.long_positions:
        if hold not in order_dict:
            order_target(hold, 0)

    totalasset = context.portfolio.total_value
    for buy_stock, pre in order_dict.items():

        order_target_value(buy_stock, pre * totalasset)
```

回测效果如图 3-4 所示。

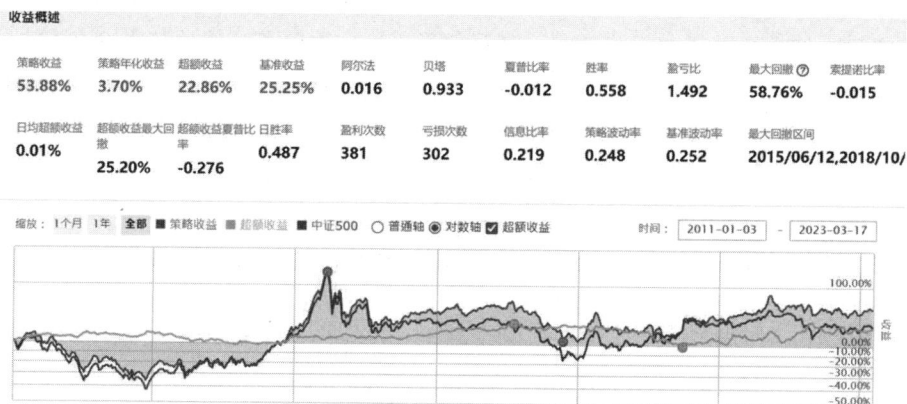

收益概述

策略收益	策略年化收益	超额收益	基准收益	阿尔法	贝塔	夏普比率	胜率	盈亏比	最大回撤 ⑦	索提诺比率
53.88%	3.70%	22.86%	25.25%	0.016	0.933	-0.012	0.558	1.492	58.76%	-0.015

日均超额收益	超额收益最大回撤	超额收益夏普比率	日胜率	盈利次数	亏损次数	信息比率	策略波动率	基准波动率	最大回撤区间
0.01%	25.20%	-0.276	0.487	381	302	0.219	0.248	0.252	2015/06/12,2018/10/

图 3-4　神奇公式选股回测

　　这是一个每年调仓的量化投资策略，如此低的调仓频率在量化投资界应该不会存在，仅出于实验目的供读者参考。从回测结果看，神奇公式选股确实能取得明显的超额收益，但整体收益率并不高。这时你可能在想，如果用两个指标选股能取得一定的超额收益，那加入更多指标是不是能取得更高的收益率呢？这个思路就是多因子选股的逻辑了，事实上，神奇公式就是个简单的两因子选股策略，为了获得更高的收益，我们可以加入更多的因子，无论是本章提到的基本面因子，还是上一章介绍的技术面因子都可以熔于一炉，同时发挥作用。下一章我们正式进入因子投资领域。

第 **4** 章 　因子投资

　　因子在投资中的使用十分广泛，即使未深入了解过相关概念的普通投资者应该也对这个名词耳熟能详，对量化机构投资者来说，因子更是投资成败的关键所在，大量量化机构投资者的主要工作就是挖因子、用因子。那么到底何为因子？因子在投资领域是指能够对不同资产间，或同一资产内不同证券间的收益差异进行有效而系统解释或预测的关键性驱动变量。这一定义可谓包罗万象，无论是传统的技术分析指标和基本面数据，还是正不断涌现的千奇百怪的另类数据，都可以纳入因子的范畴，对这些因子进行处理和分析已经形成了成熟的方法体系。因子的应用同样广泛，在收益预测、表现归因、风险归因及资产配置等方面，因子都发挥着重要作用。

　　本章将为读者介绍因子分析的基础知识，讲述单因子分析的基本方法，以及多因子分析的常用技术。希望通过对本章的学习，帮助读者深入理解因子分析的基本原理，并能够将其应用在量化交易中。

4.1　因子模型基础知识

本节将从经典的资本资产模型开始介绍因子模型及相关概念，随后将对两大类因子——时间序列因子和横截面因子的概念和应用分别展开介绍。

4.1.1　因子模型

主动投资的基础是预测，最早的收益率预测模型是在 20 世纪 60 年代提出的资本资产定价模型（capital asset pricing model，CAPM）。根据模型，资产的期望超额收益率由以下一元线性模型决定：

$$E(R_i) - R_f = \beta_i [E(R_M) - R_f]$$

其中：

$E(R_i)$——资产 i 的期望收益率；

R_f——无风险收益率；

$E(R_M)$——市场组合的期望收益率。

在资本资产定价模型的公式中，特定金融资产的期望收益率由两个部分组成，无风险收益率及对所承担的市场风险的溢价。只有承担市场风险，也就是系统性风险才可以获得溢价，而非系统性风险无法带来风险溢价。$E(R_i) - R_f$ 代表资产 i 相对于无风险收益率的期望超额收益率，$E(R_M) - R_f$ 代表市场组合的期望超额收益率，β_i 刻画了资产 i 的超额收益率对市场收益率的敏感程度。β_i 值越高，表明该资产对市场波动越敏感。在因子分析的语境下，资本资产定价模型就是一个简单的单因子模型，资产的超额收益率只由市场因子决定，β_i 是资产 i 对市场因子的因子暴露，也称因子载荷，$E(R_M) - R_f$ 是市场因子的因子溢价，也称因子收益。

作为一种定价模型，资本资产定价模型过于简单了，它只在一系列脱离现实的严格假设下才成立，不能满足实际应用的需要，因此，史蒂芬·罗斯在 1976 年提出了套利定价理论（arbitrage pricing theory，APT）。套利定价理论是一种多因子资产定价模型，其思想是可以通过资产的预期收益与反映系统性风险的多个宏观经济变量之间的线性关系来预测资产的收益。公式如下：

$$E(R_i) - R_f = \beta_{i1} \times \lambda_1 + \beta_{i2} \times \lambda_2 + \cdots + \beta_{in} \times \lambda_n$$

用简洁的向量形式可以写作：

$$E(R_i) - R_f = \boldsymbol{\beta}_i' \times \boldsymbol{\lambda}$$

其中：

$E(R_i) - R_f$——资产 i 的期望超额收益率；

$\boldsymbol{\beta}_i'$——$(\beta_{i1}, \beta_{i2}, \cdots, \beta_{in})$，代表资产 i 的因子暴露向量；

$\boldsymbol{\lambda}$——$(\lambda_1, \lambda_2, \cdots, \lambda_n)^T$，代表资产 i 的因子溢价向量。

与资本资产定价模型不同，套利定价理论模型显示资产 i 的超额收益率由一系列因子的因子溢价和资产 i 对这一系列因子的因子暴露决定。套利定价理论的假设没有那么严格，而且它的可扩展性很强。套利定价理论的缺点是它提供的多因子模型既没有明确因子的数量，也没有明确具体的因子，这意味着它的理论价值大于实际价值，无法直接用这个模型进行预测。但这同时给了使用者充分的发挥空间，每个使用者都可以定义自己的模型。

最著名的具体的多因子定价模型是 Fama-French 三因子模型，该模型的提出是基于两个现象：

一是市值规模效应，小市值公司的股票收益率高于大市值公司。因为小市值的公司风险较高，因此，相应的风险溢价也应该更高。

二是高账面市值比股票（即价值股）比低账面市值比股票（即成长股）的长期回报高。因为，成长股往往由于其良好的基本面表现而被高估，价值股由于表现平稳、增长缓慢而被低估，因此，我们可以用较低的价钱买到价值股的股票，在未来取得较大回报。

Fama 和 French 将这两个数值作为定价因子补充到资本资产定价模型中，得出了 Fama-French 三因子模型，公式为：

$$E(R_i) - R_f = \beta_i [E(R_M) - R_f] + \beta_s \text{SMB} + \beta_H \text{HML}$$

其中：

$E(R_i) - R_f$——资产 i 的期望超额收益率；

R_f——无风险收益率；

$E(R_M) - R_f$——市场组合的期望超额收益率；

SMB——小市值公司对大市值公司的风险溢价；

HML——高账面市值比公司对低账面市值比公司的风险溢价。

该模型提出后在多个国家的资本市场上得到验证，后来又发展出了 Fama-French 五因子模型，但是，因为经济学理论基础不足并未形成三因子模型那样的影响力。

Fama-French 模型最大的意义在于提出了一种寻找定价因子的方式，即通过线性回归的方式在历史数据中挖掘定价因子。受此启发，各类因子和因子模型如雨后春笋般不断涌现。

综合上述因子模型来看，因子都与资产承担的不同种类的风险有关。无论是哪种因子模型都遵循一个统一的原则，即资产的期望收益率由因子溢价和因子暴露的乘积决定。因子溢价衡量的是市场为投资者对每一个因子所代表的风险暴露给予的补偿，因子暴露衡量的是资产收益率对因子的敏感程度。根据用途不同，因子又可分为时间序列因子和横截面因子两大类，对两类因子来说，因子溢价和因子暴露的获取方式截然不同。

4.1.2　时间序列因子

Fama-French 三因子模型是一个典型的时间序列因子模型。当使用 Fama-French 三因子模型时，对于所有股票来说，模型中的市场超额收益、小市值公司对大市值公司的风险溢价、高账面市值比的公司对低账面市值比的公司的风险溢价都是一样的，这些被称为因子溢价。对每个股票来说，不同的是对每个股票的历史数据回归得到的回归系数，即公式中的 β_i、β_S 和 β_H，这些被称为因子暴露。除了 Fama-French 三因子外，第 3 章提到的宏观经济指标也常用于时间序列预测，显然，对于所有股票来说，这些宏观经济因子的因子溢价也是一样的。

更为通用的时间序列因子模型是将股票第 t 期的收益率表示为多个因子的因子暴露和因子溢价的乘积，公式如下：

$$R_{i,t} = \boldsymbol{\beta}'_i \times \boldsymbol{f}_t + \varepsilon_{i,t}, t = 1, 2, \cdots, T$$

其中：

$\boldsymbol{\beta}_i$——股票 i 的因子暴露的列向量；

$\boldsymbol{f}_t$——股票 i 的因子溢价的列向量；

$\varepsilon_{i,t}$——股票 i 的第 t 期收益率的非系统性部分。

上述公式两边的时间下标 t 是相同的，这意味着这是一个解释模型而不是预测模型，可用于对基金经理的业绩评价。对于机构来说，对基金经理的表现进行归因是十分重要的，这方面最重要的模型是 Barra 风格因子模型。Barra 风格因子模型是明晟公司旗下多因子模型产品，它定义了十种风格因子，利用这些因子对基金的收益及风险进行分析。在当前市场中对量化策略进行 Barra 归因，检测能否产生稳定 Alpha 收益的做法已被投资机构广泛采用。基于 Barra 风格因子，一方面，可以解释各类因子组合收益来源；另一方面，可以利用 Barra 判定投资风格的风险归因，帮助投资部门合理配置资产。

对于普通投资者来说，更重要的是预测股票下一期的收益以指导自己的投资，这一目的可以通过对前述公式做简单的修改，将收益率由 t 期改为 $t+1$ 期实现：

$$R_{i,t+1} = \boldsymbol{\beta}'_i \times \boldsymbol{f}_t + \varepsilon_{i,t}, t = 1, 2, \cdots, T$$

接下来我们尝试用 Fama-French 三因子模型对中证 500 指数成分股的下一日收益率进行预测。以中证 500 指数的收益率代表市场收益率，作为市场因子；将股票按当天的账面市值比从小到大排序，分别选前 30% 和后 30% 代表低和高账面市值比的股票，以低账面市值比和高账面市值比股票的收益率之差构建 HML 因子；将股票按当天的市值从小到大排序，分别选前 30% 和后 30% 代表小市值和大市值的股票，以小市

值和大市值股票的收益率之差构建 HML 因子。以三个因子为自变量，以股票的下一
日收益率为因变量，使用普通最小二乘法对历史数据拟合得到对应的回归系数，也就
是因子暴露，最后使用拟合出的模型预测下一日的收益率，代码如下：

```python
from jqdata import *
import pandas as pd
import statsmodels.api as sm
END_DATE = '2022-12-31'
#中证500指数
index = '000905.XSHG'

#获取最近240个交易日
trade_days=list(get_trade_days(end_date=END_DATE, count=240))

SMB=pd.Series()
HML=pd.Series()
RM=pd.Series()
R=pd.DataFrame()
for i in trade_days:

    stock = get_index_stocks(index,date=i)

    stock_close=get_price(stock, count = 1, end_date=i, frequency='
daily', fields=['pre_close','close'])
    mkt_close=get_price(index, count = 1, end_date=i, frequency='daily',
fields=['pre_close','close'])
    #股票收益率
    stock_chg = (stock_close['close']-stock_close['pre_close'])/stock_
close['pre_close']
    #市场收益率, famafrench三因子之一, 假设无风险利率为0
    mkt_chg = (mkt_close['close']-mkt_close['pre_close'])/mkt_close
['pre_close']

    q = query(valuation.code,valuation.market_cap,valuation.pb_ratio).
filter(valuation.code.in_(stock))
    temp = get_fundamentals(q, i)
    #将市值的单位从亿元转为元
    temp['market_cap']=temp['market_cap']*100000000
    #将pb转为bp
    temp['bp'] = 1/temp['pb_ratio']
    temp.index = temp['code']
    del temp['code']
    LoS = len(stock)
    #将当天的股票按bp排序, 分别选前30%和后30%代表低和高bp的股票
```

```
L=temp['bp'].sort_values()[:int(LoS*0.3)].index
H=temp['bp'].sort_values()[int(LoS-LoS*0.3):].index
#famafrech 三因子之一，代表低 bp 股票对高 bp 股票的超额收益
HML = HML.append(stock_chg[H].mean(axis=1)-stock_chg[L].mean(axis=1))

S=temp['market_cap'].sort_values()[:int(LoS*0.3)].index
B=temp['market_cap'].sort_values()[int(LoS-LoS*0.3):].index
#famafrech 三因子之一，代表低市值股票对高市值股票的超额收益
SMB = SMB.append(stock_chg[S].mean(axis=1)-stock_chg[B].mean(axis=1))
RM = RM.append(mkt_chg)
R = R.append(stock_chg)


#整合三因子
X=pd.concat([RM, SMB,HML], axis=1)
#加入截距项
X=sm.add_constant(X)
#Y 为 t+1 期收益率
Y=R.shift(-1)

#将股票收益率对三因子做 ols 回归
ffm=sm.OLS(Y[:-1],X[:-1])

results = ffm.fit()
#用线性回归结果预测股票收益率
y_fitted = results.fittedvalues
```

预测的收益率可以直接用于构建策略，例如，我们可以根据预测结果，买入预测收益率最高的 50 只股票，如果条件允许，还可以同时做空预测收益率最低的 50 只股票，以获取超额收益。更简单的做法是根据预测收益率对特定的一只股票的未来收益率的预测做择时交易，在预测收益率高时买入，在预测收益率低时卖出。

4.1.3　横截面因子

我们在谈论因子时更常说的是市盈率、股本收益率等基本面因子和成交量、换手率、历史收益率等量价因子，这些都是横截面因子，对于不同股票来说，这些因子的差异是显而易见的。与时间序列因子不同，横截面因子的因子暴露是可以直接观察到的，无论是市盈率、股本收益率，还是成交量、换手率，都可以直接从财务报表或市场数据库中获取到，而横截面因子的因子溢价是无法直接观察到的，需要通过回归等方式计算得到。

横截面因子的数量十分庞大，几乎每个量化投资机构都掌握着成千上万的横截面因子，对于这些因子的分类也并没有形成统一的标准。作为参考，我们提供一种简单的分类。

1. 基本面因子

可以划分为四个细类。

（1）成长因子：衡量公司的成长性的因子，包括净资产收益率增长率、资产收益率增长率等；

（2）规模因子：衡量公司规模的因子，包括总市值、流动市值等；

（3）质量因子：衡量公司财务质量的因子，包括代表盈利能力的净资产收益率、资产收益率，代表收益质量的扣非净利润占比、经营现金流量比率，代表偿债能力的流动比率、速冻比率，代表营运能力的总资产周转率、应收账款周转率等；

（4）估值因子：衡量公司估值高低的因子，包括市盈率、市净率、市销率等。

2. 量价因子

量价因子的覆盖面也很广，可以划分为四个细类。

（1）动量因子：衡量股票历史收益率的因子，包括个股最近 N 个月的收益率、近 N 个月的换手率加权收益率等；

（2）波动率因子：衡量股票历史波动率的因子，包括个股收益率波动率、收益率上行波动率、收益率下行波动率、特质波动率等；

（3）换手率因子：衡量股票历史换手率的因子，包括个股最近 N 个月内日均换手率、个股最近 N 个月内日均换手率与最近两年内日均换手率的比例等；

（4）技术因子：通过常用技术分析指标构建的因子，包括 DIF、MACD、PSY 等。

3. 行业因子

行业因子比较特殊，通过获取每个股票所属的行业构建，股票属于这个行业则将对应的行业因子暴露赋值为 1，否则赋值为 0。常用的行业划分标准是申万行业和中信行业。

4. 其他因子

除了上述三类因子外还有很多其他类型的因子，这类因子因其非常规性，更有可能带来超额收益，是机构挖掘的重点方向，常见的有以下三类。

（1）一致预期因子：通过收集卖方分析师对上市公司业绩的预测形成，包括一致预期归母净利润、一致预期每股收益等。

（2）行为金融因子：根据行为金融学理论构建的因子，例如，根据处置效应构建的 CGO 因子。

（3）资金流向因子：通过观察某些特殊资金流向构建的因子，包括北向资金流向、主力资金流向、融资融券资金流向等。

作为示例，我们在 Fama-French 三因子溢价预测模型的基础上构建 Fama-French 三因子残差波动率因子。虽然 Fama-French 的三个因子是时间序列因子，但每只股票通过模型计算出的残差是不同的，残差的波动率也是不同的，残差的波动率是个横截面因子。

因子计算过程分两步，首先根据预测收益率与实际收益率的差值计算残差，接着计算过去 1、3、6、12 个月的 Fama-French 三因子残差波动率：

```
#计算残差，Y 为实际收益率，y_fitted 为预测收益率
residuals=Y-y_fitted #保存残差(有正有负)
#计算过去 1、3、6、12 个月的 ff 三因子残差波动率
data['ff_rsd_std_1m']=np.std(residuals.iloc[-20:],axis=0)
data['ff_rsd_std_3m']=np.std(residuals.iloc[-60:],axis=0)
data['ff_rsd_std_6m']=np.std(residuals.iloc[-120:],axis=0)
data['ff_rsd_std_12m']=np.std(residuals.iloc[-240:],axis=0)
```

计算出横截面因子后，下一步就可以根据每只股票的因子暴露构建选股策略，但在实际操作中，并没有这么简单，需要对因子进行一系列分析处理。

4.2　单因子测试流程

在股票投资中，实际使用的因子模型有一套较为复杂和成熟的体系，构建因子模型的第一步是对单个因子的有效性进行全面的测试。单因子的构建流程一般包括以下几个环节：首先是样本的选取，为了使模型测试的结果更加贴近真实投资的结果，我们需要指定股票池和样本区间，并对 ST、PT 股票及停牌等无法买入的股票做剔除；其次是数据处理，数据的异常值和缺失值往往对模型造成意料之外的显著影响，因此，必须对数据进行认真的处理；最后是真正的单因子测试环节，通常至少要进行 IC 分析、t 检验、分层测试三方面的测试。

本节依然以 Fama-French 三因子残差波动率因子为例展示单因子测试流程。

4.2.1　数据获取

在这一环节需要指定股票池、样本区间及截面期。股票池可以是全 A 股，也可以是某个指数的成分股，在此基础上，根据需要剔除一些不纳入分析的股票。样本区间由要分析的股票数据的开始时间和结束时间定义。截面期是指获取哪些时点的因子暴露数据。作为示例，对于上一节生成的 Fama-French 三因子残差波动率因子，我们指定如下数据范围。

股票池：中证 500 成分股，剔除 ST、PT 股票，剔除每个截面期下一交易日停牌的股票。

样本区间：2020 年 1 月 1 日至 2022 年 12 月 31 日。

截面期：每个自然月的最后一个交易日计算因子暴露度，与下一整个自然月的个股超额收益（以中证 500 指数为基准）进行回归。

从聚宽平台获取相关数据的代码如下：

```python
from jqdata import *
from jqfactor import (get_factor_values,
                      calc_factors,
                      Factor,get_all_factors)
import talib
import numpy as np
import pandas as pd

import scipy.stats as st
import statsmodels.api as sm
from scipy.optimize import minimize

from tqdm import tqdm_notebook
from dateutil.parser import parse

import seaborn as sns
import matplotlib.pyplot as plt

plt.rcParams['font.family'] = 'serif'
plt.rcParams['font.sans-serif'] = ['SimHei']    # 指定默认字体
plt.rcParams['axes.unicode_minus'] = False      # 解决保存图像是负号'-'显示为
方块的问题
plt.style.use('seaborn')

#设置时间范围
START_DATE = '2020-01-01'
END_DATE = '2022-12-31'
index = '000905.XSHG'

#获取指定时间范围内的因子取值
def get_factor(func, index_symbol: str, start: str, end: str, freq: str =
'ME') -> pd.DataFrame:

    '''
    因子获取
    ---------
        func:为因子获取函数
        index_symbol:成分股代码
        freq:日期频率
```

```
    '''

    periods = GetTradePeriod(start, end, freq)

    factor_dic = {}
    for d in tqdm_notebook(periods):

        securities = FilterStocks(
            index_symbol, d.strftime('%Y-%m-%d'), N=12).Get_Stocks
        factor_dic[d] = func(securities, d)

    factor_df = pd.concat(factor_dic)
    factor_df.index.names = ['date', 'code']

    return factor_df
```

#获取年末季末时点

```
def GetTradePeriod(start_date: str, end_date: str, freq: str = 'ME') -> list:
    '''
    start_date/end_date:str YYYY-MM-DD
    freq:M 月, Q 季, Y 年 默认 ME, E 代表期末, S 代表期初
    ================
    return  list[datetime.date]
    '''
    days = pd.Index(pd.to_datetime(get_trade_days(start_date, end_date)))
    idx_df = days.to_frame()

    if freq[-1] == 'E':
        day_range = idx_df.resample(freq[0]).last()
    else:
        day_range = idx_df.resample(freq[0]).first()

    day_range = day_range[0].dt.date

    return day_range.dropna().values.tolist()
```

#获取 ff 三因子残差波动率因子

```
def query_ff_factor(securities: list, watch_date: str) -> pd.DataFrame:
    '''华泰证券多因子'''

    import warnings
    warnings.filterwarnings("ignore")
```

```
        data=pd.DataFrame(index=securities)
        #获取最近240个交易日
        trade_days=list(get_trade_days(end_date=watch_date, count=240))

        SMB=pd.Series()
        HML=pd.Series()
        RM=pd.Series()
        R=pd.DataFrame()
        for i in trade_days:

            stock = get_index_stocks(index,date=i)

            stock_close=get_price(stock, count = 1, end_date=i, frequency=
'daily', fields=['pre_close','close'])
            mkt_close=get_price(index, count = 1, end_date=i, frequency='daily',
fields=['pre_close','close'])
            #股票收益率
            stock_chg = (stock_close['close']-stock_close['pre_close'])/
stock_close['pre_close']
            #市场收益率,fama-french三因子之一,假设无风险利率为0
            mkt_chg = (mkt_close['close']-mkt_close['pre_close'])/mkt_close
['pre_close']

            q = query(valuation.code,valuation.market_cap,valuation.pb_ratio).
filter(valuation.code.in_(stock))
            temp = get_fundamentals(q, i)
            #将市值的单位从亿元转为元
            temp['market_cap']=temp['market_cap']*100000000
            #将pb转为bp
            temp['bp'] = 1/temp['pb_ratio']
            temp.index = temp['code']
            del temp['code']
            LoS = len(stock)
            #将当天的股票按账面市值比排序,分别选前30%和后30%代表低和高账面市值比的股票
            L=temp['bp'].sort_values()[:int(LoS*0.3)].index
            H=temp['bp'].sort_values()[int(LoS-LoS*0.3):].index
            #famafrech三因子之一,代表低账面市值比股票对高账面市值比股票的超额
收益
            HML = HML.append(stock_chg[H].mean(axis=1)-stock_chg[L].mean
(axis=1))

            S=temp['market_cap'].sort_values()[:int(LoS*0.3)].index
            B=temp['market_cap'].sort_values()[int(LoS-LoS*0.3):].index
            #famafrech三因子之一,代表低市值股票对高市值股票的超额收益
```

```
        SMB = SMB.append(stock_chg[S].mean(axis=1)-stock_chg[B].mean
(axis=1))
        RM = RM.append(mkt_chg)
        R = R.append(stock_chg)


    #求因子的值
    #整合三因子
    X=pd.concat([RM, SMB,HML], axis=1)
    #加入截距项
    X=sm.add_constant(X)
    Y=R
    #将股票收益率对三因子做 ols 回归
    ffm=sm.OLS(Y,X)

    results = ffm.fit()
    #用线性回归结果预测股票收益率
    y_fitted = results.fittedvalues
    #计算残差
    residuals=Y-y_fitted #保存残差(有正有负)

    residuals = residuals.loc[:, securities]
    #计算过去 1、3、6、12 个月的 ff 三因子残差波动率
    data['ff_rsd_std_1m']=np.std(residuals.iloc[-20:],axis=0)
    data['ff_rsd_std_3m']=np.std(residuals.iloc[-60:],axis=0)
    data['ff_rsd_std_6m']=np.std(residuals.iloc[-120:],axis=0)
    data['ff_rsd_std_12m']=np.std(residuals.iloc[-240:],axis=0)
    #辅助项,市值和行业, 用来做市值和行业中性化
    ind_cap = IndusrtyMktcap(securities, watch_date)

    data = pd.concat([data, ind_cap], axis=1)


    return data

############################ 筛选成分股 ############################


class FilterStocks(object):
    '''
    获取某日的成分股股票
    1.过滤 ST
    2.过滤上市不足 N 个月
    3.过滤当月交易不超过 N 日的股票
    ---------------
    输入参数:
```

```
            index_symbol:指数代码, A 约等于全市场, 800 是设置的 HS300+ZZ500
            watch_date:日期
            N:上市不足 N 月
            active_day:过滤交易不足 N 日的股票
        '''

        def __init__(self, index_symbol: str, watch_date: str, N: int = 3,
active_day: int = 15):

            self.__index_symbol = index_symbol
            self.__watch_date = parse(watch_date).date()
            self.__N = N                        #过滤上市不足 N 月股票
            self.__active_day = active_day      #交易日期

        ############################ 获取并过滤成分股 ############################

        #获取股票池
        @ property
        def Get_Stocks(self) -> list:
            '''
            bar_datetime:datetime.date
            '''

            if self.__index_symbol == 'A':

                stockList = get_index_stocks('000002.XSHG', date=self.__
watch_date) + get_index_stocks(
                    '399107.XSHE', date=self.__watch_date)

            else:
                stockList = get_index_stocks(
                    self.__index_symbol, date=self.__watch_date)

            #过滤 ST

            st_data = get_extras(
                'is_st', stockList, end_date=self.__watch_date, count=1).iloc[0]

            stockList = st_data[st_data == False].index.tolist()

            #剔除停牌、新股及退市股票
            stockList = self.delect_stop(stockList, self.__watch_date, self.__N)

            #近 15 日均有交易的股票
```

```python
        active_stock = self.delect_pause(
            stockList, self.__watch_date, self.__active_day)

        return active_stock

    #去除上市距开始日期(beginDate)不足 3 个月的股票
    @ staticmethod
    def delect_stop(stocks: list, beginDate: datetime.date,
                    n: int = 30 * 3) -> list:

        return [
            code for code in stocks
            if get_security_info(code).start_date < (beginDate -
                                    datetime.timedelta(days
=n))
        ]

    #近 15 日内有交易
    @ staticmethod
    def delect_pause(stocks: list, beginDate: datetime.date, n: int = 15)
-> list:

        beginDate = get_trade_days(end_date=beginDate, count=1)[
            0].strftime('%Y-%m-%d')

        #获取过去 22 日的交易数据
        df = get_price(
            stocks, end_date=beginDate, count=22, fields='paused', pan-
el=False)

        #当日交易
        t_trade = df.query('paused==0 and time==@ beginDate')[
            'code'].values.tolist()

        #当日交易且 15 日都有交易记录
        total_num = df[df['code'].isin(t_trade)].groupby('code')[
            'paused'].sum()

        return total_num[total_num < n].index.tolist()
    def IndusrtyMktcap(securities: list, watch_date: str) -> pd.DataFrame:

        '''增加辅助行业及市值'''

    industry_ser = get_stock_ind(securities,watch_date)
```

```
    mkt_cap = get_valuation(securities, end_date=watch_date,
                             fields=['circulating_market_cap', 'market_
cap'], count=1).set_index('code')[['circulating_market_cap', 'market_cap']]

    return pd.concat([mkt_cap,industry_ser], axis=1)

def get_stock_ind(securities:list,watch_date:str,level:str='sw_l1',
method:str='industry_code')->pd.Series:

    '''
    获取行业
    --------
        securities:股票列表
        watch_date:查询日期
        level:查询股票所属行业级别
        method:返回行业名称or代码
    '''

    indusrty_dict = get_industry(securities, watch_date)

    indusrty_ser = pd.Series({k: v.get('sw_l1', {method: np.nan})[
                             method] for k, v in indusrty_dict.items()})

    indusrty_ser.name = method.upper()

    return indusrty_ser
factors = get_factor(query_ff_factor,index,START_DATE,END_DATE)
```

4.2.2 数据处理

数据处理的内涵很丰富,对于异常值和缺失值的数据清洗是必不可少的,数据标准化也是普遍操作,此外,还可以根据需要对一些因子做中性化处理,最常见的是市值、行业中性化。

1. 数据清洗

数据清洗的目的是避免可能的数据错误和极端数据对测试结果产生影响,主要包括异常值处理和缺失值处理两部分。由于常见的 3σ 去极值法是基于样本服从正态分布这个假设的,但往往我们发现大部分因子值的分布都并不服从正态分布,厚尾分布的情况较为普遍,因此,在本节的示例中,采用更加稳健的绝对中位数法(median absolute deviation,MAD)。首先计算因子 f 的因子暴露的中位数 $Median_f$,并定义绝对

中位值为：$\text{MAD} = \text{median}(\,|f_i - \text{Median}_f|\,)$，其中，$f_i$ 为第 i 个股票因子的因子暴露。接下来采取与 3σ 法类似的方法，将 $\text{Median}_f + 3 \times 1.482\,6 \times \text{MAD}$ 和 $\text{Median}_f - 3 \times 1.482\,6 \times \text{MAD}$ 设为因子暴露的上下限。

类似地，对缺失值的处理方式要依据因子暴露的形成逻辑和缺失值的可能成因，采取不同的操作，可以简单删除或者使用指定值填充，数据处理的常规填充方法包括 0 值填充、前向填充、后向填充等，对于股票因子数据，还可以以股票所处行业的因子暴露中位数填充。

作为示例，先以股票所处行业的因子暴露中位数填充，极端情况下可能存在某些行业的公司较少且相应个股的因子暴露都缺失的情况，此时使用 0 值填充。

2. 数据标准化

数据的标准化是指将原始各指标数据按比例缩放，去除数据的单位限制，将其转化为无量纲的纯数值，便于不同单位或量级的指标能够进行比较和加权。目前数据标准化方法有多种，常见的方法有：向量归一化、min-max 标准化、log 函数转换、atan 函数转换、z-score 标准化等，本节只介绍最常用的三种。

（1）向量归一化。向量归一化是指将原始数据中的每个值除以所有数据之和来进行数据的标准化。转化函数为：

$$x' = \frac{x}{\text{sum}(x)}$$

其中，$\text{sum}(x)$ 表示序列 x 的所有值的和。通过这种简单的变换，新序列的每个数值必然位于 [0，1] 区间，并且所有值的和等于 1。这种方法的局限是要求原始数据中不能有负数。

（2）min-max 标准化。min-max 标准化也叫离差标准化，是对原始数据的线性变换，使结果落到 [0，1] 区间。对于序列 x，min-max 标准化的转换函数如下：

$$x' = \frac{x - \min(x)}{\max(x) - \min(x)}$$

其中，$\max(x)$ 表示序列 x 的最大值，$\min(x)$ 表示序列 x 的最小值，经过 min-max 标准化后形成的新序列 x' 的每个值必然是落在 [0，1] 区间的无量纲数据。这种方法有一个缺陷就是当有新数据加入时，可能导致序列的最大值和最小值发生变化，需要重新计算。

（3）z-score 标准化。最常用的数据标准化方法是 z-score 标准化，它是指基于原始数据的均值和标准差进行数据的标准化。其主要目的是将不同量级的数据统一化为同一个量级，统一用计算出的 z-score 值衡量，保证了数据间的可比性。转换函数为：

$$x' = \frac{x - \mu}{\sigma}$$

其中，μ 为序列 x 的均值，σ 为序列 x 的标准差，通过公式可以看出，这种标准化的结果并不一定映射到 [0, 1] 区间上，z-score 标准化方法适用于序列的最大值和最小值未知的情况，或有超出取值范围的离群数据的情况。这种方法的局限也体现在函数中，它更适合服从正态分布的数据。

这些标准化方法在常用的 Python 包里都有实现，自己实现也很简单，在示例代码里我们重新实现了 z-score 标准化方法。

3. 因子中性化

在使用因子进行选股时，可能会因为一些计划外的其他因子的交叉影响，导致选出来的股票具有一些我们不希望看到的偏向。以市盈率为例，根据常识，小市值股票的市盈率通常显著高于大市值股票，这意味着股票的市盈率因子暴露与市值因子暴露有较高的相关性，如果我们使用未经过市值中性化的市盈率因子进行选股，得到的结果可能会集中于大市值股票。此外，不同的行业因为所处的行业周期不同等原因，也表现出不同的市盈率。银行、地产类股票的市盈率普遍很低，而正处于快速发展阶段的新能源行业股票的市盈率普遍很高。这意味着如果不对市盈率因子做行业中性化处理而直接用于选股，可能得到的股票大多集中在银行、地产等行业。中性化就是为了在用某一因子时能剔除其他因素的影响，使得选出的股票不会偏重某一特定风格。最常见的中性化是市值和行业中性化，本节的示例中将展示这两种中性化的代码。除了市值和行业外，还有一些风格因子会对选股产生影响，如成长、价值、动量等，需要结合实际场景判断是否需要对这些风格因子做中性化处理。

中性化的一般做法是将因子对常见的风格因子或者行业因子做截面回归取残差。市值和行业的中性化处理即在截面期 T 上用因子值作为因变量、对数总市值因子及行业因子（0/1 哑变量）作为自变量进行线性回归，取残差作为因子值的一个替代，这样做可以消除行业因素和市值因素对因子的影响。线性回归的方法有多种选择，最简单的是普通最小二乘法，这种方法的缺点是受极端值的影响比较大，而且回归中可能存在异方差性。此外，还可以选择加权最小二乘法或稳健回归模型等改进的回归方法。我们的示例参考 Barra 手册，采用加权最小二乘回归，使用个股流通市值的平方根作为权重，此举也有利于消除异方差性。

本节相关代码如下：

```python
# step1:构建缺失值处理函数
def factors_null_process(data: pd.DataFrame) -> pd.DataFrame:

    # 删除行业缺失值
    data = data[data['INDUSTRY_CODE'].notnull()]
    # 变化索引, 以行业为第一索引, 股票代码为第二索引
    data_ = data.reset_index().set_index(
        ['INDUSTRY_CODE', 'code']).sort_index()
```

```python
    # 用行业中位数填充
    data_ = data_.groupby(level=0).apply(
        lambda factor: factor.fillna(factor.median()))

    # 有些行业可能只有一两只个股却都为 nan 此时使用 0 值填充
    data_ = data_.fillna(0)
    # 将索引换回
    data_ = data_.reset_index().set_index('code').sort_index()
    return data_.drop('date', axis=1)

# step2:构建绝对中位数处理法函数
def extreme_process_MAD(data: pd.DataFrame, num: int = 3) -> pd.DataFrame:
    '''data 为输入的数据集, 如果数值超过 num 个判断标准则使其等于 num 个标准'''

    # 为不破坏原始数据, 先对其进行复制
    data_ = data.copy()
    print(data_)

    # 获取数据集中需测试的因子名
    feature_names = [i for i in data_.columns.tolist() if i not in [
        'INDUSTRY_CODE','market_cap']]

    # 获取中位数
    median = data_[feature_names].median(axis=0)

    # 按列索引匹配, 并在行中广播
    MAD = abs(data_[feature_names].sub(median, axis=1)).median(axis=0)
    # 利用 clip() 函数, 将因子取值限定在上下限范围内, 即用上下限来代替异常值
    data_.loc[:, feature_names] = data_.loc[:, feature_names].clip(
        lower=median-num * 1.4826 * MAD, upper=median + num * 1.4826 * MAD, axis=1)
    return data_

##step3:构建标准化处理函数
def data_scale_Z_Score(data: pd.DataFrame) -> pd.DataFrame:

    # 为不破坏原始数据, 先对其进行复制
    data_ = data.copy()
    # 获取数据集中需测试的因子名
    feature_names = [i for i in data_.columns.tolist() if i not in [
        'INDUSTRY_CODE','market_cap','circulating_market_cap']]
    data_.loc[:, feature_names] = (
        data_.loc[:, feature_names] - data_.loc[:, feature_names].mean()) / \
data_.loc[:, feature_names].std()
    return data_
```

```python
# step4:因子中性化处理函数
def neutralization(data: pd.DataFrame) -> pd.DataFrame:

    '''按市值、行业进行中性化处理 ps:处理后无行业市值信息'''
    factor_name = [i for i in data.columns.tolist() if i not in [
            'INDUSTRY_CODE', 'market_cap','NATURAL_LOG_OF_MARKET_CAP','circulat-
ing_market_cap']]

    # 回归取残差
    def _calc_resid(x: pd.DataFrame, y: pd.Series,weightList:pd.Series) -
> float:
        #中性化的目的是消除市值和行业对因子的影响,就不用加截距项了
        #所有行业加起来等于1,相当于截距项,再加截距就引入共线性了
        #x = sm.add_constant(x)
        #加权最小二乘法会自动把 weightList 转成 np.sqrt(weightList)
        result = sm.WLS(y, x, weights=weightList).fit()

        return result.resid

    X = pd.get_dummies(data['INDUSTRY_CODE'])
    # 总市值单位为亿元
    X['market_cap'] = np.log(data['market_cap'] * 100000000)

    df = pd.concat([_calc_resid(X.fillna(0), data[i],data['circulating_
market_cap'] * 100000000)
                        for i in factor_name], axis=1)

    df.columns = factor_name
    if 'NATURAL_LOG_OF_MARKET_CAP'in df.columns:
        df['NATURAL_LOG_OF_MARKET_CAP'] = data['NATURAL_LOG_OF_MARKET_CAP']
    df['INDUSTRY_CODE'] = data['INDUSTRY_CODE']
    df['market_cap'] = data['market_cap']
    df['circulating_market_cap'] = data['circulating_market_cap']
    return df

#数据处理函数
def factordeal(data: pd.DataFrame) -> pd.DataFrame:
    data = factors_null_process(data)
    data = extreme_process_MAD(data)
    data = neutralization(data)
    data = data_scale_Z_Score(data)

    return data
factors2 = factors.groupby(level='date').apply(factordeal)
```

4.2.3　单因子测试

因子挖掘和单因子测试是多因子模型构建流程的重要环节。判断一个因子是否有效，一是应该确认这个因子在逻辑上是否能够预测股票收益率，二是通过实际数据检验因子和股票收益率的相关性。单因子测试的主要方法有回归测试、IC 分析、分层测试三种。

1. 回归测试

截面回归是目前业界较常用于因子测试的方法。具体做法是在每个截面期，将第 t 期的因子暴露度向量与第 $t+1$ 期的股票收益向量进行线性回归，所得到的回归系数即为因子在 t 期的因子溢价，同时，还能得到该因子溢价在本期回归中的显著性水平（t 值）。

行业和市值因子在过去很长一段时间都对 A 股市场的股票收益率有显著影响，为了能够在单因子测试时得到纯粹的因子收益情况，需要在回归测试时对这两个因子进行剔除，如果数据已经经过行业、市值中性化处理，则可以不用再进行处理。在第 t 期的回归模型的具体表达式如下：

$$R_{t+1} = X_t a_t + \sum_j \mathbf{ind}_{j,t} b_{j,t} + \mathbf{ln\_mkt}_t b_t + \boldsymbol{\varepsilon}_t$$

式中：R_{t+1}——所有个股在第 $t+1$ 期的收益率向量；

　　　　X_t——所有个股第 t 期在被测单因子上的暴露度向量；

　　$\mathbf{ind}_{j,t}$——所有个股第 t 期在第 j 个行业因子上的暴露度向量；

　$\mathbf{ln\_mkt}_t$——所有个股第 t 期在对数市值因子上的暴露度向量；

a_t、$b_{j,t}$、b_t——分别为对应的因子溢价，待拟合常数；

　　　　$\boldsymbol{\varepsilon}_t$——残差向量。

与因子中性化中提到的一样，此处的回归方法同样面临多种选择，我们依然采用 Barra 的做法，用 WLS 方法回归，其中的权重参数依然使用个股流通市值的平方根，区别在于这个回归中需要加入截距项，否则因变量将包含大盘收益。

这个模型中我们真正关注的是 a_t，也就是待检测因子的因子溢价，以及对应的显著性（t 值），一般来说，t 值绝对值大于 2，我们就认为本期回归系数是显著不等于零的。对于在每个截面上计算出的因子溢价组成的序列，需要进一步计算因子溢价序列的均值和显著性（t 值）。对于回归得到的 t 值序列，需要关注 t 值序列绝对值的均值、t 值序列绝对值大于 2 的比例、t 值序列均值和 t 均值除以 t 标准差四组数据，以衡量因子显著性及因子显著性的稳定性。

对四个 Fama-French 三因子模型残差波动率因子的回归测试结果见表 4-1。

表4-1　Fama-French 三因子模型残差波动率因子的回归测试结果

因子名称	|t| 均值	|t|>2 占比	t 均值 ÷ t 标准差	因子溢价	因子溢价 t 检验
ff_rsd_std_1m	1.862 899	0.416 667	−0.028 611	−0.000 109	−0.063 587
ff_rsd_std_3m	1.943 231	0.416 667	−0.063 297	−0.000 345	−0.192 172
ff_rsd_std_6m	2.080 602	0.472 222	−0.030 587	−0.000 096	−0.050 707
ff_rsd_std_12m	2.011 611	0.444 444	−0.040 334	−0.000 269	−0.143 113

2. IC 分析

因子的 IC 值是指个股第 t 期在某个因子上的因子暴露（剔除行业与市值后）与第 $t+1$ 期的股票收益率的相关系数。通过计算出的 IC 值可以有效地观察到特定因子溢价预测的稳定性和动量特征。

常见的相关系数计算法有两种：相关系数和秩相关系数。由于前者在计算时假设变量具有相等间隔并服从正态分布，而这一假设往往与因子暴露和股票收益率的分布情况相左。因此，我们采用后者计算因子暴露与下期收益率的秩相关性 IC 值。

与回归测试一样，我们在计算 IC 值时同样需要剔除行业因素与市值因素，通过因子中性化我们已经完成了剔除。在对因子在每个截面上进行 IC 值分析后，我们同样会得到一个 IC 值序列。类似地，我们将关注 IC 值序列的均值、IC 值序列的标准差、IC 值大于 0 的比例、IC 绝对值大于 0.02 的比例、IR（IR = IC 均值÷IC 标准差，也称 IC_IR）这几个与 IC 值相关的指标来判断因子预测的稳定性。

对四个 Fama-French 三因子模型残差波动率因子的 IC 分析结果见表4-2。

表4-2　Fama-French 三因子模型残差波动率因子的 IC 分析结果

因子名称	IC 均值	IC 标准差	IR	IC>0 占比	|IC|>0.02
ff_rsd_std_1m	−0.044 007	0.084 38	−0.521 536	0.305 556	0.75
ff_rsd_std_3m	−0.040 733	0.092 742	−0.439 212	0.333 333	0.805 556
ff_rsd_std_6m	−0.039 696	0.105 029	−0.377 957	0.388 889	0.861 111
ff_rsd_std_12m	−0.036 382	0.115 287	−0.315 579	0.361 111	0.833 333

3. 分层回测

在上面两项分析的基础上，为了检验因子收益的单调性及多空组合的收益情况，我们采用分层回测法作为补充。具体做法是，选取一个基准组合，如沪深 300 指数，将股票池中所有股票在各个行业内按照因子暴露进行排序，每个行业内按得分从高到低分成 N 个层次，每个行业内的每个层次中股票按流通市值配比，然后将各行业中层次相同的股票组合在一起，最终形成 N 个组合，组合内行业间权重按基准组合配比。通过这种构造方法得到的 N 个组合为行业中性组合。

更简单的做法是不做行业中性处理，直接在全股票池中按因子暴露高低分成 N 个组合，每个组合中的股票等权配比或按流通市值配比。

一般来说，对于比较有效的因子（如市净率），分成 3~5 层进行回测，各个投资组合的最终净值一般可以保序。分成 N 层（N>5）进行回测时，可以用最终净值的秩相关系数来衡量因子的优劣。但在实际组合构建中，单调性本身并没有那么重要，只有第一层和最后一层组合的回测结果有参考价值。评价组合回测效果的指标有年化收益率、年化波动率、夏普比率、最大回撤等。

为求简化，示例代码中不做行业中性处理，因为要验的是不同层级的单调性，也不考虑交易成本，四个因子的分层回测走势图如图 4-1~图 4-4 所示，可以看出，四个因子都没有表现出量化的单调性。

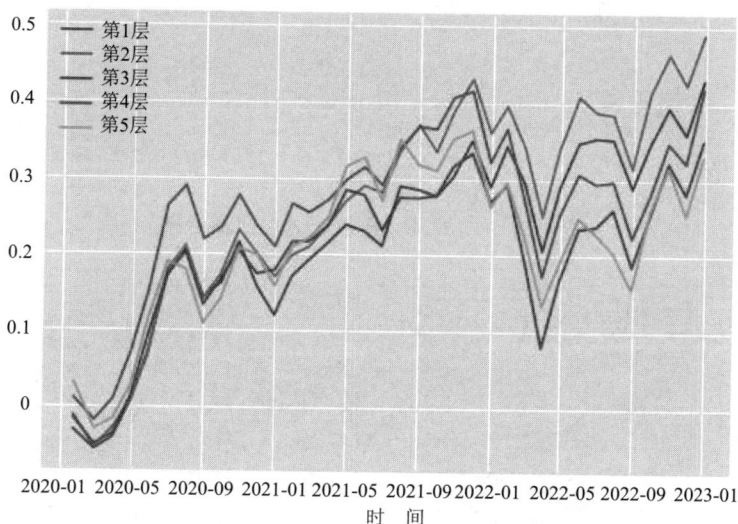

图 4-1　ff_rsd_std_1m 因子分层回测走势

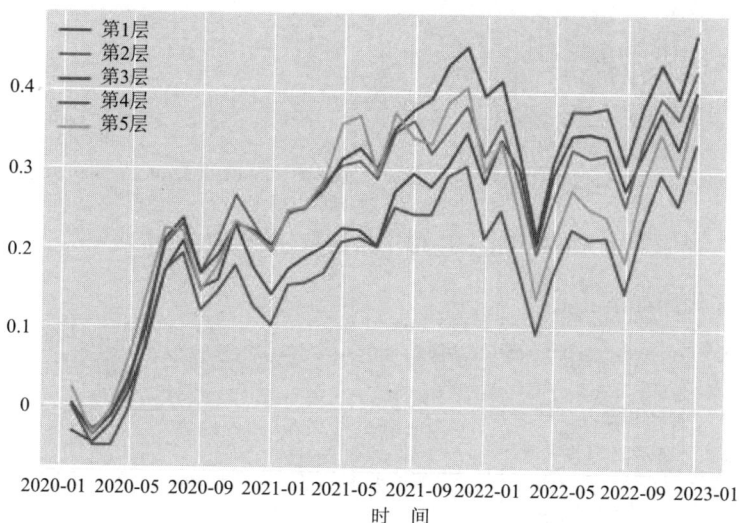

图 4-2　ff_rsd_std_3m 因子分层回测走势

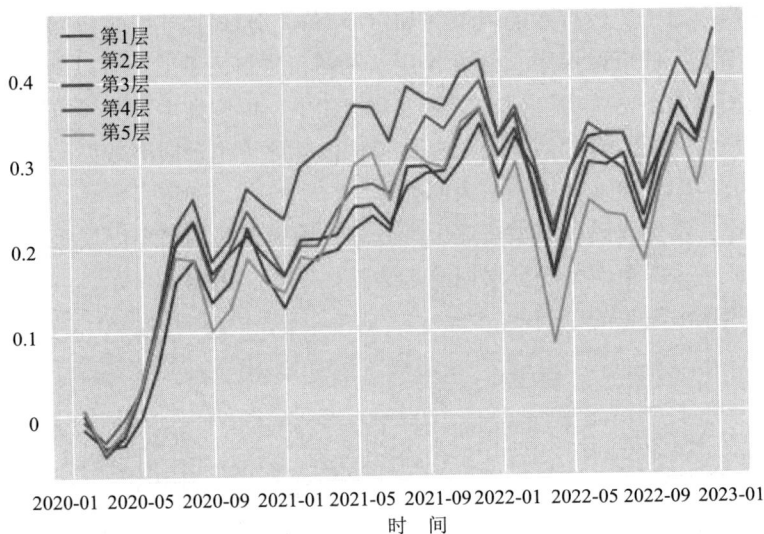

图 4-3 ff_rsd_std_6m 因子分层回测走势

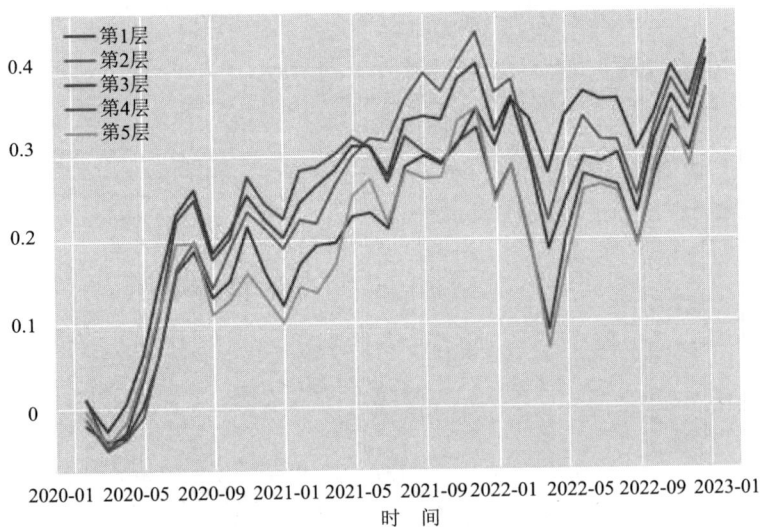

图 4-4 ff_rsd_std_12m 因子分层回测走势

本节相关代码如下：

```
def get_trade_days_forward(date, count, is_before=False):
    """

    date :查询日期
    count :前后追溯的数量
    is_before : True , 前 count 个交易日；False , 后 count 个交易日

    返回:基于 date 的日期,向前或者向后 count 个交易日的日期,一个 datetime.date 对象
```

```
        """
        from jqdata import  get_trade_days
    import pandas as pd
        all_date = pd.Series(get_all_trade_days())
        if isinstance(date,str):
            all_date = all_date.astype(str)
        if isinstance(date,datetime.datetime):
            date = date.date()

        if is_before :
            return all_date[all_date< date].tail(count).values[0]
        else :
            return all_date[all_date>date].head(count).values[-1]
    #获取下一期的收益率
    def get_next_month_ret(factor: pd.DataFrame, keep_last_term: bool =
False, last_term_next_date: str = None) -> pd.Series:
        '''
        keep_last_term:是否保留最后一期数据
        last_term_next_date:如果 keep_last_term=True,则此参数为计算最后一期下期
    收益时的截止时间,必须时交易日
        '''
        securities = factor.index.levels[1].tolist()      # 股票代码
        periods = [i for i in factor.index.levels[0]]      # 日期
        ret = pd.DataFrame()
        if keep_last_term:
            end = last_term_next_date
            periods = periods + [end]

            if not end:
                raise ValueError('如果 keep_last_term=True,则必须有 last_term_
next_date 参数')

        for i in range(0, len(periods), 1):
            end_date = get_trade_days_forward(periods[i],20)

            close = get_price(securities, start_date = periods[i],end_date =
end_date, fields='close', panel=False)
            close = pd.pivot_table(close, index='time', columns='code',
values='close')

            month_ret = close.iloc[-1]/close.iloc[0]-1
            month_ret = month_ret.to_frame()
            print(month_ret)
            month_ret['date']=periods[i]
```

```
                month_ret = month_ret.reset_index().set_index(['date','code'])
                ret = pd.concat([ret,month_ret])


        return ret
#将下月收益率加入factors2
next_ret = get_next_month_ret(factors2)
factors2['month_ret'] = next_ret



# step1:计算rank_IC

def calc_rank_IC(factor: pd.DataFrame,target:str) -> pd.DataFrame:

    factor_col = [x for x in factor.columns if x not in [
        'INDUSTRY_CODE', 'market_cap','circulating_market_cap', target]]

    IC = factor.groupby(level='date').apply(lambda x: [st.spearmanr(
        x[factor], x[target])[0] for factor in factor_col])

    return pd.DataFrame(IC.tolist(), index=IC.index, columns=factor_col)



# step2:计算因子溢价和t值
def calc_t_test(factor: pd.DataFrame,target:str) -> pd.DataFrame:
    factor = factor.copy()

    factor_cols = [x for x in factor.columns if x not in [
        'INDUSTRY_CODE', 'market_cap','circulating_market_cap', target]]

    #返回因子溢价或t值
    def get_ttest(factor: pd.DataFrame, ret: pd.Series, weightList:pd.Series,opt:int)-> float:
        #要加截距项,否则收益y包含大盘部分
        factor = sm.add_constant(factor)
        wls_model = sm.WLS(ret, factor, weights=weightList).fit()

        #opt为0时返回因子溢价,否则返回t值
        return float(wls_model.params[-1]),float(wls_model.tvalues[-1])


    #参考Barra的方法,以市值的对数为权重做wls回归,可消除异方差
```

```
    factor_ret = factor.groupby(level='date').apply(lambda x: [get_ttest(
pd.concat([x[factor_col],pd.get_dummies(x['INDUSTRY_CODE']),np.log(x['mar-
ket_cap'] * 100000000)],axis=1),
        x[target],x['circulating_market_cap'] * 100000000,0) for factor_
col in factor_cols])
    print(factor_ret)
    t_value = factor.groupby(level='date').apply(lambda x: [get_ttest(
pd.concat([x[factor_col],pd.get_dummies(x['INDUSTRY_CODE']),np.log(x['market_
cap'] * 100000000)],axis=1),
        x[target],x['circulating_market_cap'] * 100000000,1) for factor_
col in factor_cols])
    print(t_value)
    return pd.DataFrame(factor_ret.tolist(), index=factor_ret.index,
columns=factor_cols),pd.DataFrame(t_value.tolist(), index=t_value.index,
columns=factor_cols)


#step3:分层回测法
def get_index_ret(dates: pd.Series, index:str) -> pd.Series:

    periods = [i.strftime('%Y-%m-%d') for i in dates]     # 日期



    close = pd.concat([get_price(index, end_date=i, count=1, fields='
close', panel=False)
                    for i in periods])



    ret = close.pct_change().shift(-1)
    ret = ret.iloc[:-1]
    return ret


#计算指数下一个月的收益率，为了跟因子的收益率可比，每个月对应的是下个月的收益率
def get_index_ret(dates: pd.Series, index:str) -> pd.Series:

    periods = [i.strftime('%Y-%m-%d') for i in dates]     # 日期



    close = pd.concat([get_price(index, end_date=i, count=1, fields='close',
panel=False)
                    for i in periods])
```

```
        ret = close.pct_change().shift(-1)
        ret = ret.iloc[:-1]
        return ret

    IC = calc_rank_IC(factors2,'month_ret')
    fac_ret,t = calc_t_test(factors2,'month_ret')

#对IC值进行统计
def IC_analysis(ICs: pd.DataFrame,write:bool =True) -> pd.DataFrame:
    ICmean = IC.mean(axis=0)
    print('IC均值:')
    print(ICmean)
    ICstd = IC.std(axis=0)
    print('IC标准差:')
    print(ICstd)
    print(type(ICstd))
    IR=ICmean.div(ICstd)
    print('IC_IR:')
    print(IR)
    print('因子收益序列>0的概率:')

    ICposi = (IC>0).astype(int).sum(axis=0)/len(IC.index)

    print(ICposi)

    print('IC绝对值>0.02的概率:')
    ICabs = (abs(IC)>0.02).astype(int).sum(axis=0)/len(IC.index)
    print(ICabs)

    IC_data = {'IC均值':ICmean,
               'IC标准差':ICstd,
               'IR':IR,
                 'IC>0占比':ICposi,
                 '|IC|>0.02':ICabs}
    IC_df = pd.DataFrame(IC_data)
    print(IC_df)
    if write==True:
        IC_df.to_csv('DataNew/'+index+'_IC_df.csv')
IC_analysis(IC)

#对t检验结果进行统计
def t_analysis(fac_ret: pd.DataFrame, t_val:pd.DataFrame, write:bool =
True) -> pd.DataFrame:
    print('|t|均值:')
```

```
    mean_abs_t = abs(t_val).mean(axis=0)
    print(mean_abs_t)
    print('|t|>2 占比:')
    perc_abs_t2 = (abs(t_val)>2).astype(int).sum(axis=0)/len(t_val.index)
    print(perc_abs_t2)
    print('t 均值')
    mean_t = t_val.mean(axis=0)
    print(mean_t)
    print('t 均值除以 t 标准差')
    mean_std_t = t_val.mean(axis=0).div(t_val.std(axis=0))
    print(mean_std_t)
    print('因子溢价均值:')
    mean_ret = fac_ret.mean(axis=0)
    print(mean_ret)
    print('因子溢价序列 t 检验')


    ret_t = st.ttest_1samp(fac_ret, 0, axis=0)
    ret_t_atr = ret_t.__getattribute__("statistic")
    print("statistic:", ret_t_atr)



    t_data = {'|t|均值':mean_abs_t,
              '|t|>2 占比':perc_abs_t2,
              't 均值/t 标准差':mean_std_t,
              '因子溢价':mean_ret,
              '因子溢价 t 检验':ret_t_atr}
    t_df = pd.DataFrame(t_data)
    print(t_df)
    if write==True:
        write_file('DataNew/'+index+'_ttest_df.csv', t_df.to_csv(), ap-
pend=False)
    t_analysis(fac_ret,t_val)


#分层测试统计
    def stratified_analysis(factors2: pd.DataFrame, quantiles=25, write:bool
=True) -> pd.DataFrame:
        strat_extra_ret = pd.DataFrame()

        factor_cols = [x for x in factors2.columns if x not in [
                'INDUSTRY_CODE', 'market_cap', 'NEXT_RET']]
        for factor_col in factor_cols:
            quant_ret = calc_stratifed_ret(factors2,factor_col,quantiles)

            print(factor_col)
```

```
        extra_cumsum = quant_ret.cumsum(axis=0)
        extra_cumsum.plot()
        plt.show()
        quantile = 'quantile_'+str(quantiles)
        extra_cumsum[quantile].plot()
        plt.show()
        extra_cumsum = extra_cumsum.dropna()
        #extra_cumsum_clean = extra_cumsum.drop(columns=['index_ret'])
        #年化超额收益
        mean_extra_ret = extra_cumsum.iloc[-1]*12/len(extra_cumsum.index)
        mean_extra_ret.name = factor_col
        strat_extra_ret = strat_extra_ret.append(mean_extra_ret)
    print(strat_extra_ret)
    if write == True:
        strat_extra_ret.to_csv(index+'_stratifiedret_df.csv')
factors2.rename(columns={'month_ret':'NEXT_RET'},inplace=True)
stratified_analysis(factors2,5)
```

4.3 因子选择

通过单因子测试的因子可以认为对预测股票未来收益是有效的，但在投资中只依靠单一因子是几乎不可能取得超额收益的，业界普遍做法是先通过单因子测试找出有效的一揽子因子，再用这些因子构建多因子选股模型。在构建多因子选股模型时，我们通常会按照某些规则对因子进行加权，然后按照加权结果对股票进行排序，最后按照排序结果选择股票构建组合。这种加权方法存在的一个问题是各因子间可能存在较高的相关性，这会导致按加权结果构建的组合整体在某些因子上的重复暴露，从而影响组合的长期表现。解决这一问题的一个思路是对因子进行筛选，在不降低预测能力的前提下，去除独立性低的因子。

4.3.1 用方差膨胀因子判断多重共线性

方差膨胀因子（variance inflation factors，VIF）是表示回归分析中多重共线性程度，即自变量之间的相关性程度的一个指标。其计算公式为：$VIF_j = \dfrac{1}{1-R_j^2}$，其中 R_j^2 为样本可决系数，代表自变量对因变量的解释能力，是线性回归模型中检验模型解释能力的统计指标。为了检验因子之间的线性相关关系，我们可以对单一因子和其他解释因子进行普通最小二乘法回归，如果其 R^2 较小，相应的 VIF 必然较小，可以判定此因子与其他因子的线性相关程度较低。与相关系数相比，VIF 的好处在于可以测算复共线性，即多个变量之间的复合相关性，而相关系数一般是看两个变量之间的线性相关性。

以多因子模型为例，假设我们要用 EARNINGS_TO_PRICE_RATIO、BOOK_TO_PRICE_RATIO、ROE、GROSS_INCOME_RATIO 四个因子预测股票未来一个月的收益率 NEXT_RET，在线性回归模型中，NEXT_RET 是因变量，EARNINGS_TO_PRICE_RATIO、BOOK_TO_PRICE_RATIO、ROE、GROSS_INCOME_RATIO 是自变量。在回归分析前，我们需要先用 VIF 测算四个自变量之间是否存在多重共线性。具体做法是依次以其中一个因子作为因变量，用其他三个因子作为这个新的因变量的自变量，然后做回归。首先以 EARNINGS_TO_PRICE_RATIO 为因变量，以 BOOK_TO_PRICE_RATIO、ROE、GROSS_INCOME_RATIO 为自变量，计算回归的 R^2，进而根据公式得到 EARNINGS_TO_PRICE_RATIO 的 VIF。其次，对其他三个因子依次做同样的处理，即可得到每个因子的 VIF。最后，比较所有因子的 VIF，并由大到小排序，可以看出哪个变量的共线性问题更突出。

VIF 越大，共线性越严重，但没有统一的标准判定 VIF 多大才表示共线性严重，一个可供参考的划分标准是：

当 0<VIF≤5，没有共线性；

当 5<VIF≤10，弱共线性；

当 10<VIF≤100，中等共线性；

当 VIF>100，严重共线性。

我们对 EARNINGS_TO_PRICE_RATIO、BOOK_TO_PRICE_RATIO、ROE、GROSS_INCOME_RATIO 四个因子取 2021 年 1 月 1 日至 2022 年 12 月 31 日每周末的截面数据，测算四个因子的 VIF。代码如下：

```
from statsmodels.stats.outliers_influence import variance_inflation_factor
#定义计算 VIF 的函数
def calculate_vif(df):
    vif = pd.DataFrame()

    vif['VIF'] = [variance_inflation_factor(df.values,i) for i in range
(df.shape[1])]
    vif.index = df.columns

    return vif.T
check_df = check_df.loc[dates[(dates>='2021-01-01') & (dates<='2022-12-31')]]
vif_df = check_df.groupby(level='date').apply(calculate_vif)
vif_df=vif_df.droplevel(1, axis=0)
#将四因子的 VIF 随时间变化情况通过堆积图展示：
vif_df.plot(kind='area')
```

输出结果如图 4-5 所示。

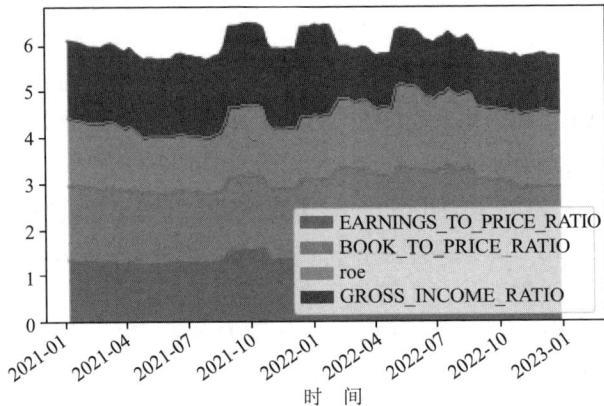

图 4-5 四因子的 VIF 堆积图

接下来计算各因子在测试时间区间内的 VIF 平均值：

```
factor_mean={}
for factor in feature_names:
    factor_mean[factor]=np.mean(vif_df[factor])
factor_mean = dict(sorted(factor_mean.items(), key=lambda item: item[1]))
```

结果如下：

```
{'roe': 1.4752551351343342,
 'GROSS_INCOME_RATIO': 1.4803511693103484,
 'EARNINGS_TO_PRICE_RATIO': 1.490753465262107,
 'BOOK_TO_PRICE_RATIO': 1.555694654402356}
```

可见，示例中的四个因子几乎没有多重共线性，这是因为示例中的因子数量较少而且类型不同，随着因子个数的增加，多重共线性会越来越严重，可根据需要去除 VIF 大于特定阈值（比如 10）的因子。用 VIF 做因子选择同样适用于分类问题，方法完全相同，唯一的区别是需要根据具体的分类模型调整 VIF 阈值。

不过这种因子选择方法过于简单粗暴，假如我们通过 VIF 检验发现有三个因子的 VIF 值超过 10，按照这种简单方法需要把它们同时删除，但实际上，可能只需要删除其中一个，另外两个因子的 VIF 值就会下降到阈值以下，将它们全部删除反而降低了模型的效果。所以，在实际中 VIF 更多只是用于识别多重共线性，而因子选择需要更精细的方法，比如逐步回归。

4.3.2 逐步回归

逐步回归是一种通过逐步添加或删除变量来拟合回归模型的方法，目的是找到可以解释因变量的最少数量的自变量。逐步回归有两种主要类型：前向选择和后向消除。在前向选择中，算法从一个空模型开始，并迭代地向模型添加变量，直到没有进一步的改进。在后向消除中，算法从一个包含所有变量的模型开始，并迭代地删除变量，直到没有进一步的改进。逐步回归的优点是它可以自动为模型选择最重要的变量并构建简约模型，缺点是它可能并不总是选择最佳模型，并且它可能对添加或删除变量的顺序敏感。

在逐步回归中评价模型性能主要关注三个指标：adjusted R-squared、AIC 和 BIC。

1. adjusted R-squared

adjusted R-squared（adjusted R^2）是 R-squared（R^2）的改进版。R-squared（取值范围为［0, 1］）描述的是自变量对因变量的解释程度。回归的 R-squared 越大，说明拟合程度越好。然而，R-squared 的问题是只要增加了更多的变量，R-squared 要么保持不变，要么增加，无论增加的变量是否和输出变量存在关系，所以，R-squared 更适合单变量线性回归。对于多变量线性回归，需要对模型中加入的不会改善模型效果的变量增加一个惩罚项，这就形成了 adjusted R-squared（取值范围为（$-\infty$, 1］）。公式如下：

$$\text{adjusted } R^2 = 1 - [\text{RSS} \div (n - p - 1)] \div [\text{TSS} \div (n - 1)]$$

其中，p 为变量个数，n 为样本个数。

adjusted R-squared 非常适用于评价多变量回归模型，与 R-squared 类似，回归的 adjusted R-squared 越大，说明拟合程度越好。

2. 赤池信息量准则（AIC）

它是由日本统计学家赤池弘次创立和发展的模型选择标准，旨在估计不同模型的相对质量，同时对模型的复杂性进行惩罚。AIC 的公式如下：

$$\text{AIC} = -2 \times \ln(L) + 2 \times k$$

式中：L 代表模型的最大似然，衡量模型对数据的拟合程度，k 表示模型中参数的数量，包括截距和任何附加预测变量。通过将似然性和参数数量相结合，AIC 在模型拟合和复杂性之间寻求平衡，它追求拟合良好但不过度复杂的模型，防止过度拟合，并降低捕获数据中的噪声或不相关特征的风险。因此，相比其他模型评价指标，AIC 的优势在于兼顾模型简洁性和准确性。在应用中，AIC 的数值越小代表用更少的变量解释了整体的变化，因此，在进行多个模型比较和选择时，通常选择 AIC 最小的模型。

3. 贝叶斯信息量准则（BIC）

与 AIC 类似，BIC 是另一种同时考虑模型拟合度和复杂性的模型选择准则。BIC 基于贝叶斯原理，与 AIC 相比，它对模型复杂度施加更强的惩罚。BIC 的计算公式如下：

$$BIC = -2 \times \ln(L) + k \times \ln(n)$$

式中：$\ln(L)$ 和 k 与 AIC 中的含义相同，新加入的 $\ln(n)$ 表示样本大小 n 的对数。从公式中可以看出，AIC 和 BIC 之间的主要区别在于模型复杂性的惩罚项。AIC 用 $2 \times k$ 项对复杂性进行惩罚，而 BIC 的惩罚随样本大小呈对数增长，这意味着惩罚力度更强。因此，与 AIC 相比，BIC 倾向于更简单的模型，是更简约的模型选择标准。在应用时与 AIC 一样，BIC 越小，模型效果越好。

作为示例，我们依然用 EARNINGS_TO_PRICE_RATIO、BOOK_TO_PRICE_RATIO、ROE、GROSS_INCOME_RATIO 四个因子取 2021 年 1 月 1 日至 2022 年 12 月 31 日每周末的截面数据，尝试通过 OLS 模型用这四个因子对股票下一个月的收益率做回归。代码如下：

```python
import statsmodels.api as sm
dates = features.index.levels[0]

start_date =pd.Timestamp(year=2021, month=1, day=1)
end_date =pd.Timestamp(year=2022, month=12, day=1)

sample_data_72_extra=features.loc[dates[(dates>=start_date) & (dates<=end_date)]]
sample_data_72_extra.dropna(inplace=True)
y_train = sample_data_72_extra['month_ret']   #分割 y
X_train = sample_data_72_extra.drop(columns=['month_ret'])
x_columns = ['EARNINGS_TO_PRICE_RATIO','BOOK_TO_PRICE_RATIO','roe','GROSS_INCOME_RATIO']
def get_stats():
    x = X_train[x_columns]
    y = y_train
    results = sm.OLS(y, x).fit()
print(results.summary())
get_stats()
```

结果如图 4-6 所示。

假设这四个因子是通过前向选择逐次添加的，下面我们想再加入一个新的技术因子 MACD。这时需要对比加入新因子前后的回归模型统计结果。代码如下：

```python
x_columns.append('MACD')
get_stats()
```

接入新因子后的模型统计结果如图 4-7 所示。

对比 MACD 因子加入前后的统计结果，可以发现，加入 MACD 因子后，模型的 adjusted R-squared 不变，而 AIC、BIC 都有所下降，这是十分理想的结果，证明 MACD

因子应该被纳入模型。

```
                            OLS Regression Results
==============================================================================
Dep. Variable:             month_ret    R-squared (uncentered):            0.002
Model:                           OLS    Adj. R-squared (uncentered):       0.002
Method:                Least Squares    F-statistic:                       20.40
Date:               Sun, 11 Jun 2023    Prob (F-statistic):             8.31e-17
Time:                       18:18:13    Log-Likelihood:                   34798.
No. Observations:              48398    AIC:                          -6.959e+04
Df Residuals:                  48394    BIC:                          -6.955e+04
Df Model:                          4
Covariance Type:           nonrobust
==============================================================================
                            coef    std err          t      P>|t|      [0.025      0.975]
------------------------------------------------------------------------------
EARNINGS_TO_PRICE_RATIO   0.0011      0.001      1.463      0.143      -0.000       0.003
BOOK_TO_PRICE_RATIO       0.0011      0.001      1.465      0.143      -0.000       0.003
roe                      -0.0034      0.001     -4.851      0.000      -0.005      -0.002
GROSS_INCOME_RATIO       -0.0018      0.001     -3.017      0.003      -0.003      -0.001
==============================================================================
Omnibus:                   26218.980    Durbin-Watson:                     1.908
Prob(Omnibus):                 0.000    Jarque-Bera (JB):             719075.550
Skew:                          2.074    Prob(JB):                           0.00
Kurtosis:                     21.422    Cond. No.                           2.66
==============================================================================
```

图 4-6　四因子对股票下个月的收益率的影响的回归结果

```
                            OLS Regression Results
==============================================================================
Dep. Variable:             month_ret    R-squared (uncentered):            0.002
Model:                           OLS    Adj. R-squared (uncentered):       0.002
Method:                Least Squares    F-statistic:                       21.13
Date:               Sun, 11 Jun 2023    Prob (F-statistic):             3.57e-21
Time:                       18:18:23    Log-Likelihood:                    34810
No. Observations:              48398    AIC:                          -6.961e+04
Df Residuals:                  48393    BIC:                          -6.957e+04
Df Model:                          5
Covariance Type:           nonrobust
==============================================================================
                            coef    std err          t      P>|t|      [0.025      0.975]
------------------------------------------------------------------------------
EARNINGS_TO_PRICE_RATIO   0.0011      0.001      1.447      0.148      -0.000       0.003
BOOK_TO_PRICE_RATIO       0.0012      0.001      1.515      0.130      -0.000       0.003
roe                      -0.0034      0.001     -4.834      0.000      -0.005      -0.002
GROSS_INCOME_RATIO       -0.0018      0.001     -3.086      0.002      -0.003      -0.001
MACD                      0.0026      0.001      4.903      0.000       0.002       0.004
==============================================================================
Omnibus:                   26210.550    Durbin-Watson:                     1.908
Prob(Omnibus):                 0.000    Jarque-Bera (JB):             719583.838
Skew:                          2.073    Prob(JB):                           0.00
Kurtosis:                     21.430    Cond. No.                           2.66
==============================================================================
```

图 4-7　加入 MACD 因子后对股票下个月的收益率的回归结果

　　类似地，我们在已纳入五个因子的基础上做向后消除，尝试删除 ROE 因子，然后看模型的统计结果。代码如下：

```
x_columns.remove('roe')
get_stats()
```

模型的统计结果如图 4-8 所示。

```
                          OLS Regression Results
==============================================================================
Dep. Variable:           month_ret    R-squared (uncentered):         0.002
Model:                         OLS    Adj. R-squared (uncentered):    0.002
Method:              Least Squares    F-statistic:                    20.57
Date:             Sun, 11 Jun 2023    Prob (F-statistic):          5.97e-17
Time:                     18:28:21    Log-Likelihood:                34 798
No. Observations:           48 398    AIC:                        -6.959e+04
Df Residuals:               48 394    BIC:                        -6.955e+04
Df Model:                        4
Covariance Type:         nonrobust
==============================================================================
                           coef    std err          t      P>|t|      [0.025      0.975]
------------------------------------------------------------------------------
EARNINGS_TO_PRICE_RATIO  -0.001 0      0.001     -1.658      0.097      -0.002       0.000
BOOK_TO_PRICE_RATIO       0.003 1      0.001      4.625      0.000       0.002       0.004
GROSS_INCOME_RATIO       -0.002 2      0.001     -3.700      0.000      -0.003      -0.001
MACD                      0.002 6      0.001      4.920      0.000       0.002       0.004
==============================================================================
Omnibus:                 26 193.089   Durbin-Watson:                  1.907
Prob(Omnibus):                0.000   Jarque-Bera (JB):          720 824.089
Skew:                         2.070   Prob(JB):                       0.00
Kurtosis:                    21.448   Cond. No.                       1.97
==============================================================================
```

图 4-8　删除 ROE 因子后对股票下个月的收益率的回归结果

对比 ROE 因子删除前后的统计结果，可以发现，删除 ROE 因子后，模型的 adjusted R-squared 不变，而 AIC、BIC 都有所上升，说明模型的效果比删除 ROE 因子前下降了，证明 ROE 因子不应被去除。

更简单的逐步回归方法实现是直接使用 sklearn 包中的 sklearn. feature_selection. SequentialFeatureSelector。SequentialFeatureSelector 即顺序特征选择器，通过添加（向前选择）或删除（后向消除）特征以贪婪的方式形成特征子集。在每个阶段，该估计器都会根据估计器的交叉验证分数选择要添加的最佳特征或要删除的最差特征。SequentialFeatureSelector 适用于各种不同的机器学习模型，包括监督学习模型和无监督学习模型。关于特征选择的内容将在第 5 章、第 6 章进一步展开介绍。

4.4　因子正交

解决因子多重共线性问题的另一个思路是正交化，基于正交后的因子进行加权，可以提升组合长期表现的稳定性。正交化和因子选择的作用类似，可以互相替代，也可以结合使用，对因子选择后剩余的因子再做正交化。

本节将介绍三种主要的因子正交方法，包括施密特正交、规范正交和对称正交，并对它们进行对比分析，因子正交的三种方法基于一个统一的框架。因子正交化本质上是对原始因子进行旋转，旋转后得到一组两两正交的新因子，它们之间的相关性为零，且对于收益的解释度保持不变。

对于选股因子来说，每个截面期上的因子暴露形成一个向量，假设有 K 个因子列向量，每个列向量的长度 N 对应的是截面上的股票样本数，将这 K 个列向量组合在一起形成了 N 行 K 列的因子矩阵，记为 $\boldsymbol{F}$。我们定义 $\boldsymbol{F}$ 正交化后的正交矩阵为 $\boldsymbol{F}^{\perp}$，$\boldsymbol{F}^{\perp} = \boldsymbol{FS}$，$\boldsymbol{S}$ 为过渡矩阵，正交化的关键就是计算出过渡矩阵 $\boldsymbol{S}$。

第一步，首先需要计算 $\boldsymbol{F}$ 的协方差矩阵。按照标准计算方法，首先要将 $\boldsymbol{F}$ 的每列减去该列的均值，不过由于我们已经对因子做了标准化，因此，每列的均值都是 0，所以，$\boldsymbol{F}$ 的协方差矩阵 $\boldsymbol{\Sigma} = \dfrac{1}{N-1}\boldsymbol{F}^{\mathrm{T}}\boldsymbol{F}$。注意，协方差矩阵一定是对称矩阵。定义 $\boldsymbol{M} = (N-1)\boldsymbol{\Sigma} = \boldsymbol{F}^{\mathrm{T}}\boldsymbol{F}$，$\boldsymbol{M}$ 显然也是对称矩阵，而且是正定矩阵。

第二步，根据正交矩阵的性质，单位矩阵 $\boldsymbol{E} = \boldsymbol{F}^{\perp\mathrm{T}}\boldsymbol{F}^{\perp} = (\boldsymbol{FS})^{\mathrm{T}}(\boldsymbol{FS}) = \boldsymbol{S}^{\mathrm{T}}\boldsymbol{F}^{\mathrm{T}}\boldsymbol{FS} = \boldsymbol{S}^{\mathrm{T}}\boldsymbol{MS}$，移项可得 $\boldsymbol{SS}^{\mathrm{T}} = \boldsymbol{M}^{-1}$。

第三步，根据 $\boldsymbol{M}$ 的对称性和正定性，上述方程的通解是 $\boldsymbol{S} = \boldsymbol{M}^{-\frac{1}{2}}\boldsymbol{C}$，$\boldsymbol{C}$ 为任意 K 阶正交阵。

第四步，$\boldsymbol{M}$ 作为实对称矩阵可以通过正交变换将其对角化，因此，$\boldsymbol{U}^{-1}\boldsymbol{M}\boldsymbol{U} = \boldsymbol{D}$，其中 $\boldsymbol{U}$ 为 $\boldsymbol{M}$ 的特征向量矩阵，$\boldsymbol{D}$ 为 $\boldsymbol{M}$ 的特征值对角矩阵，据此推出：

$$\boldsymbol{M}^{-\frac{1}{2}} = \boldsymbol{U}\boldsymbol{D}^{-\frac{1}{2}}\boldsymbol{U}^{-1}$$

第五步，结合第三、四步，得到 $\boldsymbol{S} = \boldsymbol{U}\boldsymbol{D}^{-\frac{1}{2}}\boldsymbol{U}^{-1}\boldsymbol{C}$，因为特征向量矩阵是正交矩阵，所以，也可写作 $\boldsymbol{S} = \boldsymbol{U}\boldsymbol{D}^{-\frac{1}{2}}\boldsymbol{U}^{\mathrm{T}}\boldsymbol{C}$。

到目前为止，唯一不确定的就是正交矩阵 $\boldsymbol{C}$，对 $\boldsymbol{C}$ 的不同选择形成了三种正交方法，施密特正交将 $\boldsymbol{C}$ 设定为任意上三角矩阵，规范正交设定 $\boldsymbol{C} = \boldsymbol{U}$，对称正交设定 $\boldsymbol{C}$ 为单位矩阵，即 $\boldsymbol{C} = \boldsymbol{I}$。

4.4.1　施密特正交

施密特正交是一种常见的因子正交方式，它的主要思想是给定一组向量集合，按照给定的顺序将每个向量与之前的所有向量进行正交并标准化。虽然理论上可以使用统一框架中的矩阵乘法完成，但一般使用因子逐次正交的方法。

对于选股因子来说，每个截面期上的因子暴露形成一个向量，假设有 K 个因子列向量 f_1，f_2，$\cdots$，f_K，我们需要从中每次选出一个因子做如下处理。

对于第 1 个因子列向量，不需要做任何处理：

$$f_1' = f_1$$

对于第 2 个因子列向量，需要将 f_2 在 f_1' 上投影，并用 f_2 减去这个投影向量，得到的结果向量与 f_1' 正交：

$$f_2' = f_2 - \frac{\langle f_2, f_1' \rangle}{\langle f_1', f_1' \rangle} f_1'$$

对于第 3 个因子列向量，需要将 f_3 分别在 f_1' 和 f_2' 上投影，并用 f_3 减去这两个投影向量，得到的结果向量与 f_1' 和 f_2' 都正交：

$$f_3' = f_3 - \frac{\langle f_3, f_1' \rangle}{\langle f_1', f_1' \rangle} f_1' - \frac{\langle f_3, f_2' \rangle}{\langle f_2', f_2' \rangle} f_2'$$

以此类推，对于第 K 个因子列向量，需要将 f_K 分布在前 $K-1$ 个结果向量上投影，再用 f_K 减去 $K-1$ 个投影向量，得到的结果向量与前 $K-1$ 个结果向量都正交：

$$f_K' = f_K - \frac{\langle f_K, f_1' \rangle}{\langle f_1', f_1' \rangle} f_1' - \frac{\langle f_K, f_2' \rangle}{\langle f_2', f_2' \rangle} f_2' - \cdots - \frac{\langle f_K, f_{K-1}' \rangle}{\langle f_{K-1}', f_{K-1}' \rangle} f_{K-1}'$$

至此，我们得到了一组相互正交的列向量 f_1'、f_2'，$\cdots$，f_K'，最后，对这 K 个向量做标准化处理，得到一组标准正交基：

$$e_n = \frac{f_n'}{\|f_n'\|}, n = 1, 2, \cdots, K$$

以上就是施密特正交的完整过程。

通过上述过程可以看出，施密特正交法的优点是按同样顺序正交的因子有显式的对应关系，但随之而来的问题是正交顺序没有统一的选择标准，正交后的表现可能受到正交顺序的影响。正交顺序可以采用固定顺序或动态顺序，动态顺序是在每个截面上根据一定规则确定其正交次序，这使得动态顺序法中每个截面上因子正交的顺序可能不同，进而导致同一个因子在不同截面上正交后的因子缺乏对应关系，因此，我们通常的做法是固定顺序正交，也就是在不同截面上取同样的正交次序。在施密特正交化与因子中性化中用到的最小二乘下的回归取残差效果是一样的，差别仅在于施密特正交化多了一步归一化。

接下来我们对四个 Fama-French 三因子模型残差波动率因子依次做施密特正交，因为这几个因子的构建很相似，只有时间长短的差异，所以，它们之间的相关性应该是比较高的，通过代码生成热力图证明确实如此，具体代码如下：

```python
#构建计算横截面因子载荷相关系数均值函数
def get_relations(datas: pd.DataFrame) -> pd.DataFrame:

    relations = 0
    for trade,d in datas.groupby(level='date'):

        relations += d.corr()

    relations_mean = relations / len(datas.index.levels[0])

    return relations_mean

#绘制因子正交后的相关性热力图
```

```
fig=plt.figure(figsize=(26,18))
#计算对称正交之后的相关系数矩阵
relations = get_relations(factors3.iloc[:,:4])
sns.heatmap(relations,annot=True,linewidths=0.05,
            linecolor='white',annot_kws={'size':18,'weight':'bold'})
```

绘制结果如图 4-9 所示。

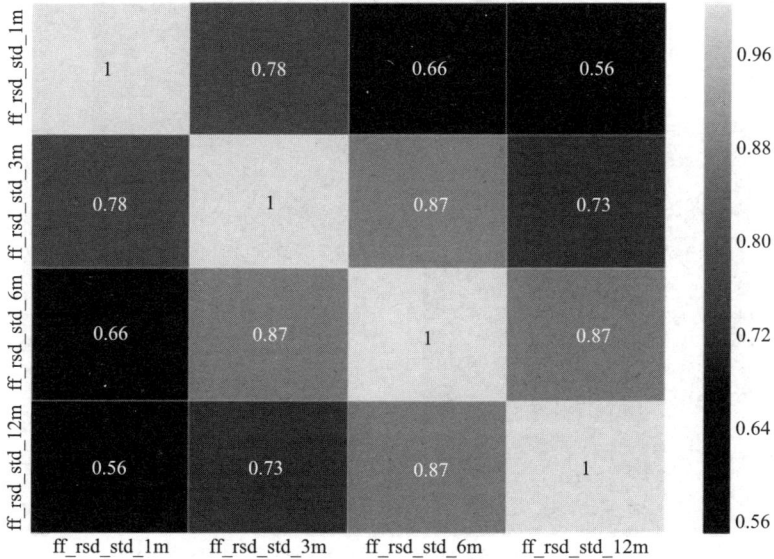

图 4-9　施密特正交前的因子相关性热力图

接下来按照前述逻辑，对四个因子依次做施密特正交，具体代码如下：

```
#施密特正交
def gram_schmidt(df:pd.DataFrame)->pd.DataFrame:
    (n, m) = df.shape

    for i in range(m):

        q = df.iloc[:, i] # i-th column of df
        for j in range(i):
            q = q - np.dot(df.iloc[:, j], df.iloc[:, i]) * df.iloc[:, j]

        if np.array_equal(q, np.zeros(q.shape)):
            raise np.linalg.LinAlgError("The column vectors are not lin-
early independent")

        # normalize q
        q = q / np.sqrt(np.dot(q, q))

        # write the vector back in the matrix
        df.iloc[:, i] = q
```

```
        return df
    #施密特正交化
    factors4 = factors3.groupby(level='date').apply(gram_schmidt)
```

处理后的因子相关性热力图如图 4-10 所示，可见因子两两之间相关性几乎都为 0，结果符合预期。

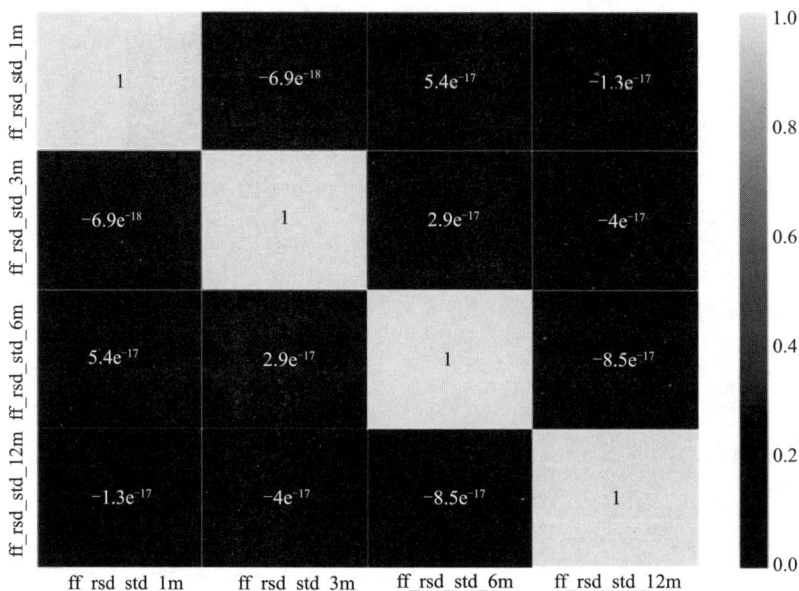

图 4-10　施密特正交后的因子相关性热力图

4.4.2　规范正交

规范正交在计算过渡矩阵 S 时设定正交矩阵 $C = U$，因此，过渡矩阵 $S = UD^{-\frac{1}{2}}U^{T}U = UD^{-\frac{1}{2}}$，$F^{\perp} = FS = FUD^{-\frac{1}{2}}$，$U$ 为 F 的协方差矩阵的特征向量矩阵，$D^{-\frac{1}{2}}$ 为对角矩阵，U 的作用是对因子进行旋转，$D^{-\frac{1}{2}}$ 的作用是对旋转后的因子进行缩放。

规范正交化实际上跟主成分分析思路是一样的，FU 实际上得到的是主成分分析（principle component analysis，PCA）中的所有主成分，主成分分析的第一主成分根据方差最大的方向确定，这就导致典型正交化前后因子的对应关系在时间上是变化的、不稳定的，所以，规范正交在业内很少被使用。

规范正交的代码实现如下：

```
def canon_orthogonal(data:pd.DataFrame)->pd.DataFrame:

    data_ = data.copy()          #创建副本不影响原数据
```

```
        col = [col for col in data_.columns if col not in ['INDUSTRY_CODE','
market_cap']]

        F = np.mat(data_[col])   #除去行业指标,将数据框转化为矩阵
        M = F.T @ F              #等价于 (F.shape[0] - 1) * np.cov(F.T)
        a,U = np.linalg.eig(M)   #a 为特征值, U 为特征向量
        D_inv = np.linalg.inv(np.diag(a))
        S = U @ np.sqrt(D_inv)
        data_[col] = data_[col].dot(S)

        return data_
    factors4 = factors3.groupby(level='date').apply(canon_orthogonal)
```

处理后的因子相关性热力图如图 4-11 所示，可见因子两两之间相关性几乎都为 0，
结果符合预期。

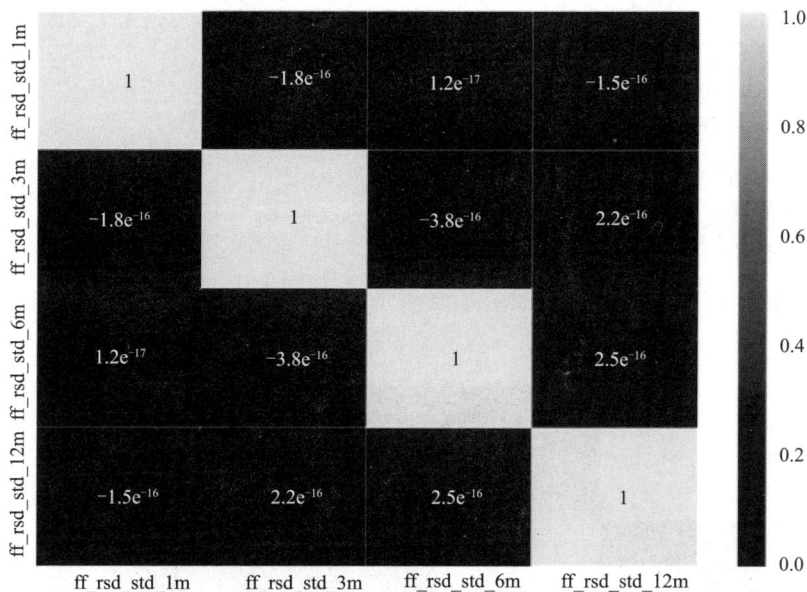

图 4-11　规范正交后的相关性热力图

4.4.3　对称正交

对称正交在计算过渡矩阵 S 时设定正交矩阵 $C = I$，因此，过渡矩阵 $S = UD^{-\frac{1}{2}}U^{\mathrm{T}}I = UD^{-\frac{1}{2}}U^{\mathrm{T}}$，$F^{\perp} = FS = FUD^{-\frac{1}{2}}U^{\mathrm{T}}$。

对称正交有几个重要的性质：

（1）相对于施密特正交法，对称正交不需要提供正交次序，对每个因子平等看待；

（2）在所有正交过渡矩阵中，对称正交后的矩阵和原始矩阵的相似性最大，即正

交前后矩阵的距离最小，对原始因子矩阵的修改最小；

（3）对称正交的计算只需要截面因子数据，计算效率非常高。

从这些性质出发，对称正交后的因子和原始因子有较好的对应关系，因子的经济意义保持能力较好，并且在 Frobenius 范数下保持了最高的相似性，因此，对称正交是最常用的正交方法。

对称正交的代码实现如下：

```python
def symm_orthogonal(data:pd.DataFrame)->pd.DataFrame:

    data_ = data.copy()                     #创建副本不影响原数据
    col = [col for col in data_.columns if col not in ['INDUSTRY_CODE','market_cap']]

    F = np.mat(data_[col])                  #除去行业指标，将数据框转化为矩阵
    M = F.T @ F #等价于 (F.shape[0] - 1) * np.cov(F.T)
    a,U = np.linalg.eig(M)                   #a为特征值，U为特征向量
    D_inv = np.linalg.inv(np.diag(a))
    S = U @ np.sqrt(D_inv) @ U.T
    data_[col] = data_[col].dot(S)

    return data_
#对称正交化
factors4 = factors3.groupby(level='date').apply(symm_orthogonal)
```

处理后的因子相关性热力图如图 4-12 所示，可见因子两两之间相关性几乎都为 0，结果符合预期。

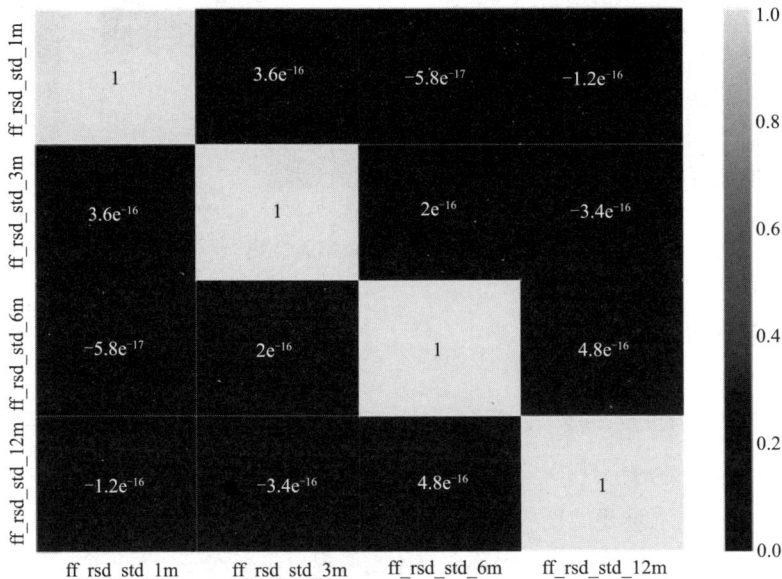

图 4-12　对称正交后的相关性热力图

4.4.4 对比总结

从理论上看，三种正交方法的对比见表 4-3。

表 4-3 三种正交方法对比

正交方法	C、S 定义	旋转前后对应关系	是否需要确定正交顺序	其他优缺点
施密特正交	C 为上三角矩阵 $S = UD^{-\frac{1}{2}}U^{\mathrm{T}}C$	一一对应	是	初始因子不被正交
规范正交	$C = U$ $S = UD^{-\frac{1}{2}}$	时间上不稳定	是	—
对称正交	$C = I$ $S = UD^{-\frac{1}{2}}U^{\mathrm{T}}$	一一对应	否	正交前后因子相似性最高

接下来，我们看三种方法的处理结果对比。将按三种方法正交后的因子等权相加，合成后的因子分别记为 ff_orth_schmidt、ff_orth_canon 和 ff_orth_symm，对三个因子按照单因子分析方法分布分析，从分析结果来看，规范正交效果最差，另外两种方法各有优势。

IC 分析结果见表 4-4。

表 4-4 三种方法正交后的因子等权相加 IC 分析结果

因子名称	IC 均值	IC 标准差	IR	IC>0 占比	$|IC|>0.02$
ff_orth_schmidt	−0.036 155	0.105 522	−0.342 627	0.388 889	0.861 111
ff_orth_canon	0.023 426	0.083 597	0.280 22	0.527 778	0.777 778
ff_orth_symm	−0.038 035	0.084 981	−0.447 569	0.361 111	0.777 778

回归分析结果见表 4-5。

表 4-5 三种方法正交后的因子等权相加回归分析结果

因子名称	$|t|$ 均值	$|t|>2$ 占比	t 均值÷t 标准差	因子溢价	因子溢价 t 检验
ff_orth_schmidt	2.106 744	0.472 222	−0.024 54	−0.004 296	−0.044 192
ff_orth_canon	1.742 885	0.416 667	−0.066 681	−0.036 088	−0.433 273
ff_orth_symm	1.936 238	0.416 667	−0.025 562	−0.000 696	−0.007 48

分层回测结果见表4-6。

表4-6 三种方法正交后的因子等权相加分层回测结果

因子名称	第一层	第二层	第三层	第四层	第五层
ff_orth_schmidt	0. 139 080 426	0. 135 021 432	0. 148 484 235	0. 125 066 958	0. 125 880 886
ff_orth_canon	0. 147 031 603	0. 105 554 934	0. 104 227 955	0. 175 758 201	0. 141 247 626
ff_orth_symm	0. 155 885 831	0. 116 889 616	0. 131 370 988	0. 140 191 172	0. 129 523 525

4.5 因子合成

前面几节已经介绍了如何测试单因子的有效性，以及如何在挖掘出多个因子后进行因子选择和因子正交，但经过这些处理后留给我们的依然是多个因子，如果分别用这些因子选股，每个因子都会提供不同的答案，所以，需要将这些因子综合起来，综合多个因子得到最终因子的过程就是因子合成。

因子合成是构建多因子选股模型的重要环节。因子合成的应用场景主要有两个。一是，因子库内一些因子间可能存在多重共线性，若直接进行多元线性回归则会导致结果不准确，在更严重的情况下可能导致回归问题难以求解。若能在回归之前将共线性比较严重的因子进行合成，则可提升多元线性回归的准确性；二是，在观察市场近期因子表现时，经常需要对比估值、成长、波动率等大类风格因子的强弱，以估值因子为例，市盈率、市净率、市销率因子均属估值大类下面的细分因子，难以用某个单因子刻画整个风格大类的表现，这时就需要对若干个有代表性的细分因子进行合成，产生一个合理的有代表意义的估值因子。

华泰金工多因子系列验证了六种主要的因子合成方法，包括等权法、历史 IC（半衰）加权法、历史收益率（半衰）加权法、最大化 IC 加权法、最大化 IC_ IR 加权法、主成分分析（PCA）法。结果显示，在大部分情况下，最大化 IC_IR 加权法及最大化 IC 复合因子能显著提高复合因子的因子溢价、因子 IC_IR、多空组合夏普比率等，并降低最大回撤，战胜等权复合因子及其他因子，且大幅优于原始因子。

等权法是指将所有待合成因子等权重相加，得到新的合成后因子。在上一节我们把正交后的因子等权相加，这就是等权法因子合成的实例。历史因子溢价（半衰）加权法是指将所有待合成因子，以最近一段时期内历史因子溢价的算术平均值（或半衰权重下的加权平均值）为权重进行相加，得到新的合成后因子。这种方法的问题在于，由于待合成因子往往具有多重共线性，回归稳定的数值解不稳定，即历史因子溢价可能不稳定，影响合成权重的计算。历史因子 IC（半衰）加权法下所有待合成因子，以最近一段时期内历史 RankIC 的算术平均值（或半衰权重下的加权平均值）为权重进行相加，得到新的合成后因子。无论是历史因子溢价加权法还是历史因子 IC 加权法，内在逻辑都是相信因子过去的表现会在未来延续，也就是相信因子动量，因子动量是因子择时的重要依据，将在下一节重点介绍。

本节主要是以估值因子为例验证华泰研报中认为效果最好的最大化 IC_IR 加权法及最大化 IC 加权法，然后再验证一下使用率较高的主成分分析法。

4.5.1　估值因子计算

计算下列常见估值类因子，因子计算方法如下：

（1）股票池：沪深 300 成分股，剔除 ST、PT 股票，剔除每个截面期下一交易日停牌的股票。

（2）回溯区间：2012 年 1 月 1 日至 2023 年 12 月 31 日。

（3）截面期：每个自然月的最后一个交易日计算因子暴露度，与下一整个自然月的个股超额收益（以沪深 300 指数为基准）进行回归。

（4）数据处理方法：中位数去极值、标准化、缺失值处理。对因子进行 Rank IC（下文简称 IC）计算、t 检验和分层测试，常见的主要估值类因子的 IC 分析结果见表 4-7。

表 4-7　主要估值类因子的 IC 分析结果

因子	因子描述	IC 均值	IC 标准差	IC_IR	IC>0 占比	|IC|>0.02 占比
EARNINGS_TO_PRICE_RATIO	过去 12 个月的归母净利润除以当前股票市值	0.033 5	0.140 9	0.237 7	0.605 6	0.943 7
BOOK_TO_PRICE_RATIO	最新一季财报的账面价值与当前市值的比值	0.030 8	0.152 0	0.202 5	0.549 3	0.964 8
RANK_EP_2	当前值在过去两个季度中的排名	0.029 9	0.106 9	0.279 9	0.605 6	0.859 2
EPCUT	扣非后净利润（TTM）除以总市值	0.035 4	0.137 7	0.257 4	0.619 7	0.922 5
SALES_TO_PRICE_RATIO	营业收入（TTM）除以总市值	0.011 9	0.134 5	0.088 5	0.514 1	0.887 3
PEG	PE 除以归母公司净利润（TTM）增长率与 100 的乘积	-0.012 7	0.093 8	-0.135 2	0.422 5	0.859 2

我们简单根据 IC 均值过滤掉 IC 均值绝对值小于 0.02 的 SALES_TO_PRICE_RATIO 和 PEG 两个因子，将剩下的四个因子整合成最终的估值因子。

4.5.2 最大化 IC_IR 加权法

最大化 IC_IR 加权法的基本思想是，以历史一段时间的复合因子平均 IC 值作为对复合因子下一期 IC 值的估计，以历史 IC 值的协方差矩阵作为对复合因子下一期波动率的估计，根据 IC_IR 等于 IC 的期望值除以 IC 的标准差，可以得到最大化复合因子 IC_IR 的最优权重解。

假设各待整合因子 IC 均值向量为 $\overline{\text{IC}}$，IC 的协方差矩阵为 $\boldsymbol{\Sigma}_{\text{IC}}$，各因子的合成权重向量为 $\boldsymbol{w}$，则合成因子的 IC 均值和标准差分别为：

$$\overline{\text{IC}_c} = \boldsymbol{w}^{\text{T}} \times \overline{\text{IC}}$$

$$\text{std}(\text{IC}_c) = \sqrt{\boldsymbol{w}^{\text{T}} \times \boldsymbol{\Sigma}_{\text{IC}} \times \overline{\boldsymbol{w}}}$$

相应的，合成因子的 IR 可以表示为：

$$\text{IR}_c = \frac{\boldsymbol{w}^{\text{T}} \times \overline{\text{IC}}}{\sqrt{\boldsymbol{w}^{\text{T}} \times \boldsymbol{\Sigma}_{\text{IC}} \times \boldsymbol{w}}}$$

为使 IR_c 最大化，对 $\boldsymbol{w}$ 向量求偏导数，令偏导数等于 0，得到 $\boldsymbol{w}$ 的最优解为：

$$\boldsymbol{w}^* = \boldsymbol{\Sigma}_{\text{IC}}^{-1} \times \overline{\text{IC}}$$

我们用这种方法，采用 2012 年 1 月 1 日到 2023 年 12 月 31 日的数据，以每 12 个月为时间窗口，滚动计算下一个月的因子合成权重，再对合成因子做 IC 分析，代码如下：

```python
import pandas as pd
from numpy.lib.stride_tricks import as_strided as stride
#窗口滚动获取 dataframe 中的数据
def roll(df: pd.DataFrame, window: int, **kwargs):
    """
    rolling with multiple columns on 2 dim pd.Dataframe
    * the result can apply the function which can return pd.Series with mul-
tiple columns

    Reference:
    :param df:
    :param window:
    :param kwargs:
    :return:
    """

    # move index to values
    v = df.reset_index().values
```

```
    dim0, dim1 = v.shape
    stride0, stride1 = v.strides

    stride_values = stride(v, (dim0 - (window - 1), window, dim1), (stride0,
stride0, stride1))

    rolled_df = pd.concat({
            row: pd.DataFrame(values[:, 1:], columns=df.columns, index=values
[:, 0].flatten())
            for row, values in zip(df.index[window - 1:], stride_values)
    })

    return rolled_df.groupby(level=0, **kwargs)


#最大化 IC_IR 加权法，其中，协方差矩阵用 ic 样本的协方差矩阵
def get_factor_weight_rolling(IC: pd.DataFrame) -> pd.DataFrame:


    IC = IC.dropna()
    icval = IC.values.astype(float64)

    icmean = np.mean(icval,axis=0)

    iccov = np.cov(icval,rowvar=False)

    covinv = np.linalg.inv(iccov)



    weight = covinv.dot(icmean)
    weight1 = weight/abs(weight.sum())

    IRtarget =np.sqrt(icmean.T.dot(covinv).dot(icmean))

    return weight1

df = roll(IC,12).apply(get_factor_weight_rolling)
#因为每个月的因子横截面的 IC 值要到下个月才能计算，所以，需要将 df 下移到下个月
df = df.shift()
df = df.dropna()
```

```
feature_names = [i for i in factors2.columns.tolist() if i not in [
        'INDUSTRY_CODE','NEXT_RET','final_factor','market_cap','sqrtcap']]

factors3 = factors2[feature_names]


periods = GetTradePeriod(START_DATE, END_DATE, 'ME')

factor_df = pd.DataFrame()

for d in df.index.values:
    date = pd.to_datetime(str(d)).strftime('%Y-%m-%d')


    factor = factors3.groupby(level='date').get_group(name=date)
    print(factor)
    weight = df.loc[d]
    print('weight:')
    print(weight)
    factor['final_factor'] = factor.dot(weight)

    factor_df = pd.concat([factor_df,factor])
print(factor_df)
```

得到的合成因子的 IC 为 0.033 9，IC_IR 为 0.318 1，虽然合成后 IC 不高，但 IC_IR 确实比各原始因子都高，因子单调性尚可。

效果不理想可能有以下两点原因：

一是对协方差矩阵的估计常常有偏差。统计学中以样本协方差矩阵代替总体协方差矩阵，但在样本量不足时，样本协方差矩阵与总体协方差矩阵差异过大，另外估计出的协方差矩阵可能是病态的，造成上述优化问题难以求解；

二是因协方差矩阵估计不准确或存在其他干扰因素，由显式解解出的权重常常出现负数，这与因子本身的逻辑相反，违反了因子的实际意义。

华泰金工的解决方案是在上述优化问题的求解中加入因子权重非负的限制，将问题转化为：

$$\max \mathrm{IR}_C = \frac{w^T \times \overline{\mathbf{IC}}}{\sqrt{w^T \times \Sigma_{IC} \times w}}$$

$$\text{s. t. } w \geqslant 0$$

根据这个思路改写上文中的 get_factor_weight_rolling 方法，得到如下代码：

```
#最大化 IC_IR 加权法, 其中, 协方差矩阵用 IC 样本的协方差矩阵, 限制 w>=0
def get_factor_weight_rolling4(IC: pd.DataFrame) -> pd.DataFrame:

    print(IC.columns)
    IC = IC.dropna()
    icval = IC.values.astype(float64)

    icmean = np.mean(icval,axis=0)
    iccov = np.cov(icval,rowvar=False)

    #covinv = np.linalg.inv(iccov)
    #把最大化 ic_ir 转换成最小化-ic_ir
    fun = lambda x: -np.dot(x.T, icmean)/(np.sqrt(x.T.dot(iccov).dot(x)))

    x0 = np.random.rand(len(icmean))

    bnds = [(0,None)] * len(icmean)
    print(x0)
    print(bnds)
    print(np.dot(x0.T, icmean))
    print(np.sqrt(x0.T.dot(iccov).dot(x0)))
    res = minimize(fun, x0, method='SLSQP', bounds=bnds)
    weight =res.x
    print(weight)
    weight1 = weight/abs(weight.sum())
    print(weight1)

    return weight1
```

根据改进后的方法得到的合成因子的 IC 为 0.041 8，IR 为 0.356 8，IC 和 IR 均较各原始因子有显著提高，分层测试的调度性也更好了。

实验表明，含约束条件的优化问题求解出的权重更为合理，用于合成因子的效果也更好。接下来再进一步改进，采用压缩估计方法，目标矩阵采用单位矩阵，即将样本协方差矩阵向单位矩阵压缩。

设矩阵 Σ 是真实的协方差矩阵，Σ^* 是有限样本下对 Σ 的渐进一致估计，I 是单位矩阵（即目标矩阵），S 是样本协方差矩阵。我们要寻找这样一组参数 ρ_1、ρ_2，使得均方误差 $E[\|\Sigma^* - \Sigma\|]$ 最小，这里 $\|\cdot\|$ 是矩阵的 Frobenius 范数，定义为矩阵 A 各项元素的绝对值平方的总和，可以用于衡量两个矩阵的差异大小。使得均方误差最小的 Σ^* 有如下估计式：

$$\Sigma^* = \rho_1 \times I + \rho_2 \times S$$

设 S 是 X（N 行 T 列矩阵，对应 N 个因子在 T 个截面期的因子 IC）的样本协方差矩阵，X 的第 t 列为 x_t。

$$\rho_1 = \frac{b^2}{d^2}m, \ \rho_2 = \frac{a^2}{d^2}$$

其中 $m = \|S - I\|^2$，$d^2 = \|S - mI\|^2$，$\bar{b}^2 = \dfrac{1}{T^2}\displaystyle\sum_{t=1}^{T}\|x_t \cdot x_t^{\mathrm{T}} - S\|^2$，$b^2 = \min(\bar{b}^2, \ d^2)$，$a^2 = d^2 - b^2$。

具体实现可用调用 sklearn.covariance.LedoitWolf，为了加深理解，下面的代码中我们给出了自己的实现。

代码实现为：

```
#最大化 IC_IR 加权法，其中，协方差矩阵用 IC 样本的协方差矩阵向单位矩阵压缩后得到，
限制 w>=0
    def get_factor_weight_rolling5(IC: pd.DataFrame) -> pd.DataFrame:

        icval = IC.values.astype(float64)
        icmean = np.mean(icval,axis=0)
        #通过压缩方式计算 IC 的协方差矩阵
        T = icval.shape[0]
        S = np.cov(icval,rowvar=False)
        I = np.identity(len(S))
        m = math.pow(np.linalg.norm(S-I, 'fro'), 2)
        dsquare = math.pow(np.linalg.norm(S-m*I, 'fro'), 2)
        b_square = 1/math.pow(T,2)*sum(math.pow(np.linalg.norm(np.array(x).
T.dot(np.array(x))-S, 'fro'),2)  for index,x in IC.iterrows())
        bsquare = min(dsquare,b_square)
        asquare = dsquare-bsquare
        rho1 = bsquare/dsquare*m
        rho2 = asquare/dsquare

        iccov = rho1*I +rho2*S

        #把最大化 ic_ir 转换成最小化-ic_ir
        fun = lambda x: -np.dot(x.T, icmean)/(np.sqrt(x.T.dot(iccov).dot(x)))

        x0 = np.random.rand(len(icmean))

        bnds = [(0,None)] * len(icmean)
        print(x0)
        print(bnds)
        print(np.dot(x0.T, icmean))
        print(np.sqrt(x0.T.dot(iccov).dot(x0)))
        res = minimize(fun, x0, method='SLSQP', bounds=bnds)
```

```
weight =res.x
print(weight)
weight1 = weight/abs(weight.sum())
print(weight1)

return weight1
```

用这种方法得到的合成因子的 IC 均值为 0.040 6，IR 为 0.350 8，IC 和 IR 没有明显改善，分层测试效果改进也不明显。

4.5.3 最大化 IC 法

最大化 IC 加权法与上一节的最大化 IC_IR 加权法类似，对应的最优化问题为：

$$\max\ \mathrm{IC_C} = \frac{\boldsymbol{w}^\mathrm{T} \times \overline{\boldsymbol{IC}}}{\sqrt{\boldsymbol{w}^\mathrm{T} \times \boldsymbol{V} \times \boldsymbol{w}}}$$

其他变量的含义与上一节一致，V 是当前截面期因子值的相关系数矩阵（注意不是因子 IC 的相关系数矩阵）。用上一节类似的解法得到 w 的最优解：

$$\boldsymbol{w} = \boldsymbol{V}^{-1} \times \overline{\boldsymbol{IC}}$$

权重计算的代码实现为：

```
#最大化 IC 加权法，其中，协方差矩阵用 IC 样本的协方差矩阵
def get_factor_weight_rolling2(IC: pd.DataFrame) -> pd.DataFrame:


    IC= IC.dropna()
    date = IC.iloc[-1,:].name[0].strftime('%Y-%m-%d')
    fact = factors4.loc[date]
    icval = IC.values.astype(float64)

    icmean = np.mean(icval,axis=0)
    #当前因子截面的相关系数矩阵
    factcor = np.corrcoef(fact,rowvar=False)
    corinv = np.linalg.inv(factcor)

    weight = corinv.dot(icmean)
    weight1 = weight/abs(weight.sum())



    return weight1
feature_names = ['EARNINGS_TO_PRICE_RATIO', 'BOOK_TO_PRICE_RATIO', 'EPCUT',
'rank_EP_2']

factors4 = factors3[feature_names]
```

得到的合成因子的 IC 值为 0.039，IR 为 0.316 3，合成效果尚可。

为了得到更好的合成效果，在上述优化问题中加入权重大于等于 0 的限制，优化问题转化为：

$$\max \mathrm{IC_C} = \frac{\boldsymbol{w}^{\mathrm{T}} \times \overline{\mathbf{IC}}}{\sqrt{\boldsymbol{w}^{\mathrm{T}} \times V \times \boldsymbol{w}}}$$

$$\mathrm{s.\,t.}\ \boldsymbol{w} \geqslant 0$$

代码实现如下：

```
#最大化 IC 加权法，其中，协方差矩阵用 IC 样本的协方差矩阵，w≥0
def get_factor_weight_rolling6(IC: pd.DataFrame) -> pd.DataFrame:

    IC = IC.dropna()
    date = IC.iloc[-1,:].name[0].strftime('%Y-%m-%d')
    fact = factors4.loc[date]
    icval = IC.values.astype(float64)

    icmean = np.mean(icval,axis=0)
    #当前因子截面的相关系数矩阵
    factcor = np.corrcoef(fact,rowvar=False)
    corinv = np.linalg.inv(factcor)

    #把最大化 IC 转换成最小化-IC
    fun = lambda x: -np.dot(x.T, icmean)/(np.sqrt(x.T.dot(factcor).dot(x)))

    x0 = np.random.rand(len(icmean))

    bnds = [(0,None)] * len(icmean)

    res = minimize(fun, x0, method='SLSQP', bounds=bnds)
    weight =res.x
    print('weight:')
    print(weight)
    weight1 = weight/abs(weight.sum())
return weight1
```

得到的合成因子的 IC 值为 0.044 4，IR 为 0.364 1，可以看到提升效果明显，特别是 IC 值别前面所有的方法都更高。

最后，再用上一节提到的矩阵压缩法进一步优化，代码实现如下：

```
#最大化IC加权法,其中,协方差矩阵用IC样本的协方差矩阵向单位矩阵压缩后得到,w≥0
def get_factor_weight_rolling7(IC: pd.DataFrame) -> pd.DataFrame:

    IC= IC.dropna()
    date = IC.iloc[-1,:].name[0].strftime('%Y-%m-%d')
    fact = factors4.loc[date]
    icval = IC.values.astype(float64)
    icmean = np.mean(icval,axis=0)
    #当前因子截面的相关系数矩阵
    T= icval.shape[0]
    S = np.corrcoef(fact,rowvar=False)
    I = np.identity(len(S))
    m = math.pow(np.linalg.norm(S-I, 'fro'), 2)
    dsquare = math.pow(np.linalg.norm(S-m*I, 'fro'), 2)
    b_square = 1/math.pow(T,2)*sum(math.pow(np.linalg.norm(np.array(x).
T.dot(np.array(x))-S, 'fro'),2)  for index,x in IC.iterrows())
    bsquare = min(dsquare,b_square)
    asquare = dsquare-bsquare
    rho1 = bsquare/dsquare*m
    rho2 = asquare/dsquare

    factcor = rho1*I +rho2*S

    #把最大化IC转换成最小化-IC
    fun = lambda x: -np.dot(x.T, icmean)/(np.sqrt(x.T.dot(factcor).dot(x)))

    x0 = np.random.rand(len(icmean))

    bnds = [(0,None)] * len(icmean)

    res = minimize(fun, x0, method='SLSQP', bounds=bnds)
    weight =res.x
    print(weight)
    weight1 = weight/abs(weight.sum())

return weight1
```

得到的合成因子的 IC 值为 0.046 1,IR 为 0.380 2,IC 和 IR 均有进一步提升,表现比之前的所有方法都好,分层测试效果也不错。

4.5.4 主成分分析 (PCA) 法

主成分分析法是数据降维的常用方法,它将一组相关性较高的 N 维数据投影到新

的 k 维坐标上（$k<N$），以达到数据降维的目的。这 k 维特征被称为主成分，主成分之间是互不相关的。主成分分析法的主要思想是从原始的空间中顺序地找一组相互正交的坐标轴，第一个新坐标轴选择原始数据中方差最大的方向，第二个新坐标轴选取的是与第一个坐标轴正交且使得数据方差最大的方向，第三个轴选择的是与前两个轴正交且数据方差最大的方向，以此类推。

主成分分析法与前面所有方法的不同点在于，主成分分析法只关注因子值矩阵的性质，与因子收益、因子 IC 等无关。从理论上来讲，它的优势在于，如果因子值矩阵的性质在不同截面期比较稳定，则主成分分析法求解出的因子权重也会比较稳定，意味着合成后因子稳定性比较好；它的劣势在于，由于合成过程不涉及因子收益等信息，合成后因子不具备明确的经济学含义，其在未来表现也不一定会优于待合成的几个单因子。

由于待合成的因子只有四个，只需要取第一个主成分作为合成因子就可以了。

代码如下：

```
#PCA 法,取第一个主成分为合成因子
def get_factor_pca(factors: pd.DataFrame):

    factorsval = factors.values.astype(float64)
    pca = PCA(n_components=1, svd_solver='arpack')
    pca.fit(factorsval)

    factors['final_factor']=pca.transform(factorsval)
    return factors

factor_df = factors4.groupby(level='date').apply(get_factor_pca)
```

得到的合成因子的 IC 值为 0.016 6，IR 为 0.109 7，可见合成效果实在不好。而且因为这种方法合成的因子不具备经济学含义，连方向都无法预判。

综合上述实例可以发现，与华泰金工研报的结论一致，最大化 IC 法、最大化 IC_IR 法是有效的因子合成方法，而且通过加入权重非负的限制及矩阵压缩方法可以得到更好的因子合成效果。主成分分析方法则存在解释性差、因子合成效果不确定等缺点，要谨慎使用。

因子合成方法不只本节提到的这几种，更复杂的机器学习方法如 K-means 等也越来越多地在因子合成领域得到应用。尽管如此，更多的实践表明并没有哪种因子合成方法能够保证合成效果能够稳定地超过其他合成方法，甚至也没有哪种因子合成方法能够保证合成后的因子能够稳定地超过合成前表现最好的因子。是否使用因子合成方法，使用哪种合成方法，必须在实践中认真权衡。

4.6　因子择时

　　我们在 4.2.3 中评价因子的有效性是以一段时期的每个截面上的因子 IC 值、因子溢价的平均值为依据的，但如果把每个截面的因子 IC 值、因子溢价在时间序列上展开，会发现它们在时间序列上并不是稳定的，不同因子的波动幅度、波动周期有很大差异。特别是近几年，市场内外部环境发生了较大变化，很多长期有效的因子在近期的市场环境中表现出了很大的波动性，有些甚至完全失效。在这种情况下，使用因子合成方法不能及时适应市场短期的快速变化，进而导致构建的多因子组合遭受较大的回撤。如果能动态调整因子加权权重，就能更好地适应市场的变化，甚至可以从市场条件的变化中获得额外的超额收益，这就是因子择时的理念。

　　从这个角度来看，因子择时是一种动态的因子合成方法。但因子择时的使用场景与因子合成又不完全相同，因子合成常用于同一类因子的整合，如将 PE、PB 等具体因子合成为估值因子，而因子择时多用于对因子合成后的大类风格因子，如估值、成长、质量等，进行权重分配。现有的因子择时方面的方法主要包括两大类：一类是基于外生变量的因子择时，另一类是基于内生变量的因子择时，也就是基于因子自身特性的择时。

4.6.1　外生变量择时

　　外生变量择时最常用的方法是基于条件期望的因子择时，简单来说，这种方法有三个主要步骤：首先，使用条件期望模型和 AIC 准则，在 $T-1$ 月最后一个交易日，对每个大类风格因子筛选出可能影响各大类风格因子 Rank IC 值协方差矩阵的条件变量；其次，将筛选出的条件变量代入联合正态分布模型，预测 T 月的因子 Rank IC 值和 Rank IC 值的协方差矩阵；最后，将预测结果代入上一节介绍过的最大化 IC_IR 加权法，计算出各因子的应分配权重。

1. 外生变量择时框架

（1）条件期望模型。假设多个风格因子 Rank IC 时序向量 $\boldsymbol{R}$ 与外生变量时序向量 $\boldsymbol{V}$ 的联合分布服从多元正态分布，即：

$$\begin{bmatrix} \boldsymbol{R} \\ \boldsymbol{V} \end{bmatrix} \sim N\left[\begin{pmatrix} \overline{\boldsymbol{R}} \\ \overline{\boldsymbol{V}} \end{pmatrix}, \begin{pmatrix} \boldsymbol{\Sigma}_{RR} & \boldsymbol{\Sigma}_{RV} \\ \boldsymbol{\Sigma}_{VR} & \boldsymbol{\Sigma}_{VV} \end{pmatrix} \right]$$

　　根据条件分布理论，给定外生变量的取值 v，因子 Rank IC 的条件期望 IC 均值和条件协方差可以表示为：

$$\boldsymbol{R}_{\,|\,v} = \overline{\boldsymbol{R}} + \Delta \boldsymbol{R}$$

$$\Sigma_{|v} = \Sigma_{RR} - \Sigma_{\Delta\Delta}$$

其中：

$\Delta R = \Sigma_{RV}\Sigma_{VV}^{-1}(v - \overline{V})$，是对收益的修正量；

$\Sigma_{\Delta\Delta} = \Sigma_{RV}\Sigma_{VV}^{-1}\Sigma_{VR}$，是对协方差矩阵的修正量。

（2）AIC 和 AICc。AIC 在 4.3.2 中已有过介绍，它奖励数据拟合度但是惩罚参数数量以避免出现过度拟合的情况。基于条件期望模型的 AIC 计算公式如下：

$$AIC = T \cdot \ln[\,|\Sigma_{|v}|\,] + 2NK$$

也就是说，因子择时模型的 AIC 取决于样本数量 T、条件协方差矩阵的行列式 $|\Sigma_{|v}|$、因子数量 N 和外生变量数量 K。

当样本窗口长度较小，或者不显著大于外生变量数量时，基于 AIC 的方法可能会产生较大的过拟合，而基于 AICc（corrected AIC）进行模型选择的效果更好。AICc 在 AIC 上添加了一个小样本量的误差修正量，基于条件期望模型的 AICc 计算公式为：

$$AICc = T \cdot \ln[\,|\Sigma_{|v}|\,] + 2NK + \frac{2K \times (K + 1)}{T - K - 1}$$

（3）外生变量筛选。根据 AIC 和 AICc 的计算公式，可以在每个截面上按以下步骤逐步对外生变量进行筛选，假设我们采用 AICc 准则，步骤如下：

第一步，最优外生变量集合 S_0 初始化为空，AICc 的初始值为 $AIC_{c0} = T \cdot \ln[\,|\Sigma_{RR}|\,]$；

第二步，遍历不在 S_i 中的每个外生变量 k，计算将 k 加入集合 S_i 后模型的 AICc 值；

第三步，如果第二步计算出的 AICc 值小于 $AICc_i$，则转到第四步，否则步骤结束，S_i 即为最优外生变量集合；

第四步，将变量 k 加入 S_i，即 $S_{i+1} = S_i \cup \{k\}$，更新 $AICc_{i+1}$ 为使用 S_{i+1} 作为外生变量集合计算出的 AICc；

继续执行第二步。

（4）计算因子权重。将筛选后的外生变量集合代入条件期望模型，计算得到 $R_{|v}$ 和 $\Sigma_{|v}$ 即可代入公式 $w = \Sigma_{\Delta\Delta}^{-1}R_{|v}$ 计算出使得期望 IC_IR 最大化的因子权重。

2. A 股市场实证

（1）外生变量选择。待验的外生变量集合包括十个变量，其中，有四项市场指标和六项宏观指标。市场指标表征市场行情的变化，具体指标为沪深 300 和中证 500 月涨跌幅和月成交量。宏观指标表征宏观经济形势的变化，具体指标为 PMI、工业增加值同比增速、M_1 与 M_2 增速剪刀差、CPI 同比增速和超额流动性等。

时间序列回归模型的一个重要前提是自变量为平稳时间序列，而大部分宏观指标和市场指标在时间序列上的分布非平稳，不符合预测模型对自变量的假设，因此，我们针对不同的外生变量，进行一定差分处理或变化率计算，使得外生变量在单位根检验下均为平稳时间序列。另外，部分宏观变量数据发布具有滞后性，我们在建模时将这部分宏观数据按其实际发布时间滞后使用。例如，$T-1$ 月的 M_1 同比数据通常在 T 月中旬公布，因此，我们在 T 月末建模时用到的是 $T-1$ 月的 M_1 同比数据。

表 4-8 展示具体十项外生变量及其所属类别和变量处理方法。为了更清楚地展示部分宏观变量的滞后期，我们以 T 月末为截面期，最右列为外生变量能取到的最新数据时间。

表 4-8　外生变量列表

变量类型	变量名称	变量处理方法	最新数据时间
市场指标	沪深 300 月涨跌幅	不处理	T
市场指标	沪深 300 月成交量	变化率	T
市场指标	中证 500 月涨跌幅	不处理	T
市场指标	中证 500 月成交量	变化率	T
宏观指标	PMI	不处理	T
宏观指标	工业增加值同比增速	一阶差分	$T-1$
宏观指标	M_1 与 M_2 增速剪刀差	一阶差分	$T-1$
宏观指标	CPI 同比增速	一阶差分	$T-1$
宏观指标	shibor 1w	一阶差分	T
宏观指标	超额流动性	不处理	$T-1$

（2）大类风格因子选择。为简化处理，直接使用聚宽平台的十个大类风格因子进行择时，具体因子见表 4-9。

表 4-9　大类风格因子列表

因子代码	因子名称	简　介
size	市值	捕捉大盘股和小盘股之间的收益差异
beta	贝塔	表征股票相对于市场的波动敏感度
momentum	传统动量	描述了过去两年里相对强势的股票与弱势股票之间的差异
residual_volatility	残差波动率	解释了剥离了市场风险后的波动率高低产生的收益率差异
non_linear_size	非线性市值	描述了无法由规模因子解释的但与规模有关的收益差异，通常代表中盘股
book_to_price_ratio	账面市值比	描述了股票估值高低不同而产生的收益差异，即价值因子

续上表

因子代码	因子名称	简 介
liquidity	流动性	解释了由股票相对交易活跃度不同而产生的收益率差异
earnings_yield	盈利能力	描述了由盈利收益导致的收益差异
growth	成长	描述了对销售或盈利增长预期不同而产生的收益差异
leverage	杠杆	描述了高杠杆股票与低杠杆股票之间的收益差异

上述因子都已经进行了缺失值填充、去极值、标准化等处理，为了确保因子的经济含义，我们对因子方向进行调整，将理论上与收益负相关的六个因子的因子暴露乘以-1，使所有因子方向一致，包括 size、beta、residual_volatility、non_linear_size、liquidity、leverage。

（3）回测设置如下：

股票池：中证 500 成分股，剔除 ST、PT 股票，剔除上市不满 12 个月的新股，剔除每个截面期下一交易日停牌的股票。

回测区间：2010 年 1 月 1 日至 2021 年 12 月 31 日。

特征和标签提取：每个自然月的最后一个交易日，计算十个因子暴露度，作为样本的原始特征；计算下一整个自然月的个股收益率，作为样本的初始标签。

因子加权方式：用窗口滚动的方式，每次读取 24 个月的数据，用前 23 个月的因子 IC 值及外生变量计算 AICc 筛选外生变量集合，然后将最后一个月的外生变量的取值输入模型，计算条件期望 IC 均值和协方差，并最终求出因子权重。

主要代码如下：

```python
from scipy.stats import norm

def get_index_2(index_1, N):
    return [i for i in range(N) if i not in index_1]

def partition_means(index_1, means, index_2=None):
    index_2 = get_index_2(index_1, len(means)) if index_2 is None else index_2
    m_1, m_2 = means[index_1], means[index_2]
    return m_1, m_2

def partition_cov(index_1, cov, index_2=None):
    index_2 = get_index_2(index_1, cov.shape[1]) if index_2 is None else index_2
    s_11 = cov[index_1][:, index_1]
    s_12 = cov[index_1][:, index_2]
    s_21 = cov[index_2][:, index_1]
    s_22 = cov[index_2][:, index_2]
```

```
        return s_11, s_12, s_21, np.linalg.inv(s_22)


def partition_x(index_1, x, index_2=None):
    index_2 = get_index_2(index_1, len(x)) if index_2 is None else index_2
    x_1 = x[index_1]
    x_2 = x[index_2]
    return x_1, x_2



#计算AIC
def getAIC(index_1, data, means, cov, index_2=None,T=24):
    m_1, m_2 = partition_means(index_1, means, index_2)
    s_11, s_12, s_21, s_22I = partition_cov(index_1, cov, index_2)
    s = s_11 - s_12.dot(s_22I).dot(s_21)
    K=len(index_2)
    AIC =T*np.log(np.linalg.det(s)) +2*N*K
    return AIC
#计算AICc
def getAICc(index_1, data, means, cov, index_2=None,T=24):
    m_1, m_2 = partition_means(index_1, means, index_2)
    s_11, s_12, s_21, s_22I = partition_cov(index_1, cov, index_2)
    s = s_11 - s_12.dot(s_22I).dot(s_21)
    K=len(index_2)
    AICc =T*np.log(np.linalg.det(s)) +2*N*K+2*K*(K+1)/(T-K-1)
    return AICc


#获取条件分布模型下的因子权重
def get_max_ir_weight(index_1, data, data_new,means, cov, index_2=None):
    #获取因子ic的均值m_1和外生变量的均值m_2
    m_1, m_2 = partition_means(index_1, means, index_2)
    #获取因子间、因子与外生变量间、外生变量与因子间的协方差,以及外生变量间协方差的逆
    s_11, s_12, s_21, s_22I = partition_cov(index_1, cov, index_2)
    #获取最新一期的外生变量取值x_2
    x_1, x_2 = partition_x(index_1, data_new, index_2)
    if(len(index_2)>0):
        #有外生变量时的期望收益
        m = (m_1 + s_12.dot(s_22I).dot((x_2[-1] - m_2)))
        #有外生变量时的期望协方差
        s = s_11 - s_12.dot(s_22I).dot(s_21)
    else:
        #没有外生变量时的期望收益
        m=m_1
        #没有外生变量时的期望协方差
        s=s_11
```

```python
        weight = np.linalg.inv(s).dot(m)
        weight1 = weight/abs(weight.sum())
    return weight1

import pandas as pd
from numpy.lib.stride_tricks import as_strided as stride
#按指定窗口大小滚动处理 dataframe
def roll(df: pd.DataFrame, window: int, **kwargs):


    # move index to values
    v = df.reset_index().values

    dim0, dim1 = v.shape
    stride0, stride1 = v.strides

    stride_values = stride(v, (dim0 - (window - 1), window, dim1), (stride0,
stride0, stride1))

    rolled_df = pd.concat({
        row: pd.DataFrame(values[:, 1:], columns=df.columns, index=val-
ues[:, 0].flatten())
        for row, values in zip(df.index[window - 1:], stride_values)
    })

    return rolled_df.groupby(level=0, **kwargs)


#因子集在矩阵中的列号
R_set=np.arange(0,10)
#因子集数量 N
N=len(R_set)
def get_factor_weight_timing_rolling(data_all: pd.DataFrame) -> pd.Dat-
aFrame:
    V_set = []
    #因为因子 IC 是根据下一个月的收益率计算的, 所以, 最后一个月是无法计算 ic 值的, 不能用
    data = data_all.iloc[:-1,:].values
    #窗口的长度
    T = data.shape[0]
    means = data.mean(axis=0)
    mins = data.min(axis=0)
    maxs = data.max(axis=0)
    cov = np.cov(data.astype(float).T)
    #计算初始化的 AICc0
```

```
AIC_min =T*np.log(np.linalg.det(cov[R_set][:, R_set]))
#变量每个外生变量,确定是否将它加入最优外生变量集 Si
for j in np.arange(10,20):
    V_set.append(j)
    AICc_new = getAICc(R_set, data, means, cov, V_set,T)

    if AICc_new<AIC_min:
        AIC_min = AICc_new
    else:
        V_set.remove(j)
data_new = data_all.iloc[-1,:].values
#计算因子权重
weight = get_max_ir_weight(R_set, data, data_new,means, cov, V_set)
return weight
#滚动计算因子权重
weight_df = roll(data_all,24).apply(get_factor_weight_timing_rolling)
```

为验证模型的处理效果，我们在 2016 年 1 月 1 日至 2021 年 12 月 31 日的时间区间内，对各风格因子及加权后的因子 final_factor 做 IC 分析，结果见表 4-10。

表 4-10　外生变量择时合成因子 IC 分析结果

因　子	IC 值
SIZE	−0.009 442
BETA	0.046 973
RESIDUAL_VOLATILITY	0.064 219
BOOK_TO_PRICE_RATIO	0.013 745
EARNINGS_YIELD	0.031 433
LIQUIDITY	0.070 756
GROWTH	0.024 504
LEVERAGE	0.011 63
NON_LINEAR_SIZE	0.012 843
MOMENTUM	0.025 695
final_factor	0.036 403

final_factor 的 IC 累计走势如图 4-13 所示。

从结果来看，外生变量择时并没有取得预期的理想效果，原因可能是很多外生变量的变化已经提前反映在了股市中。如果要进一步优化，可以尝试引入更多领先于股市的外生变量。

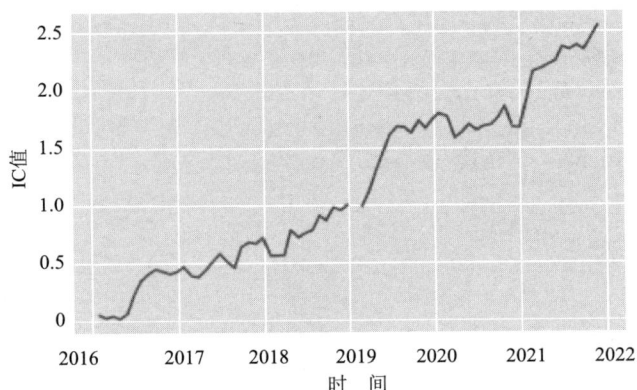

图 4-13　外生变量择时合成因子 IC 累计走势

　　除本节介绍的方法外，还有一类比较新的方法是基于机器学习模型的因子择时，主要思想为基于决策树、逻辑回归、神经网络等模型，基于外生变量取值对于因子暴露的取值或方向进行训练，基于训练后的模型预测当期因子的暴露或方向。具体实现这里不再展开介绍，相信读者完成第 5 章、第 6 章的学习后可以自己实现。

4.6.2　内生变量择时

　　因子择时的第二个大方向是通过内生变量视角进行因子择时，通过比较不同因子的差异化信息来进行精细化的因子选择。在海外，这种因子择时方法又叫作"Factor of Factors"，即"因子的因子"。因子的内生变量择时方法有很多，国内最常用的三种指标分别是因子动量、因子离散度和因子拥挤度。一般看好高因子动量、高因子离散度、低因子拥挤度因子的短期表现，三项指标在截面和时序上均有预测效果，同时，三者之间又可以形成非常强的互补。

1. 因子动量

　　因子动量的理论基础是因子过去一段时间内的表现会在未来持续，这其中隐含两个变量，一是观察的时间窗口的长短，二是因子表现的衡量标准。对时间窗口选择的实践效果呈现出明显的 U 形结构：

　　短期（6~12 个月）横截面动量加权可以控制因子回撤，提升多因子策略的超额收益。滚动窗口并非越短越好，$N=9$ 及 $N=12$ 为较优的参数；

　　中期（12~24 个月）横截面动量加权既不能通过快速的动态因子调整来适应市场，也不能稳定地持有高风险溢价因子来获取收益，因此，无论是在回撤控制还是在超额收益提升上，均显著跑输因子等权策略；

　　长期（24~36 个月）横截面因子动量加权方案的特征是典型的高收益高风险策略，其本质上长期超配高风险溢价的因子（如规模因子），通过忍受策略的高波动和高回撤从而获取长期来看更高的收益。

　　因子动量加权即使用根据因子过去一段时间在这些指标上的取值进行加权，例如：

　　IC 加权：即按照过去 N 期的 IC 均值进行因子配权；

　　IC_IR 加权：即按照过去 N 期的 IC 均值÷IC 标准差进行因子配权；

　　ICWR 加权：即按照过去 N 期的 IC 大于 0 的概率进行因子配权。

　　当然，上述方法也可以结合使用。

　　作为示例，我们采用最简单的方法，以因子在过去 12 个月末截面期对下个月收益计算的 Rank IC 均值衡量因子动量，采用与上一节相同的十个因子在同样的时间区间上，按照同样的处理方法进行合成。主要代码如下：

```
#历史 IC 加权
def get_factor_weight_history_IC(IC: pd.DataFrame) -> pd.DataFrame:
    IC = IC.fillna(0)
    icval = IC.values.astype(float64)
    icmean = np.mean(icval,axis=0)
    weight = icmean/abs(icmean.sum())
    return weight
#滚动计算因子权重,窗口期12个月
weight_IC = roll(ICs,12).apply(get_factor_weight_history_IC)
#因为用历史 IC 计算,当月的 IC 需要下个月末才能得到
weight_IC = weight_IC.shift()[1:]
```

　　对合成后的结果进行简单的 IC 分析，在 2016 年 1 月 1 日至 2021 年 12 月 31 日的区间内，对各风格因子及加权后的因子 final_factor 做 IC 分析，结果见表 4-11。

表 4-11　因子动量择时合成因子 IC 分析结果

因　子	IC 值
SIZE	−0. 009 442
BETA	0. 046 973
RESIDUAL_VOLATILITY	0. 064 219
BOOK_TO_PRICE_RATIO	0. 013 745
EARNINGS_YIELD	0. 031 433
LIQUIDITY	0. 070 756
GROWTH	0. 024 504
LEVERAGE	0. 011 63
NON_LINEAR_SIZE	0. 012 843
MOMENTUM	0. 025 695
final_factor	0. 070 692

final_factor 的 IC 累计走势如图 4-14 所示。

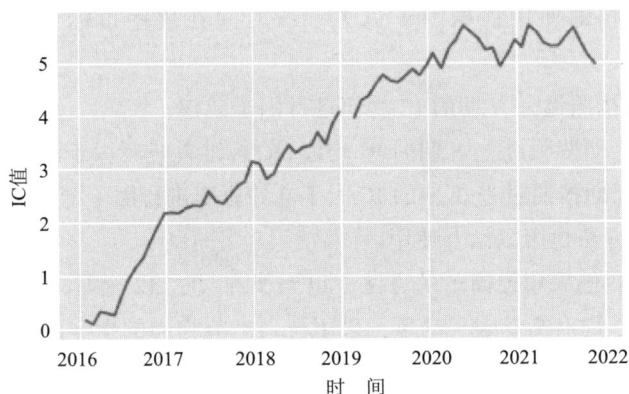

图 4-14   因子动量择时合成因子 IC 累计走势

2. 因子离散度

因子离散度衡量的是构建某因子的样本股票在该因子上暴露度值的离散程度，代表因子是否被充分定价。低因子离散度表示因子被过度定价，高因子离散度表示因子被忽视，也就是欠定价。因子离散度有效的核心逻辑在于因子定价在极度无效后会出现均值回复。

当因子的离散度较低时，意味着在该因子上个股暴露度的区别不大，个股趋向于同质化，从而因子的表现可能会下降，因为该因子可能无法区分未来表现较好或较差的股票。相反，当因子离散度较高时，则意味着成分股在该因子上的暴露度差别加大，个股未来的走势差异也可能加大，此时因子就更容易区别出好股票和坏股票，从而因子收益提升。进一步延伸到多个因子的情况，如果某一个因子的离散度比其他因子的离散度都要大，那么这个因子"欠定价"的程度较深，未来这个因子更有可能产生超额收益。

因子 T 月表现的计算方法可以简要描述为：

在月末截面期，取每个申万一级行业因子值排名前 20% 个股的因子值中位数，以及因子值排名后 20% 个股的因子值中位数，两者求差值；

各个行业的差值求平均值，得到当前截面期该因子离散度原始值；

对当前截面期因子离散度原始值做标准化，计算其在过去 72 个月末截面期的 Z 分数。

作为示例，我们按照上述步骤，采用与上一节相同的十个因子在同样的时间区间上，按照同样的处理方法对因子暴露进行处理，最终合成时在每一个截面期选择因子离散度最大的四个大类因子，等权配置。主要代码如下：

```python
#分行业计算因子差值
def get_factor_diff(factors: pd.DataFrame) -> pd.DataFrame:

    def diff(factor:pd.Series):
        factor = factor.sort_values(ascending=False)

        length = round(len(factor)*0.2)

        if length>0:
            diff = np.median(factor.head(length))-np.median(factor.tail
(length))
        else:
            diff=0

        return diff

    factor_col = [x for x in factors.columns if x not in [
        'INDUSTRY_CODE', 'market_cap', 'NEXT_RET']]

    diff = factors.groupby('INDUSTRY_CODE').apply(lambda x: [diff(
        x[factor]) for factor in factor_col])

    return pd.DataFrame(diff.tolist(), index=diff.index, columns=factor_col)
#step1:按日期维度分行业计算因子差值
factor_df = factors2.groupby(level='date').apply(get_factor_diff)
#step2:各个行业的差值求平均值
factor_df_mean = factor_df.groupby(level='date').apply(np.mean)
#step3:对当前截面期因子离散度原始值做标准化,计算其在过去 72 个月末截面期的 Z 分数
def normalization_zscore(data):
    data_new = data.iloc[-1]
    print(data_new)
    print(np.mean(data))
    return (data_new - np.mean(data)) / np.std(data)
factor_df_mean_spread = roll(factor_df_mean,72).apply(normalization_
zscore)#按行降序排序,前 4 个赋值 1,其余赋值 0
def sort_weighting(row):
    row = row.sort_values(ascending=False)
    row[0:4]=1
    row[4:]=0
    return row
#step4:在每一个截面期选择因子离散度最大的四个大类因子,等权配置
weight_spread = factor_df_mean_spread.apply(lambda row: sort_weighting
(row), axis=1)
```

对合成后的结果进行简单的 IC 分析，在 2016 年 1 月 1 日至 2021 年 12 月 31 日的区间内，对各风格因子及加权后的因子 final_factor 做 IC 分析，结果见表 4-12。

表 4-12　因子离散度择时合成因子 IC 分析结果

因　子	IC 值
SIZE	−0. 009 442
BETA	0. 046 973
RESIDUAL_VOLATILITY	0. 064 219
BOOK_TO_PRICE_RATIO	0. 013 745
EARNINGS_YIELD	0. 031 433
LIQUIDITY	0. 070 756
GROWTH	0. 024 504
LEVERAGE	0. 011 63
NON_LINEAR_SIZE	0. 012 843
MOMENTUM	0. 025 695
final_factor	0. 051 373

final_factor 的 IC 累计走势如图 4-15 所示。

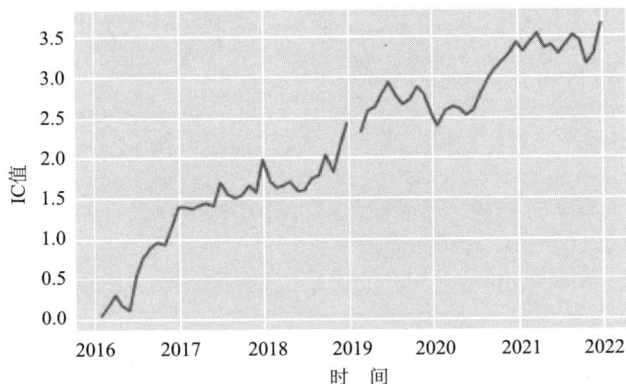

图 4-15　因子离散度择时合成因子 IC 累计走势

3. 因子拥挤度

随着因子投资的兴起，因子拥挤逐渐受到投资者的关注。因子拥挤是指由于跟踪或者投资某一因子的资金过多而使得该因子的收益性或者收益稳定性下降的现象。由于这一现象的存在，度量因子拥挤度就显得至关重要。海外相关研究在度量因子拥挤度时主要有基于持仓和基于交易数据两种方式。两种方式各有利弊，基于持仓的拥挤度指标具有更强的逻辑，更能够直接反映有多少资金在追捧相关因子，但是持仓数据公布较为滞后且并不全面；基于交易数据构建的拥挤度指标具有更强的时效性，数据质量较好，但是相关指标仅能间接反映相关因子的拥挤程度。

大多机构同时使用持仓和交易数据衡量因子拥挤度，以影响较大的 MSIC 的因子拥挤模型为例，它包括以下具体指标，见表 4-13。

表 4-13　MSIC 因子拥挤模型组成

具体指标	定义方式	理论基础
估值价差	选股因子 Top 组和 Bottom 组的估值差异	资金对于因子的追捧会进一步推升因子多头端的估值或者压低因子空头端的估值水平，由此加大因子多空组合的估值价差
卖空价差	选股因子 Top 组和 Bottom 组的卖空比率差异	资金对于因子的追捧会进一步推升因子空头端的卖空成本，同时降低因子多头端的卖空成本，由此加大因子多空组合的卖空价差
配对相关性	选股因子 Top 组或者 Bottom 组的股票的收益相关性	资金对于因子或者某一类股票的追捧会加剧这一类股票同涨同跌的特性，因此，可以通过刻画因子多空组合同涨同跌特性的差别来衡量因子拥挤度
因子波动率	因子组合相对于市场的超额波动率	资金对于因子的追捧会加剧因子波动，因此，可使用因子波动率来衡量因子当前的拥挤程度
因子长期反转	因子过去三年的累计收益率	因子长期累计收益是投资者在选择因子时的重要考量因素，因此，长期累计收益更高的因子更容易受到资金的追捧

将这些指标直接应用于 A 股市场可能会面临各种局限性，比如 A 股并不是一个价值风格主导的市场，做空更困难，而且噪声也更多。因此，本节主要介绍国盛金工因子拥挤度模型，它只有三个基于交易的简单指标，三个拥挤度指标具备较高的相关性，综合打分后能够提升信号准确度，具体见表 4-14。

表 4-14　国盛金工因子拥挤度模型组成

拥挤度指标	因子拥挤度定义
多空换手率比率	因子分组下，多空两组的平均个股换手率比值；换手率为个股过去三个月的日均成交换手率
多空波动率比率	因子分组下，多空两组的平均个股波动率比值；波动率为个股过去三个月的收益率标准差
多空 β 比率	因子分组下，多空两组的平均个股 β 比值；β 为过去三个月个股收益与万得全 A 指数收益回归的 β

具体步骤如下。

第一步：在每个月末截面期，分别计算个股：过去 63 个交易日的日度涨跌幅标准差，并作为波动率指标；过去 63 个交易日的日均换手率，并作为换手率指标；过去 63 个交易日个股收益与万得全 A 收益线性回归的回归系数，并作为 β 指标。

第二步：取各个中信一级行业因子值排名前 20% 个股的波动率、换手率、β 均值，以及因子值排名后 20% 个股的波动率、换手率、β 均值，两者求比值，然后将三个比值求均值。

第三步：在每个截面期将各个行业的拥挤度均值相加，得到当前截面期该因子拥挤度。

第四步：在每一个截面期选择因子拥挤度最小的四个大类因子，等权配置。

代码如下：

```
import scipy.stats as st
from tqdm import tqdm_notebook
dates = factors2.index.levels[0]
factor_dic = {}
#step1:逐期计算每个股票的β、波动率、换手率三个指标
for watch_date in tqdm_notebook(dates):
    data = factors2.loc[watch_date]
    print(data)
    securities = data.index.tolist()
    #个股 63 个交易日收益与上证综指回归的截距项与β
    stock_close=get_price(securities, count = 64, end_date=watch_date,
frequency='daily', fields=['close'])['close']
    stc_pct_chg = stock_close
    mkt_close=get_price(index, count = 64, end_date=watch_date, frequen-
cy='daily', fields=['close'])['close']

    stock_pchg=stock_close.pct_change().iloc[1:]
    mkt_pchg=mkt_close.pct_change().iloc[1:]

    beta=[]
    stockalpha=[]

    for i in securities:
        X = mkt_pchg
        Y = stock_pchg[i]
        mask = ~np.isnan(X) & ~np.isnan(Y)
        temp_beta, temp_stockalpha = st.linregress(X[mask], Y[mask])[:2]
        beta.append(temp_beta)
        stockalpha.append(temp_stockalpha)
    data['beta_crowd']=beta
    data['std_crowd'] = np.std(stock_pchg,axis=0)

    #取换手率数据
    data_turnover_ratio=pd.DataFrame()
```

```
        data_turnover_ratio['code']=securities
        #获取过去 63 个交易日的数据
        trade_days=list(get_trade_days(end_date=watch_date, count=63))
        for i in trade_days:
            q = query(valuation.code,valuation.turnover_ratio).filter(valu-
ation.code.in_(securities))
            temp = get_fundamentals(q, i)
            data_turnover_ratio=pd.merge(data_turnover_ratio, temp,how='left',
on='code')
            data_turnover_ratio=data_turnover_ratio.rename(columns={'turn-
over_ratio':i})
        data_turnover_ratio=data_turnover_ratio.set_index('code').T

        data['turnover_crowd']=np.mean(data_turnover_ratio,axis=0)
        print(data)
        #factors2.loc[watch_date]=data
        factor_dic[watch_date]=data

    factor_df = pd.concat(factor_dic)
    factor_df.index.names = ['date', 'code']


#分行业计算因子前后 20% 的比率
def get_factor_ratio(factors: pd.DataFrame) -> pd.DataFrame:

    def get_ratio(factor:pd.DataFrame):
        factor = factor.sort_values(by=factor.columns[0],ascending=False)

        length = round(len(factor)*0.2)

        if length>0:
            ratio = np.median(factor.iloc[:,1:].head(length),axis=0)/np.
median(factor.iloc[:,1:].tail(length),axis=0)
        else:
            ratio=[1,1,1]

        ratio = np.mean(ratio)

        return ratio

    factor_col = [x for x in factors.columns if x not in [
        'INDUSTRY_CODE', 'market_cap', 'NEXT_RET','beta_crowd', 'std_
crowd', 'turnover_crowd']]

    ratios = factors.groupby('INDUSTRY_CODE').apply(lambda x: [get_ratio(
```

```
        x[[factor,'beta_crowd', 'std_crowd', 'turnover_crowd']]) for fac-
tor in factor_col])

        return pd.DataFrame(ratios.tolist(), index = ratios.index, columns =
factor_col)
#step2:分期分行业计算每个因子的多空因子比例
factor_df1 = factor_df.groupby(level='date').apply(get_factor_ratio)
#step3:取所有行业的拥挤度平均值
factor_df_mean = factor_df1.groupby(level='date').apply(np.mean)

#按行升序排序,前4个赋值1,其余赋值0
def sort_weighting(row):
    row = row.sort_values(ascending=True)
    row[0:4]=1
    row[4:]=0
    return row
#step4:在每一个截面期选择因子拥挤度最小的四个大类因子,等权配置
weight_crowd = factor_df_mean.apply(lambda row: sort_weighting(row), axis=1)
weight_df = weight_crowd
```

对合成后的结果进行简单的 IC 分析,在 2016 年 1 月 1 日至 2021 年 12 月 31 日的区间内,对各风格因子及加权后的因子 final_factor 做 IC 分析,结果见表 4-15。

表 4-15　因子拥挤度择时合成因子 IC 分析结果

因　子	IC 值
SIZE	−0.009 442
BETA	0.046 973
RESIDUAL_VOLATILITY	0.064 219
BOOK_TO_PRICE_RATIO	0.013 745
EARNINGS_YIELD	0.031 433
LIQUIDITY	0.070 756
GROWTH	0.024 504
LEVERAGE	0.011 63
NON_LINEAR_SIZE	0.012 843
MOMENTUM	0.025 695
final_factor	0.094 097

final_factor 的 IC 累计走势如图 4-16 所示。

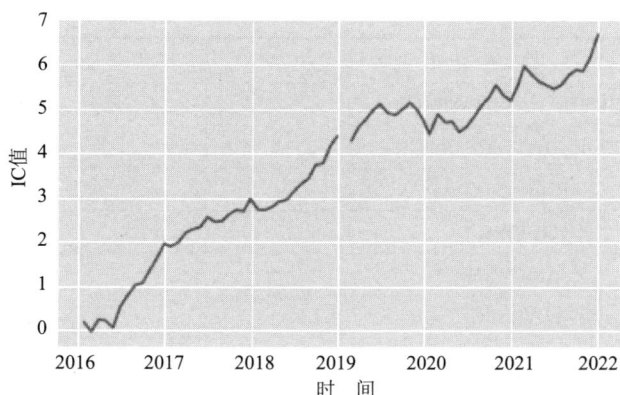

图 4-16　因子拥挤度择时合成因子 IC 累计走势

4. 内生变量综合择时

因子的存在是为了在成千上万的上市股票中选择出未来收益较高的股票,为了综合应用多种因子,人们又设计出了内生变量择时模型来调整各个大类因子在未来收益预测中的权重,也就是因子的因子,但是现在因子的因子也发展出了很多种,要怎么综合应用它们呢?难道要再设计一套因子的因子的因子吗?最好不要。

因子存在的意义是将复杂的选股问题简单化,如果因子的层次不断增加,对因子的分析的复杂程度可能就超过了选股问题本身,使用因子的意义就不复存在了。所以,在实际使用时,建议根据经济和市场环境选择一种内生变量择时模型使用,或者将三者做简单的加总。

为了让三个择时模型具有可加性,我们将每个模型计算的权重在每个截面上做 min_max 归一化,然后将三者相加之和作为最终的因子权重。以因子离散度为例,代码如下:

```
def normalization_minmax(data):
    _range = np.max(data) - np.min(data)
    return (data - np.min(data)) / _range
factor_df_mean_spread1 = factor_df_mean_spread.apply(normalization_minmax)
```

对合成后的结果进行简单的 IC 分析,在 2016 年 1 月 1 日至 2021 年 12 月 31 日的区间内,对各风格因子及加权后的因子 final_factor 做 IC 分析,结果见表 4-16。

表 4-16　内生变量综合择时合成因子 IC 分析结果

因　子	IC 值
SIZE	−0.009 442
BETA	0.046 973

因　子	IC 值
RESIDUAL_VOLATILITY	0.064 219
BOOK_TO_PRICE_RATIO	0.013 745
EARNINGS_YIELD	0.031 433
LIQUIDITY	0.070 756
GROWTH	0.024 504
LEVERAGE	0.011 63
NON_LINEAR_SIZE	0.012 843
MOMENTUM	0.025 695
final_factor	0.086 798

final_factor 的 IC 累计走势如图 4-17 所示。

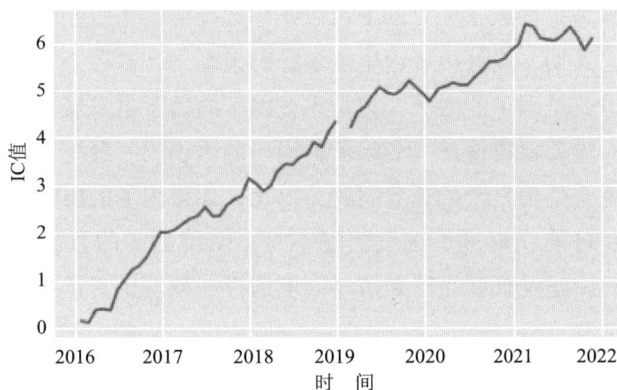

图 4-17　内生变量综合择时合成因子 IC 累计走势

另一类更简单的综合择时的方法是先用每种择时模型单独选股，再将选择结果求交集或并集，这种方法在实际中使用较少，仅供参考。

本章基本覆盖了因子投资的所有重要主题，看到这里你可以尝试构建自己的因子体系并应用于实际的市场解读和投资中去了。不过在主流的量化投资机构中，因子投资普遍是和人工智能结合使用的，如果要跟上它们的步伐，还需要进一步学习如何将人工智能技术应用于量化投资。人工智能经过多年的发展已经形成了一套复杂的技术体系，下一章将主要介绍人工智能的基础知识。与专门的人工智能技术书籍不同的是，我们会重点关注人工智能和因子投资的结合点。

第 **5** 章　从因子投资到人工智能

得益于数据可得性、算力和经济学理论三个方面的共同发展，人工智能在因子投资中正得到越来越广泛的应用。首先，不同金融数据供应商提供的各种维度、各种频率的股票数据，数据规模动辄上万，很适合机器学习算法训练。其次，存储空间和计算资源不再构成技术障碍，即使是个人投资者也可以支付较低的成本使用云服务处理海量数据。最后，非线性关系在资产定价中变得越来越主流，为人工智能在因子投资中的应用奠定了理论基础。

本章5.1的介绍可帮助读者理解在因子投资中应用人工智能技术的价值。人工智能技术特别是机器学习技术涉及很多数学原理，为了帮助读者理解，5.2将简单介绍相关的数学知识。5.3将介绍人工智能领域的数据预处理技术，与因子投资中的数据处理方法既有共同点也有差异。5.4介绍人工智能常用模型的基本概念和理论基础。5.5介绍模型训练和验证中的主要方法。

5.1 将人工智能用于因子投资

第 4 章比较系统地介绍了传统的因子投资方法，但在现在的量化投资界，将因子投资与人工智能结合才是主流做法，本节主要介绍人工智能因子投资的基本流程和局限性。

5.1.1 机器学习因子投资的基本流程

使用机器学习方法建立因子投资组合需要多个环节，本节将介绍其基本流程。主动投资的核心是预测，因此与第 4 章一样，仍将重点放在使用机器学习方法做资产的收益预测上，更具体地说，本章和第 6 章的核心是使用监督学习方法做资产的横截面收益预测。监督学习中的基本方程是 $y = f(X) + \varepsilon$，在投资语境下可转换为 $r_{t+1,n} = f(X_{t,n}) + \varepsilon_{t+1,n}$，其中，$f(X_{t,n})$ 可视为基于 t 时间点的信息 $X_{t,n}$ 预测 $t+1$ 时间点的期望收益，使用机器学习做因子投资的整个流程都围绕这一公式展开。

机器学习是从数据中发现规律，所以，要使用机器学习方法第一步是要收集数据，包括公式中的自变量 X 和因变量 y 两部分。X 在机器学习中被称为特征，在投资场景下等价于因子投资中的各类因子，从数据来源看包括量价数据、财务数据、市场情绪数据及各种另类数据。随着技术的进步，可获取的数据类型越来越多，应从中选择经济上对收益有预测意义的数据作为特征。因变量 y 在投资场景下就是用于训练和预测的资产收益率，对于中低频投资来说一般选择下一个月的资产收益率，具体根据实际投资周期设置。机器学习中有这样一种说法，即"垃圾进，垃圾出"，意思是输出的质量由输入的质量决定，所以，从源头保证数据质量是投资成功的基础。

第二步是数据预处理，这一环节包括两项重要内容：特征工程和标签设置，目的是调整数据使数据更适合机器学习训练。特征工程即对 X 的处理，4.2.2 讲过的数据清洗、数据标准化、中性化等基本操作在机器学习中同样适用，另外，在第 4 章已经讲过将基础的量价数据组合成各类因子，这就是特征工程中的特征构建，从多个因子中筛选因子的过程对应于特征工程中的特征选择。标签设置即对 y 的处理，机器学习中可以直接用收益率 r 作为标签，也可以对 r 进行加工，例如，按 r 大于 0、等于 0 和小于 0 分别设标签为 1、0、−1，这样就将预测资产收益率的回归问题转换为预测资产涨跌的分类问题。

第三步是公式中的函数 f 的确定，这涉及模型的选择。按照训练数据是否拥有标签，学习任务可大致划分为两大类：监督学习和无监督学习。监督学习的主要应用是回归和分类，无监督学习的主要应用是聚类和降维。此外，另有一类模型被称为强化学习，如果学习任务由一系列行动和对应的奖赏组成，那么可以采用强化学习。因子投资的本质是根据因子取值预测资产的未来收益率，我们可以很自然地将各个因子的历史数据作为机器学习的特征，将资产的历史收益率作为机器学习的标签，所以，在因子投资领域用到的机器学习算法主要是监督学习。监督学习是一个大类，具体选择哪种模型要结合样本数量、特征数量、预测目标等多种因素决定。

第四步是关于公式中的残差项 ε，这涉及机器学习中的模型训练和优化。机器学习模型往往涉及很多参数，这些参数不是预设好的，需要在选定模型后使用样本数据对模型进行训练后确定模型中的参数值。机器学习的训练过程是一个不断调整模型的参数数量和大小以提升模型表现的过程。如何评价一个模型的表现？对于回归问题，一般将均方误差作为评价指标，误差越小代表模型越好。对于分类问题，可以采用分类正确率进行评价，正确率越高越好。此外，还有一些其他常用评价标准会在后续章节介绍，也可以根据需要定义自己的标准。在将人工智能应用于量化投资领域时，除了通过训练进行模型优化外，回测和实际的收益表现也是模型优化的重要依据。

综上所述，机器学习因子投资的基本流程如图 5-1 所示。

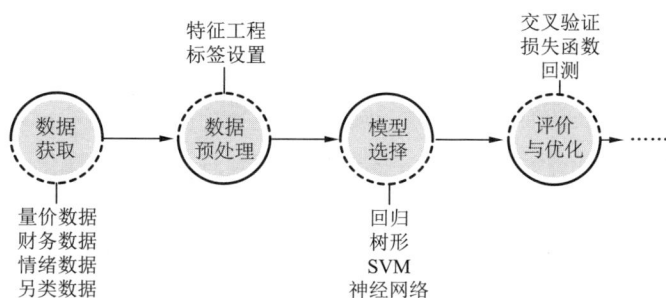

图 5-1　机器学习因子投资基本流程

从图 5-1 中可以看出，看整个流程是依次完成的，但实际上所有步骤都是相互交织的，随时可能根据后面步骤的结果调整前面的步骤，因此，整个流程应当被视为一个整体。

5.1.2　机器学习因子投资的局限性

从机器学习的基本公式可以看出，无论选择哪种模型，都是依赖过去的数据来推断未来收益的波动模式，隐含的逻辑是过去的数据规律是未来的良好近似。这是一个美好的愿望，但通常并不是事实。金融市场数据的信噪比很低，且 X 和 y 的关系受市场、政策、行为等因素影响是不断变化的，这导致机器学习模型很容易陷入过拟合，进而导致机器学习的预测效果往往并不理想。越是复杂的模型越有可能陷入过拟合陷阱，很多时候，神经网络模型的预测效果还不如第 4 章介绍的简单因子合成方法，第6章的实例可以证明这一点。

机器学习基于历史特征来预测未来收益隐含的另一个逻辑是历史特征与未来收益之间应该是因果关系，但因果关系很难发掘，因此，使用者往往将输入的特征和标签之间的相关关系代替因果关系，这会造成模型的样本外表现严重低于预期。这是机器学习因子投资被诟病的一个重要方面。

当然，这些局限性并没有阻止机器学习在因子投资中得到越来越广泛的应用，甚至可以认为它已经是因子投资的主流方法。原因在于业内已经形成这样一个共识：使用机器学习方法进行投资的投资表现上限更高。如何用机器学习方法提升自己的投资表现？"纸上得来终觉浅，绝知此事要躬行"，除了学习书本上的基础理论，实践的价值也是无可替代的。收集和处理数据、编码调试、模型训练、组合配置和优化，所有这些步骤都需要通过不断地实践，积累经验后才能游刃有余，取得更理想的投资效果。

5.2 数据预处理

机器学习领域有一个共识：数据和特征决定了机器学习的上限，而模型和算法只是逼近这个上限而已。数据在机器学习中的作用无论怎么强调都不过分。在第4章我们已经讲过很多数据处理方面的内容，既包括数据清理、数据中性化、数据标准化等常规处理，也包括选择符合经济学逻辑的因子再通过 IC 分析、因子溢价等单因子评估方法选择有效因子，这些处理方法在机器学习中依然是重要手段，本节不再重复介绍。

本节重点介绍机器学习中的特殊数据处理方法，回到监督学习的基本方程 $y = f(X) + \varepsilon$，要处理的数据分为 X 和 y 两部分，对应的处理方法分别是特征工程和标签设置。

5.2.1 特征工程

特征工程是将原始数据转化成能更好地表达问题本质的特征的过程，使得将这些特征运用到预测模型中能提高对样本外数据的预测精度。特征工程是机器学习实践中最耗时也最重要的一环。它的内涵很广，包含多个子主题，主要有特征选择、特征提取和特征构造三方面，下面将逐一介绍。

1. 特征选择

特征太多给机器学习算法处理带来了挑战，需要对特征集进行筛选，从庞大的原始特征集中选择有效特征的工作被称为特征选择。通过特征选择简化模型，可以增加模型的可解释性，节省算法的时间开销，同时降低过拟合风险，提升模型的样本外表现。根据特征选择是否独立于基学习器，可将特征选择方法大致分为过滤式、包裹式和嵌入式三大类。

过滤式方法。过滤式方法按照自变量自身的发散性或其与因变量的相关性对各个特征进行评分，按照评分对原始特征集合进行过滤，再基于过滤后的特征训练基学习器，这一特征选择过程与后续基学习器的训练无关。过滤式方法的优点是算法复杂度低，对于过拟合问题也具有较高的鲁棒性，因而这类方法是使用最广泛的特征选择方法。缺点是这类方法不考虑特征之间的相关性，造成的影响是，一方面，有可能选择相关性较高的冗余特征；另一方面，可能会排除掉那些自身效果较差，但与其他特征组合起来效果不错的特征。

过滤式方法有很多种类，其中有一类仅依赖特征 X 本身，根据特征的方差、熵、平滑度等指标遴选特征，这类称为非监督式特征选择。以方差选择为例，方差选择的逻辑是，如果一个特征能够较好地区分训练样本，它在所有样本上的分布应当具备较高的差异性。因此，在进行特征选择时，可以考虑移除方差小于某一阈值的特征。

另一类方法是针对每个特征单独计算它与标签 y 的统计关系，并基于该统计指标根据某一筛选标准进行特征选择。单变量特征选择可依赖的统计指标包括皮尔逊相关系数、F 值、互信息、卡方等；筛选标准包括选择固定数量特征、选择固定比例特征、根据 FPR/FDR/FWE 选择特征等。第 4 章介绍的通过 IC 筛选因子其实也是这类方法的一种。

最后一种过滤式筛选方法是基于模型的特征选择，这里的"模型"是指任何在拟合后具有回归系数或特征重要性属性的学习器。如果特征的回归系数或特征重要性小于阈值，我们就认为该特征和标签的关联度不高，将予以剔除。

包裹式方法。包裹式方法是搜索原始特征集中的不同特征子集，使用机器学习算法评估特征子集的效果，可以检测两个或多个特征之间的交互关系，目标是使选择的特征子集让基学习器的效果达到最优，该方法为给定的基学习器"量身定做"了最优的特征子集，由于包裹式特征选择需要多次训练基学习器，该方法的时间成本远大于过滤式方法，且在样本不够充分的情况下容易过拟合。特征子集的搜索方法可以采用遍历法、启发式搜索法、随机搜索等。

嵌入式方法。嵌入式方法是将特征选择嵌入模型的构建过程中，即在基学习器训练过程中自动完成了特征选择，既具有过滤式方法计算效率高的优点，也有包裹式方法与基学习器相结合的优点。嵌入式选择本质上属于独立的机器学习算法，例如，Lasso 回归本质上即为一种嵌入式特征选择方法。

2. 特征提取

特征提取虽然从名称上看与特征选择很接近，但实际含义完全不同。特征选择是从原始的特征集里选出一个子集，特征提取则是根据原始特征集创造出一套新的特征集，新特征集的特征数一般要显著小于原始特征集，因此，这也是一种降维方法。常用的特征提取方法有主成分分析、独立成分分析、线性判别分析等。特征提取方法在投资领域面临的一个通用的问题是提取出的特征不再具有可解释性，因此，在量化投资中，特别是中低频量化投资中较少使用，第 4 章介绍的主成分分析方法就是一种常用的特征提取方法。

3. 特征构建

特征构建是指从原始数据中构建新特征，通常是结合特定场景通过将原始特征进行组合或分解来构建新特征。虽然这个概念很多人未必听过，但类似的理念在投资中是被普遍应用的。在投资中，经常将一项指标数据与另一项指标数据进行组合形成新的指标数据，例如市盈率，就是通过价格与利润两项数据相除得到的，类似地，我们也可以对市盈率数据进行一阶差分，得到新指标市盈率变化值。这样根据经济含义对指标数据进行组合、变换得到新指标的过程其实就是机器学习中的特征构建过程，所以，特征构建在量化投资中广泛适用。

需要注意的是，不同的机器学习模型需要的特征处理方法不完全相同。例如，对于线性模型和 SVM，对特征做标准化处理是必需的，但对于树模型则无需这一环节，模型本身可以很好地处理非标准化的数据。

5.2.2　标签设置

监督学习要处理的数据除了作为特征的 X，还有作为预测目标的标签 y，处理标签 y 的过程被称为标签设置，简称"打标"。对于一个投资模型来说，最终需要确定的是投资组合中资产的权重，但很少有人将资产权重直接作为标签。

1. 简单标签

机器学习用于因子投资时的常见标签设置方法如下：

第一种是未来一段时间的资产绝对收益；

第二种是未来一段时间的资产相对收益，即绝对收益超出指定基准的部分，基准可以是市场指数、行业指数，也可以是备选资产在横截面上的收益率平均值或中位数；

第三种是根据绝对或相对收益是否超过某一阈值，将标签设为 0 和 1 两类；

第四种是绝对或相对收益是否超过某一阈值的概率；

第五种是根据风险调整后收益设置标签，如夏普比率、信息比率、卡玛比率等。

上述标签设置方法中的第一、二、五种适用于回归问题，第三、四种适用于二元分类问题。二元分类的第一步是根据某一阈值将收益率做二元分类，最显而易见的做法是根据收益率是否大于 0 将标签分为盈利与非盈利两类。但这可能不是一个理想的划分标准,因为资产收益率是否大于 0 是非常依赖周期的。在牛市中,大多数股票可以取得正收益,而在市场崩盘时,取得正收益的股票会非常少,从而造成类别划分非常不平衡。将备选资产在横截面上的收益率平均值或中位数作为阈值是更理想的选择,这样得到的类别划分更加平衡且不会随市场周期波动。

2. 分类标签

在投资中,机器学习要预测的 y 通常是资产未来表现的代理变量,如收益率、夏普比率等,我们预测股票的未来表现是为了服务于投资决策,在投资中,我们需要对每只股票作出的决策无外乎买入、持有、卖出三种,因此,我们可以考虑直接以投资决策类型作为标签。一个简单的分类标签设置示例如下:

$$y_{t,i} = \begin{cases} -1 & if \quad r_{t,i} < r_- \\ 0 & if \quad r_{t,i} \in [r_-, r_+] \\ +1 & if \quad r_{t,i} > r_+ \end{cases}$$

其中 $r_{t,i}$ 代表资产 i 在 t 期的预期表现,如收益率、夏普比率等,r_- 和 r_+ 是决策阈值,当资产 i 的预期表现超过 r_+ 时,相应的投资决策为买入($+1$);当资产 i 的预期表现低于 r_- 时,相应的投资决策为卖出(-1);当预期表现处于二者之间时则持有(0)。与二元分类一样,r_- 和 r_+ 的设置也应谨慎选择,以尽量使分类后的数据样本保持均衡。

上述示例中的三种分类 -1、0、$+1$ 有从小到大的序数关系,这种分类变量被称为有序变量,它们既可以被视为分类,也可以被视为数值。如果将它们视为数值,那么可以用常规的回归模型进行训练和预测。

如何根据分类预测结果做资金分配呢?对于多空投资组合,$+1$ 和 -1 可以代表多空持仓方向。对于纯多头组合,有两种备选方案,一是将 $+1$ 和 -1 视作资产纳入或移出组合的信号;二是根据预测调整权重,例如,将备选资产中分类预测结果为 -1 的资产权重设为 0,预测结果为 0 的资产权重设为 0.5,将预测结果为 $+1$ 的资产权重设为 1。

3. 三重屏障法

大多数交易策略通常是包含止盈止损机制的,三重屏障法是为适应止盈止损机制需要而设计的一种标签设置方法。止盈止损是一种保护机制,在收益达到一定程度时卖出止盈,防止盈利回撤,在损失达到一定程度时卖出止损,防止损失扩大,止盈线和止损线分别是一重屏障。另一重屏障是时间层面的,当持仓超过一定时间后,若仍未触及止盈线或止损线,说明预期中的走势没有出现,这时也应当退出仓位,等待下次时机,这个时间阈值是第三重屏障。

相应的标签设计逻辑是，如果资产价格在时间窗口内先触及止盈线，则设标签为+1，如果资产价格在时间窗口内先触及止损线，则设标签为-1，如果资产价格一直在止损线和止盈线之间波动直到达到时间限制，则设标签为0。这种标签设置方法显然非常实用，但缺点是需要评估每个资产价格在窗口期内的整个运行轨迹，因此，计算成本更高。

4. 样本筛选

机器学习的主要挑战之一是从训练样本中提取尽可能多地在样本外依然存在的模式。直觉上，收集的数据越多，可以提取的信号越多，但更多的数据也意味着更多的噪声，对于信噪比本来就很低的金融市场数据来说，这一问题尤为严重。研究表明，对特定类型的机器学习算法，如决策树模型，筛选训练样本可以有效提高样本外表现。

例如，我们可以在每个截面上仅保留未来收益最低和最高的20%样本，其余样本全部剔除。这种处理会为决策树的训练带来两方面的改变：一是当分裂点改变时会更接近特征分布的中心，这样生成的聚类更平衡，因此，预测效果也更稳健；二是对标签具有单调影响的特征更容易被选中。

要注意的是筛选标准不能太严格。如果我们只保留未来收益最低和最高的10%样本，那么信号损失会变得过于严重，性能也会变差。

5.2.3 特征与标签的结合

虽然我们将特征工程和标签的步骤分开来讲，但在实际使用机器学习算法时需要将二者统筹考虑。机器学习用于因子投资时通常是滚动训练的，根据特征需要指定训练数据的窗口长度及采样频率，例如，用过去5年或10年的数据作为训练数据，频率为每个月末采样一次。对于标签，需要考虑调仓频率和计算标签的时间范围，二者可以是相同的也可以是不同的，例如，我们的调仓频率是每月调仓一次，但是标签对应的收益率可以是未来12个月的收益率。调仓频率和计算标签的时间范围的差异应该是可解释的，如果在12个月的远期标签上进行训练并按月或按季度进行调仓符合投资中常说的"看长做短"的逻辑。相反，以每月的收益为标签进行训练并按年度调仓就难以解释了。

此外，将特征与标签结合时需要关注二者的自相关性差异。机器学习算法处理的数据集的一项重要要求是特征和标签的自相关模式不应相差太多。如果特征集由股票的基本面指标构成，按每月一次的频率进行采样，标签为每月收益率，在这种情况下，标签的自相关性很弱，而特征通常具有高度的自相关性，这会导致大量噪声，降低线性模型的预测表现。

面对这个问题有两种简单的解决方案,增加标签的自相关性,或减少特征的自相关性。要增加标签的自相关性,可以增加计算标签的时间范围。例如,在处理按月采样的数据时,按照年度或两年期收益率设置标签。这种处理的缺点是处理后的数据依然不适用于线性模型。要减少特征的自相关性,最简单的方法是诉诸差分,例如,对特征集中的市盈率求一阶差分得到市盈率变化率。这一处理的一个优点是它在经济上是有意义的:与原始特征相比,特征的变化可能是更好的资产表现驱动因素。

5.3 常用监督学习模型

前文提到过,在机器学习的几种分类里,监督学习在因子投资中应用最为广泛,本节介绍常见的监督学习方法,主要侧重于基本原理,不会出现具体代码,应用部分留待第 6 章展开,这里不再赘述。

5.3.1 广义线性回归

多因子模型将预期收益表示为因子暴露向量和因子溢价向量的乘积,对于横截面因子来说,因子暴露是可以观察到的,因子溢价则需要通过计算得到,计算因子溢价的最简单做法是线性回归,线性回归是最为基础的监督学习方法。

1. 普通最小二乘法

对于给定因子暴露矩阵 X,线性回归将因变量 y 分解为 X 的线性函数 $X\beta$ 再加上一个误差项 ε,即 $y=X\beta+\varepsilon$。线性回归的目标是找到使误差项 ε 最小的 β,更标准的表述是最小化残差平方和(sum of squared residuals,SSR):$SSR = \varepsilon'\varepsilon = \sum_{i=1}^{l} \varepsilon_i^2$。将 SSR 对 β 求导,并令导数等于 0,即可得到 β 的最优解:

$$\frac{\partial}{\partial \beta}(y - X\beta)'(y - X\beta) = 0$$

$$\beta = (X'X)^{-1}X'y$$

这就是普通最小二乘法(ordinary least squares,OLS)的求解方法。这一求解方法要求 X 是可逆的,但因子暴露矩阵并不一定满足这一要求。另外,普通最小二乘法还有多个隐含的基本假设,在实际应用中往往也不能满足:

自变量 X 和因变量 y 线性相关;

自变量 X 之间相互独立;

误差项 ε 之间相互独立;

误差项 ε 呈正态分布,期望为 0,方差为固定值;

自变量 X 和误差项 ϵ 之间相互独立。

这些假设限制了普通最小二乘法的应用范围。

2. 正则化

普通最小二乘法不对回归系数 $\boldsymbol{\beta}$ 的大小做限制，得到的 $\boldsymbol{\beta}$ 中经常出现部分取值过大或过小的情况，这很可能是过拟合的结果，因此，限制 $\boldsymbol{\beta}$ 的大小可能是合理的选择，加入限制后的公式为：

$$y = X\boldsymbol{\beta} + \boldsymbol{\epsilon}, \text{ s. t. } \sum_{j=1}^{J} |\beta_j| < \delta$$

其中 δ 是一个常量。在最小二乘最小化下，这相当于求解拉格朗日公式：

$$\min_{\boldsymbol{\beta}} \left\{ \sum_{i=1}^{I} \left(y_i - \sum_{j=1}^{J} \beta_j x_{i,j} \right)^2 + \lambda \sum_{j=1}^{J} |\beta_j| \right\}$$

这其实是用正则化对普通最小二乘法进行改进，在普通最小二乘法损失函数的后面加入了 L_1 正则项作为惩罚项，改进后的回归方法称为 Lasso 回归。如果将损失函数中的 L_1 正则项替换为 L_2 正则项，得到的回归方法称为岭回归，相应的损失函数为：

$$\min_{\boldsymbol{\beta}} \left\{ \sum_{i=1}^{I} \left(y_i - \sum_{j=1}^{J} \beta_j x_{i,j} \right)^2 + \lambda \sum_{j=1}^{J} \beta_j^2 \right\}$$

两个损失函数中都出现了 λ，λ 是正则化系数，它的大小设置与 δ 是相反的。如果要对回归系数施加更严格的限制，应设置较大的 λ 值，这对应着较小的 δ，会使拟合得到的 $\boldsymbol{\beta}$ 更接近 0。正则化的另一个价值是遴选出更少的特征，相较于岭回归，Lasso 回归的惩罚力度更强，更有利于选出比较稀疏的若干个特征。

另一种回归方法是把 Lasso 回归和岭回归的惩罚项结合起来，称为 Elasticnet 回归，它对应的损失函数为：

$$\min_{\boldsymbol{\beta}} \left\{ \sum_{i=1}^{I} \left(y_i - \sum_{j=1}^{J} \beta_j x_{i,j} \right)^2 + \lambda \left(\alpha \sum_{j=1}^{J} |\beta_j| + (1 - \alpha) \sum_{j=1}^{J} \beta_j^2 \right) \right\}$$

Elasticnet 回归保留了 Lasso 回归的特征选择能力，在某些情况下效果比 Lasso 回归更好。

3. 逻辑回归

回归预测的是收益率，但对于投资者来说大多时候不需要预测股票具体的涨跌幅，只需要预测股票池中的股票哪些上涨哪些下跌就足够了。预测涨跌是一个典型的二分类问题，我们用 0 代表下跌，1 代表上涨，这种分类预测可以通过逻辑回归来实现，如图 5-2 所示。逻辑回归假设数据服从伯努利分布，将股票 x 将要上涨的概率表示为 sigmoid 函数：

$$P(y = 1 \mid x) = \frac{1}{1 + e^{-x\boldsymbol{\beta}}}$$

当 $P(y=1 \mid x)$ 大于等于 0.5 时，预测股票 x 将上涨，否则 x 将下跌，$P(y=0 \mid x) = 1 - P(y=1 \mid x)$。

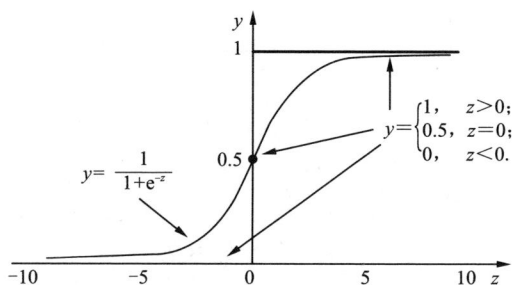

图 5-2 逻辑回归示意

对于给定的训练集，逻辑回归使用极大似然估计法得出参数 $\boldsymbol{\beta}$，逻辑回归的似然函数为：

$$L(\boldsymbol{\beta}) = \prod_{i=1}^{N} P(y_i = 1 \mid x_i)^{y_i} [1 - P(y_i = 1 \mid x_i)]^{1-y_i}$$

定义逻辑回归的损失函数为似然函数的负对数：

$$C(\boldsymbol{\beta}) = -\sum_{i=1}^{N} \{y_i \ln P(y_i = 1 \mid x_i) + (1 - y_i) \ln\{[1 - P(y_i = 1 \mid x_i)]\}\}$$

逻辑回归同样可以采用正则化方法来避免过拟合，将上述损失函数加入 L_2 正则项得到：

$$C(\boldsymbol{\beta}) = -\sum_{i=1}^{N} \{y_i \ln P(y_i = 1 \mid x_i) + (1 - y_i) \ln[(1 - P(y_i = 1 \mid x_i))]\} + \lambda \sum_{j=1}^{J} \beta_j^2$$

最后通过梯度下降来不断逼近最优解完成损失函数的求解，此处不再展开。

逻辑回归的形式简单，训练速度快，但在复杂场景下准确率并不是很高，所以，有时需要使用更复杂的分类方法。

5.3.2 树 模 型

在处理表格数据时，决策树及其扩展是非常有效的预测工具，因此，在 Kaggle 等机器学习竞赛中大部分获胜解决方案都采用了决策树的改进方法。

1. 决策树

决策树是机器学习方法中最接近人类思维方式的一种。假设我们按照价值投资的逻辑从股票池中选择股票，先判断股票是不是优质，不优质的直接划分到坏股票一类，再针对优质股票判断它有没有被低估，低估的是好股票，否则是坏股票，这样就形成了如图 5-3 所示的一棵简单的决策树。

从这个例子可以看出，决策树是一种树形结构，其中，每个内部节点表示在一个

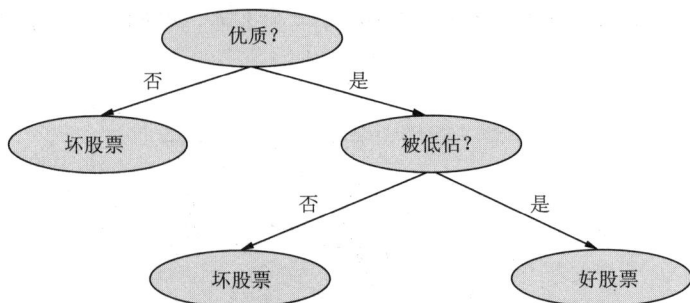

图 5-3　决策树示意

特征上的判断，每个分支代表一个判断的结果，每个叶子节点代表一种分类结果。目前主流的决策树算法包括 C4.5 、C5.0 和 CART，一般认为 CART 的表现更好。无论哪种方法，决策树学习的关键是选择最优划分属性。随着逐层划分，我们希望决策树分支节点所包含的样本类别尽可能一致，换句话说就是希望节点内样本的纯度更高。所以，决策树学习的损失函数应为纯度的反向指标，假设共有 J 个分类，当前样本集中第 j 类样本所占的比例为 p_j，对每个叶子节点来说，常用的损失函数包括以下三类：

基尼不纯度指数：

$$1 - \sum_{j=1}^{J} p_j^2$$

误分类误差：

$$1 - \max_j p_j$$

熵：

$$- \sum_{j=1}^{J} p_j \log_2 p_j$$

我们利用训练样本来生成决策树时，在不加限制条件下会递归地选取特征进行二分类直到形成对训练样本的完美拟合，最终所有样本都属于单独的叶子节点或所有叶子节点都包含无法根据当前特征集进一步分裂的样本。但是，随着分裂过程的推进，下层的分裂可能仅涉及训练样本的特殊性，也就意味着过拟合，因此，需要对决策树进行裁剪以降低复杂度，防止过拟合，这一过程称为剪枝。

2. 剪枝处理

剪枝策略有预剪枝和后剪枝两种。预剪枝是在生成决策树的过程中进行的，在每个节点分裂前需先进行估计，若当前节点的分裂不能带来决策树泛化性能提升，则停止分裂，并将当前节点标记为叶子节点。后剪枝是先从训练集上构建一棵完整的决策树，然后自底向上对非叶子节点进行观察，如果将它对应的子树替换为叶子节点能带来泛化性能的提高，则将该子树替换为叶子节点。

在预剪枝过程中，常用的限制决策树复杂度的方法有以下几种：

限制最大深度，即树的根节点和任何叶子节点之间的最大分裂次数；

设置每个叶子节点的最小实例数，确保每个叶子节点的形成都基于足够数量的观测值；

计算每次生长对系统性能的增益，如果这个增益值小于某个阈值则不进行分裂。

预剪枝使得决策树的很多分支都没有"展开"，这不仅降低了过拟合的风险，还显著缩短了决策树的训练及测试时间。但是，有些节点的当前分裂虽不能提升泛化性能，但在此基础上进行后续的分裂却有可能显著提高泛化性能，因此，预剪枝增加了欠拟合的风险。

后剪枝通常是在用训练集构建好一棵决策树后，用测试集对决策树的分支进行裁剪。后剪枝常见的算法包括：错误率降低剪枝、悲观剪枝、代价复杂度剪枝和基于错误的剪枝。后剪枝的欠拟合风险很小，泛化性能一般也优于预剪枝，但后剪枝的时间成本远超于预剪枝。

3. 集成学习

决策树的优势主要包括训练速度快、可以处理非数值类的特征、可以实现非线性分类等，但单个决策树的预测性能往往并不稳定可靠，利用集成学习的思想，将多个决策树结合使用是提升预测性能的自然选择。Bagging 和 Boosting 是集成学习的两种主要方法类型。

Bagging 是一种并行训练方法，同时训练多个不同的、相互独立的学习器，通过组合多个弱学习器降低预测的方差。Bagging 是"Bootstrap Aggregation"的缩写，Bootstrap 方法的核心思想是有放回地抽样，Bagging 是 Bootstrap 思想在机器学习上的应用。从原始数据集通过有放回抽样生成 N 个 Bootstrap 数据集，用每个 Bootstrap 数据集分别训练一个弱分类器，最终用投票法组合成强分类器。N 个弱分类器的训练并列进行，因此，Bagging 属于并行方法。对于不稳定的弱分类器（例如，决策树、神经网络），Bagging 能显著提高预测的正确率，同时避免过拟合的发生。

随机森林是 Bagging 方法的最主要实现，它根据以下两步方法建造每棵决策树。第一步称为"行采样"，从全体训练样本中有放回地抽样，得到一个 Bootstrap 数据集。第二步称为"列采样"，从全部 M 个特征中随机选择 m 个特征（m 小于 M），以 Bootstrap 数据集的 m 个特征为新的训练集，训练一棵决策树。对于分类预测，以 N 棵决策树投出最多票数的类别或者类别之一作为最终类别。对于连续数值回归预测，则对 N 棵决策树得到的回归结果进行算术平均，由此得到的值为最终的模型输出。

Boosting 是另一种集成学习方法，与 Bagging 不同的是，它是通过串联训练多个弱学习器来构建模型的，另外，Boosting 的目标是降低预测的偏差而不是方差。Boosting 首先使用训练数据构建第一个弱学习器，然后构建第二个弱学习器，尝试纠正第一个弱学习器中存在的错误。最后继续此过程并不断增加新的弱学习器，直到正确预测整个训练数据集或达到弱学习器数量上限。

AdaBoost 是第一个真正成功的为二元分类而开发的 Boosting 算法。它的做法是首先初始化数据集并为每个数据点分配相同的权重，将此作为第一个弱学习器的输入并识别错误分类的数据点。然后，增加错误分类的数据点的权重，减少正确分类的数据点的权重，在此基础上训练第二个弱学习器。随后重复上述过程，每次自适应地改变样本权重并训练弱分类器。最终，每个弱分类器都可以计算出它的加权训练样本分类错误率，将全部弱分类器按一定权重进行组合得到强分类器，错误率越低的弱分类器所占权重越高。

梯度提升决策树 GBDT 是另一种 Boosting 算法，与传统的 AdaBoost 不同，它的每一次计算都是为了减少上一次的残差，而为了消除残差，我们在残差减小的梯度方向上建立新的弱学习器，也就是说，在 GBDT 中，每个新的学习器的建立是为了使得之前学习器的残差往梯度方向减少。另外，GBDT 通过对所有弱学习器的预测平均值进行加权得出最终结果，为了保证预测值的可加性，GBDT 限定了弱学习器只能使用 CART 回归树，尽管 GBDT 调整后也可以用于分类。GBDT 有很多改进版本，如 XG-Boost、lightGBM 和 CatBoost 等，这些算法在时间成本和泛化能力上较原始的 GBDT 都有显著的提升。

5.3.3 支持向量机

在深度学习兴起前，支持向量机（support vector machine，SVM）凭借其极高的预测正确率及解决非线性分类问题的能力，成为当时最流行的机器学习方法之一。

1. 线性支持向量机

支持向量机的理论基础是任何一个 P 维物体（空间）都可以被一个 $P-1$ 维的超平面分成两部分。为了方便理解，我们从一个二维平面的简单例子开始。图 5-4 中有实心圆圈与空心方块两类图形，我们的目标是找到一个模型来正确分类它们。

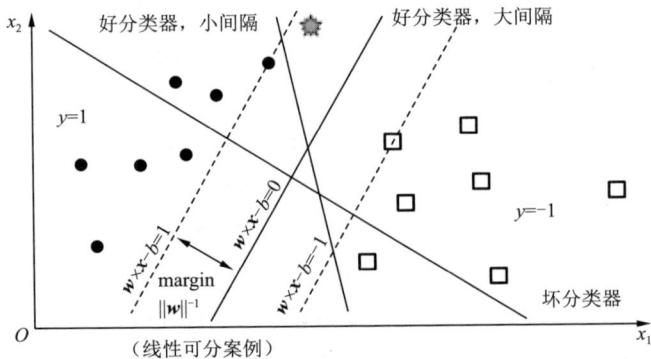

图 5-4 线性支持向量机线性可分场景

在图 5-4 中，有三条线各自把二维平面分成两部分，它们各是一个超平面，也是一个分类器模型。上部从左向右第一条实线不是一个好的分类器，因为它的两边都各有圆圈和方块；第二条和第三条实线都是不错的分类器，所有圆圈都在它们左侧，所有方块都在它们右侧，但二者的泛化能力显著不同。

假设图片顶部的灰色星星是一个新加入的未知点，第二条实线把它划到方块一类，第三条实线把它划到圆圈一类。但根据主观观察，从位置看它与圆圈是一个集群，第三条实线的划分更为合理。从第三条实线画两条平行线分别向两类样本移动，直到与最近的样本相接，形成两条虚线，两条虚线之间的距离称为间隔，可视为模型的误差范围。虚线上的样本离第三条实线最近，它们被称为支持向量，这就是支持向量机这一名词的来源。支持向量机的核心思想是在分类器不出错的约束下最大化间隔。也就是说，支持向量机尝试在所有产生正确分类的模型中选择最稳健的模型。

更正式地说，如果我们用数字+1 代表圆圈，用−1 代表方块，那么一个好的线性分类模型应该满足：

$$\begin{cases} \sum_{k=1}^{K} w_k x_{i,k} + b \geq + 1, & \text{当 } y_i = + 1 \\ \sum_{k=1}^{K} w_k x_{i,k} + b \leq - 1, & \text{当 } y_i = - 1 \end{cases}$$

或者简写为 $y_i \left(\sum_{k=1}^{K} w_k x_{i,k} + b \right) \geq 1$。

以图 5-4 为例，我们将图 5-4 中的绿线表示为 $w_1 x_1 + w_2 x_2 + b = 0$，两边的灰线分别表示为 $w_1 x_1 + w_2 x_2 + b = 1$ 和 $w_1 x_1 + w_2 x_2 + b = - 1$，则这两条平行线之间的距离，或者两个支持向量到超平面的距离之和为 $\dfrac{2}{\sqrt{w_1^2 + w_2^2}}$，更一般化的写法是 $2 \|w\|^{-1} = 2 \left(\sum_{k=1}^{K} w_k^2 \right)^{-\frac{1}{2}}$。

所以，支持向量机的目标就是最大化 $2 \|w\|^{-1}$，或者它的等价形式：

$$\underset{w,b}{\text{argmin}} \frac{1}{2} \|w\|^2, \text{s. t. } y_i \left(\sum_{k=1}^{K} w_k x_{i,k} + b \right) \geq 1$$

使用拉格朗日乘子法可得到上式的对偶问题：

$$L(w,b,\lambda) = \frac{1}{2} \|w\|^2 + \sum_{i=1}^{I} \lambda_i \left[y_i \left(\sum_{k=1}^{K} w_k x_{i,k} + b \right) - 1 \right]$$

通过对上式求偏导数可逐步得到 w 和 b 的解。

上面展示的是线性可分的情形，大多时候数据集是线性不可分的，这时难以用一条直线将两类样本完美地区分开来，如图 5-5 所示。

为应对线性不可分的情形，我们引入松弛变量的概念，将模型改造为：

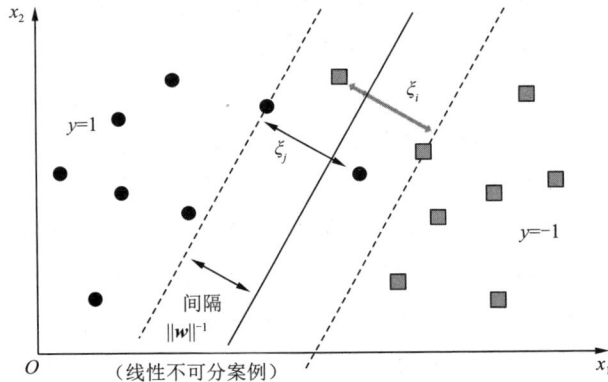

图 5-5　线性支持向量机线性不可分场景

$$\begin{cases} \sum_{k=1}^{K} w_k x_{i,k} + b \geqslant +1 - \xi_i, \ \text{当} \ y_i = +1 \\ \sum_{k=1}^{K} w_k x_{i,k} + b \leqslant -1 + \xi_i, \ \text{当} \ y_i = -1 \end{cases}$$

其中，ξ_i 为第 i 个样本的松弛变量，它是一个正数。在这个新设置中，没有简单的线性模型可以完美地区分这两类。相应的优化目标变为：

$$\underset{w,b,\xi}{\operatorname{argmin}} \ \frac{1}{2} \|w\|^2 + C \sum_{i=1}^{I} \xi_i, \text{s. t.} \left\{ y_i \left(\sum_{k=1}^{K} w_k x_{i,k} + b \right) \geqslant 1 - \xi_i, \xi_i \geqslant 0 \right\}$$

其中，参数 C 是一个大于 0 的惩罚系数，表示模型对错误分类的容忍度，C 越大对误差的惩罚越大。这一目标函数仍然可以通过拉格朗日乘子法转换为对偶问题再求解。

2. 核支持向量机

线性支持向量机能够处理线性分类问题，然而对于非线性分类问题，我们需要寻找新的解决途径，核支持向量机应运而生。核支持向量机的核心思想是使用非线性映射，也就是核函数，将非线性分类转化为线性分类。通过核函数 K 把原始数据 X 变换到高维特征空间，随后使用线性支持向量机对高维空间下的数据进行分类，从而解决非线性分类问题。求解过程会用到二次规划方法。在通过训练得到 w 和 b 后，通过 $\sum_{k=1}^{K} w_k \phi(x_{j,k}) + b$ 计算结果的正负可得出对新向量 x 的分类预测，其中 ϕ 为非线性映射。

通过非线性映射后的问题求解涉及高维空间的内积运算，成本较高，如果低维空间存在某个函数 $K(x_i, x_j)$，它恰好等于在高维空间中这个内积，即 $K(x_i, x_j) = \phi(x_i)^T \phi(x_j)$，那么支持向量机就不用计算复杂的非线性变换，而由这个函数 $K(x_i, x_j)$ 直接得到非线性变换的内积，大大简化了计算，这样的函数 $K(x_i, x_j)$ 就是核函数。常用的核函数包括线性核、多项式核、Sigmoid 核和高斯核。其中，线性核等价于线性支持向量机。d 阶多项式核本质上是将 m 维空间映射到 $C(m+d, d)$ 维空间。Sigmoid

核相当于多层神经网络。高斯核较为特别，通过指数函数的泰勒展开可以证明，高斯核相当于将原始数据映射到无穷维空间。

5.3.4 神经网络

前面已经介绍了多种机器学习技术，它们都是人工智能领域的重要工具，但让人工智能一词风靡全球的并不是它们。人工智能的真正火热源于前几年 AlphaGo 在人机大战的压倒性表现，近两年的 ChatGPT 又掀起了新一轮热潮，两者的核心都是深度学习技术，而深度学习的基础是人工神经网络。人工神经网络用途广泛、功能强大和扩展性强的特点，使其非常适合处理大型的、高度复杂的机器学习任务，如图像识别、自然语言处理、推荐算法等，在量化交易和投资领域也扮演着重要角色。

1. 多层感知器

人工神经网络（artificial neural networks，ANN）可以理解为用人工的方式模拟生物神经网络。生物神经网络的由神经元组成，神经元存在兴奋和抑制两种状态。一般情况下，绝大多数神经元处于抑制状态。一旦某个神经元的树突收到上一级神经元传来的刺激，导致它的电位超过一定阈值，那么该神经元会被激活，处于兴奋状态，电信号经胞体沿轴突和末端突触，继续传递至下一级神经元的树突，如图 5-6 所示。

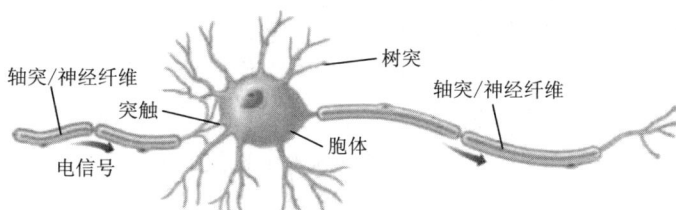

图 5-6 神经元示意图

感知器是最简单的 ANN 架构之一，它基于稍微不同的人工神经元，称为阈值逻辑单元（threshold logic unit，TLU），有时也称为线性阈值单元（linear threshold unit，LTU）。输入和输出是数字（而不是二进制开/关值），并且每个输入连接都与权重相关联。TLU 首先计算其输入的加权和（$z = w_1 x_1 + w_2 x_2 + \cdots + w_n x_n = \boldsymbol{x}^{\mathrm{T}} \boldsymbol{w}$），然后将阶跃函数应用于加权和并输出结果：$h_w(x) = \mathrm{step}(z)$。

感知器中最常用的阶跃函数是 Heaviside 阶跃函数：

$$\mathrm{Heaviside}(z) = \begin{cases} 0, & \text{如果 } z<0 \\ 1, & \text{如果 } z \geqslant 0 \end{cases}$$

图形如图 5-7 所示。

单个 TLU 可用于简单的线性二分类。它计算输入的线性组合，如果结果超过阈值，则输出正类，否则输出负类。

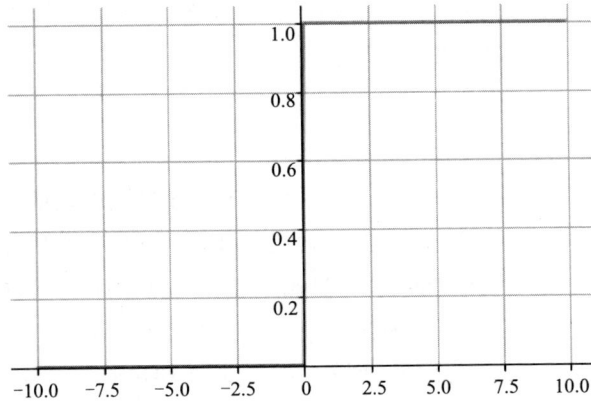

图 5-7　Heaviside 阶跃函数示意图

图 5-8 展示的是最简单的感知器结构，感知器仅由单层 TLU 组成，每个 TLU 连接到所有的输入。下面考虑一个略复杂的，有两个输入和三个输出的感知器，它分为输入层和输出层，如图 5-9 所示。输入层由两个特殊直通神经元组成和一个偏置神经元组成，直通神经元将它们的输入直接输出，偏置神经元始终输出 1，代表额外的偏置特征（$x_0 = 1$）。输出层由三个 TLU 组成，它们通过阶跃函数将实例

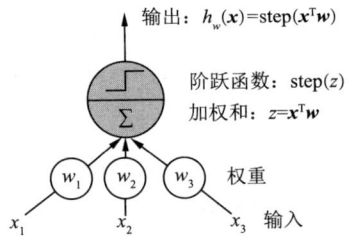

图 5-8　线性阈值单元
（TLU）示意图

同时分为三个不同的二分类，使其成为多输出分类器。注意，输出层的所有神经元都连接到上一层中的每个神经元，这样的层被称为全连接层或密集层。

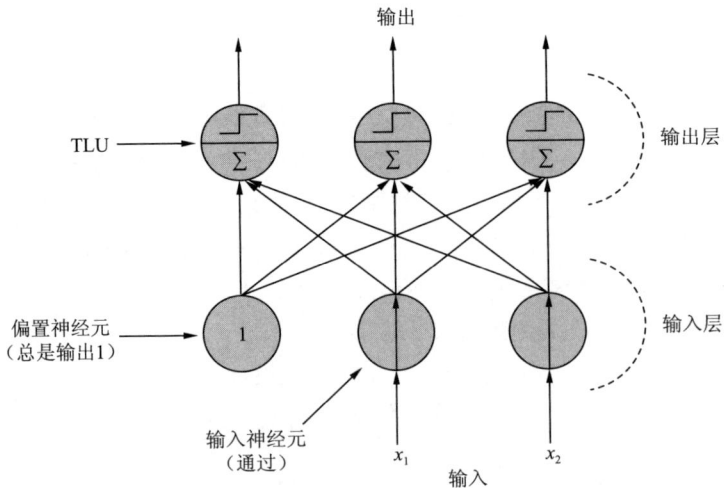

图 5-9　全连接层示意图

全连接层的输出可以通过线性函数表示：

$$h_{W,b}(X) = \phi(XW+b)$$

其中：

X 代表输入特征的矩阵。每个实例一行，每个特征一列。

权重矩阵 W 包含除偏置神经元外的所有连接权重。在该层中，每个输入神经元一行，每个人工神经元一列。

偏置向量 b 包含偏置神经元和人工神经元之间的所有连接权重。每个人工神经元有一个偏置项。

函数 ϕ 称为激活函数：激活函数有多种选择，阶跃函数是其中一种。

那么，感知器如何训练？Rosenblatt 提出的感知器训练算法在很大程度上受 Hebb 规则启发，简单来说是当两个神经元同时被触发时，它们之间的连接权重会增加。使用此规则的变体训练感知器，该变体考虑了网络进行预测时所犯的错误。感知器学习规则加强了有助于减少错误的连接。更具体地说，感知器一次被送入一个训练实例，并且针对每个实例进行预测。对于产生错误预测的每个输出神经元，它会增强来自输入的连接权重，这些权重将有助于产生正确的预测。该规则的公式表示为：

$$w_{i,j}^{n+1} = w_{i,j}^{n} + \eta(y_j - \tilde{y}_j)x_i$$

其中，$w_{i,j}^{n}$ 是第 i 个输入神经元和第 j 个输出神经元之间的连接权重，x_i 是当前训练实例的第 i 个输入值，$\tilde{y}_j$ 是当前训练实例的第 j 个输出神经元的输出，y_j 是当前训练实例的第 j 个输出神经元的目标输出，η 是学习率。

Rosenblatt 证明了，如果训练实例是线性可分的，该算法将收敛到一个解，这被称为感知器收敛定理。但是，每个输出神经元的决策边界都是线性的，因此，感知器无法学习复杂的模式。经验表明，可以通过堆叠多个感知器来消除感知器的某些局限性，这样得到的 ANN 被称为多层感知器。

多层感知器（multi-layer perceptron，MLP）由一层（直通）输入层、一层或多层 TLU（称为隐藏层）和一个 TLU 的最后一层（称为输出层）组成。除输出层外的每一层都包含一个偏置神经元，并完全连接到下一层。图 5-10 是 MLP 的一个简单示例，注意，图中的信号仅沿一个方向流动，因此，该架构是前馈神经网络（feedforward neural network，FNN）。

当一个 ANN 包含多个隐藏层时，它称为深度神经网络（deep neural network，DNN）。使用 DNN 的机器学习被称为深度学习，但更多时候只要用到人工神经网络的机器学习都被称为深度学习。

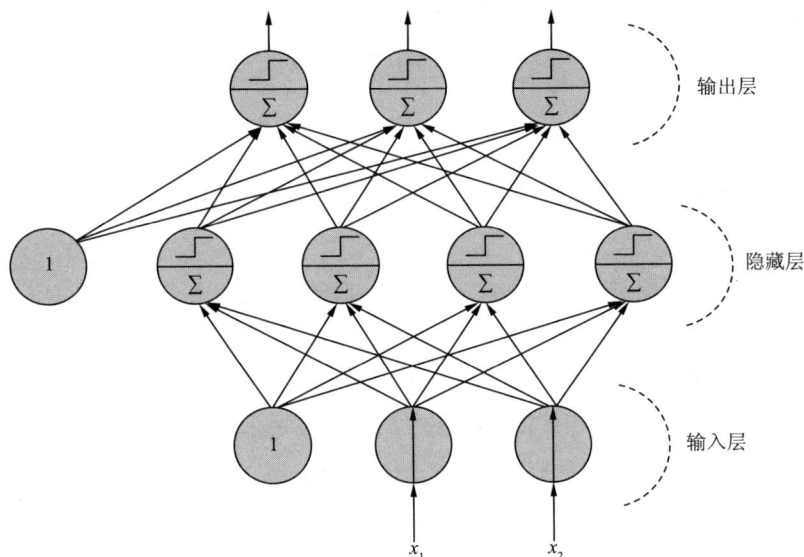

图 5-10 多层感知器示意图

MLP 的主要训练方法是反向传播训练算法，该算法的核心是通过迭代进行前向传播和反向传播来减少误差。从给定训练数据和模型初始化参数开始，将输入层的数据通过隐藏层中的节点层层传输计算，一直传播到输出层，用最终的输出值和真实值作比较，计算出误差，这个过程就叫前向传播。

如果前向传播最终计算出来的误差达不到期望值，则进入反向传播过程，这个过程是基于梯度下降法的。反向传播的目的是在给定训练数据和损失函数的前提下，调整连接权重 w 和偏置项 b 的值使损失函数达到最小。在反向传播的过程中，先是通过链式法则从后向前逐层求出误差函数对各权值的偏导数，即误差函数对权值的梯度，再结合自己设置的学习率，就可以计算出各权值的修改量。一次反向传播结束后，再通过前向传播计算误差，若误差达到期望值，则停止训练，否则继续下一轮的反向传播、前向传播过程，一直迭代下去，直至触发训练的终止条件为止。

概括来说，对于每个训练实例，反向传播训练算法首先进行预测（前向传播）并测量误差，然后反向经过每个层以测量来自每个连接的误差贡献（反向传播），最后调整连接权重以减少错误（梯度下降步骤）。

反向传播训练算法通过梯度下降进行优化，意味着前面提到的阶跃函数无法作为 MLP 的激活函数使用，因为阶跃函数不是连续可微的。包括 MLP 在内的人工神经网络最常用的激活函数如 Sigmoid、Tanh、ReLU 和 Softmax 等。MLP 的每个节点都可以单独设置不同的激活函数。其中，Sigmoid 和 Tanh 常用于神经网络的隐藏层，ReLU 常用于卷积神经网络的隐藏层，Sigmoid 和 Softmax 常用于输出层。

Sigmoid 函数也叫 Logistic 函数，函数表达式为 $Sigmoid(z) = 1 \div [1 + \exp(-z)]$，$z$ 为当前节点从上一层全部节点接收到信息的加权和，即 $z = \boldsymbol{x}^{\mathrm{T}}\boldsymbol{w}$。图形如图 5-11 所示。

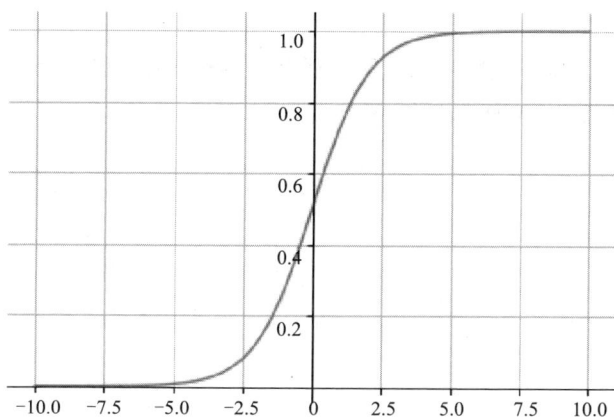

图 5-11　Sigmoid 函数示意图

可见 Sigmoid 函数把一个实数 z 投影至 0~1，相当于对每个神经元的输出进行了归一化，也可以将 Sigmoid 的输出理解为分类的概率。Sigmoid 在各处均具有定义明确的非零导数，从而使梯度下降在每一步都可以有所进展。Sigmoid 函数的缺点在于当输出趋近于 0 和 1 的时候变化率会变得平坦，也就是说，Sigmoid 的梯度趋近于 0。这导致输出接近 0 或 1 的神经元的权重更新得很慢，该问题叫作梯度消失。此外，Sigmoid 函数输出不是以 0 为中心的，非零中心化的输出会使得其后一层的神经元的输入发生偏置偏移，并进一步使得梯度下降的收敛速度变慢。而且因为它是指数运算，本身运算速度就较慢。

Tanh 函数又叫作双曲正切激活函数，函数表达式为 $Tanh(z) = \dfrac{2}{1 + e^{-2z}} - 1$。图形如图 5-12 所示。

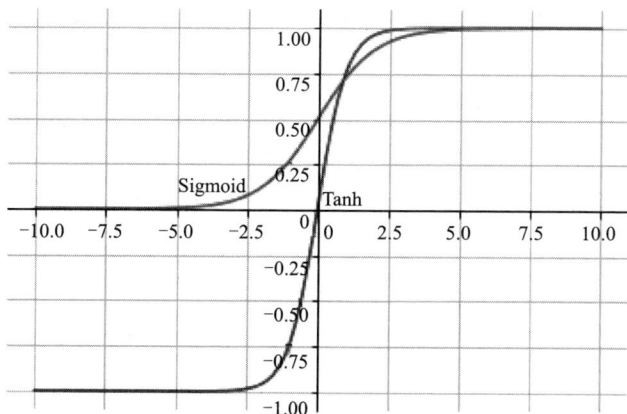

图 5-12　Tanh 和 Sigmoid 函数对比示意图

Tanh 函数与 Sigmoid 函数类似，但 Tanh 函数的输出以零为中心，将实数压缩至 −1 到 1 的区间内，这有助于加快收敛速度。但 Tanh 同样面临梯度消失问题及指数运算的效率问题。

ReLU 函数又称为修正线性单元，是一种分段线性函数，函数表达式为 $\text{ReLU}(z) = \max(0, z)$。图形如图 5-13 所示。

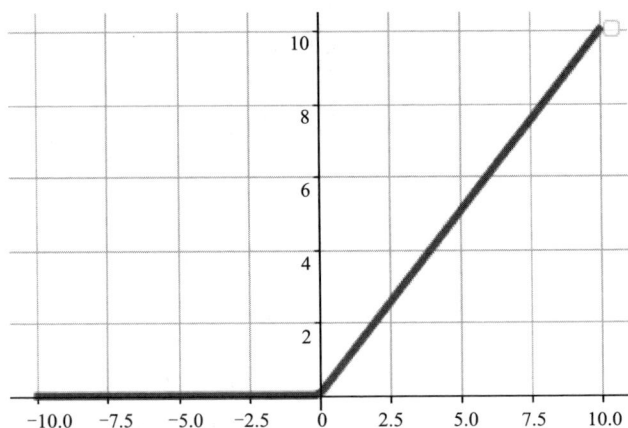

图 5-13   ReLU 函数示意图

ReLU 函数的优势很明显，当输入为正时，它的导数为 1，一定程度上改善了梯度消失问题，加速了梯度下降的收敛速度；而且 ReLU 函数中只存在线性关系，因此，它的计算速度比 sigmoid 和 tanh 更快。但不幸的是，在 $z = 0$ 时，该函数不可微，如果 $z < 0$ 则其导数为 0，这意味着当输入为负时，ReLU 完全失效。

Softmax 是用于多类分类问题的激活函数，在多类分类问题中，超过两个类标签则需要类成员关系。Softmax 可以将 N 维向量压缩到另一个 N 维向量，使得每一个元素的范围都在 0~1，并且所有元素的和为 1。函数表达式如下：$\text{Softmax}(x_j) = \dfrac{e^{x_j}}{\sum\limits_{j=1}^{J} e^{x_j}}$。

Softmax 函数的分母结合了所有输入，这意味着 Softmax 函数获得的各种概率彼此相关。图形如图 5-14 所示。

MLP 既可用于分类也可用于回归，不同的应用场景需要构建不同的神经网络结构。MLP 涉及的超参数很多，包括神经元个数、隐藏层层数、激活函数类型、损失函数类型等。一般来说，MLP 用于回归时的损失函数可以选择 MSE、MAE 或 Huber 等，用于分类时的损失函数可以选择交叉熵损失等，当然也可以自定义损失函数。

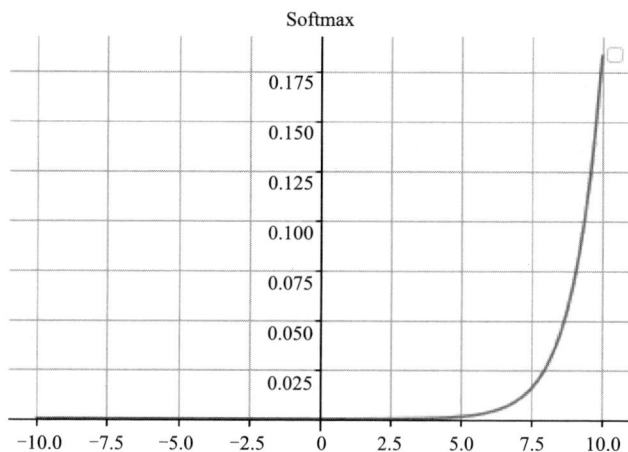

图 5-14　Softmax 函数示意图

2. 循环神经网络

循环神经网络（recurrent neural networks，RNN）一种处理序列数据或时序数据的人工神经网络。以第 4 章介绍的多因子模型为例，我们将某只股票某一时间截面的因子数据作为输入值来预测股票下期超额收益，这种做法忽略了数据的时间序列特征。无论是因子数据还是股票收益率数据，都是随时间演变的时间序列数据，这些数据在时间序列上可能具有趋势、季节变化、自相关性等特征。我们可以将某只股票过去一段时间内的因子数据作为时间序列输入 RNN 来预测下一期收益。这样做最大的好处便是保持了信息的持久化，这和我们的直观感受也是相符的。

一个最简单的 RNN 由一个输入层、一个隐藏层和一个输出层组成，它读取输入 x，输出 o。与 MLP 不同的是，RNN 的隐藏层中存在循环，通过循环将信息从当前步传递到下一步，如图 5-15 左侧所示。这样的结构比较抽象，为了便于理解，可将它按时间线展开，得到右侧的结构。关注 t 时刻附近的网络结构，x_t 代表了 t 时刻训练样本的输入，o_t 代表 t 时刻的预测结果，h_t 代表在 t 时刻模型的隐藏状态。可以看到，h_t 不仅由 x_t 决定，也受到 h_{t-1} 的影响，这种影响又通过 h_t 传递给 o_t，体现了 RNN 模型的循环反馈思想。U、V、W 是 RNN 的三个连接权重矩阵，其中，U 是输入层到隐藏层的权重矩阵，V 是隐藏层到输出层的权重矩阵，W 是两个时间点的隐藏状态之间的权重矩阵，它们在整个模型中是共享的。

可以用下面的公式来表示循环神经网络的计算方法：

$$h_t = f(Ux_t + Wh_{t-1} + b)$$
$$o_t = g(Vh_t + c)$$

其中 f 和 g 分别是隐藏层和输出层的激活函数，f 一般使用 Tanh，g 一般使用 softmax，b 和 c 是两处的偏置向量。

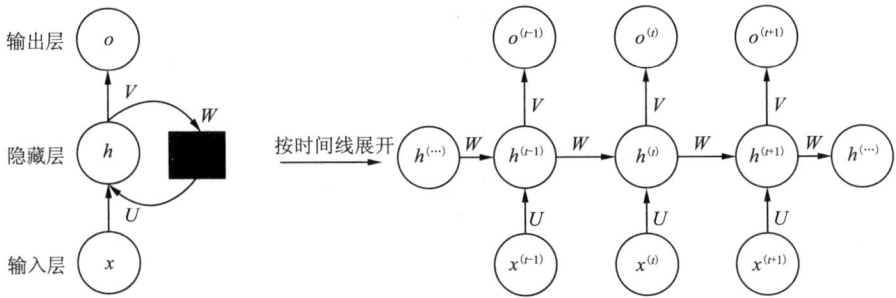

图 5-15 循环神经网络示意图

与 MLP 类似，RNN 的训练也是通过梯度下降的方法来寻找 U、V、W 这三个参数的最优解。首先将 RNN 按照时间逐步展开，然后简单地使用常规的反向传播算法进行训练，梯度的计算结果依赖于当前时刻和之前所有时刻的计算结果，这一过程被称为"时间反向传播"。

RNN 的训练面临的主要问题是梯度消失。当时间序列的长度增加到一定程度时，反向传播中使用的链式法则将意味着大量激活函数导数的乘积。这些激活函数通常是平滑的，并且它们的导数的绝对值大多数时候都小于 1，将许多小于 1 的数字相乘会得到非常小的结果，导致梯度消失。所以，RNN 只适合处理短序列的数据。

长短期记忆网络（long short term memory networks，LSTM）是 RNN 的改进版本，通过精心设计的隐藏层神经元缓解了传统 RNN 的梯度消失问题。对于传统 RNN 模型，如果我们略去每层都有的 o_t，那么模型可以简化为如图 5-16 所示的形式。RNN 仅通过一个 tanh 隐藏层来处理输入值 x_t 和 h_{t-1}。

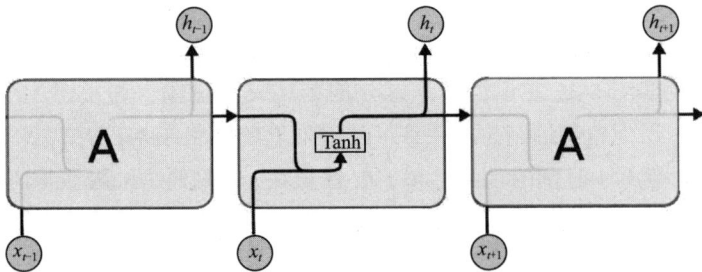

图 5-16 RNN 时序展开示意图

与 RNN 不同的是，LSTM 采用更为精巧的隐藏状态网络模型结构，如图 5-17 所示。可以看到，对比 RNN 较为简单的结构，LSTM 要复杂得多，它使用了四个相互作用的隐藏层来处理输入。

LSTM 之所以能够处理长序列，是因为它除了有和 RNN 一样的隐藏状态 h_t，还引入了另一个隐藏状态，这个隐藏状态被称为细胞状态 C_t，即穿过如图 5-18 所示的顶部的水平线。C_t 在一定程度上保留了从序列开始到当前时间步长的所有信息，而 h_t

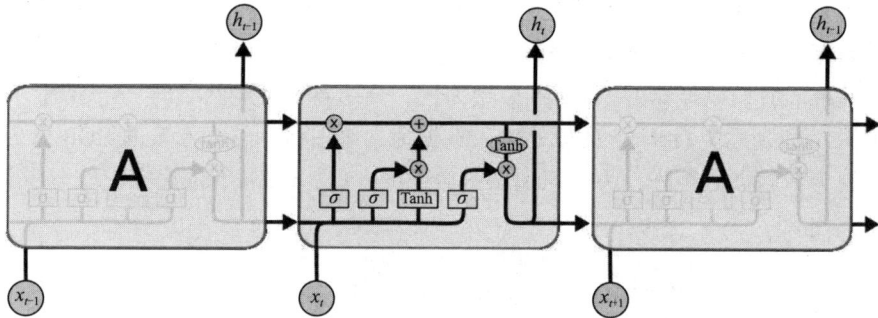

图 5-17　LSTM 时序展开示意图

仅有当前时间步长的 C_t 和输入影响，因此，可以将 h_t 视为短期状态，将 C_t 视为长期状态。细胞状态之下还有许多其他结构，这些结构一般称为门控结构，它是一种选择性地让信息通过的方式。LSTM 模型在每个时间步长的门控结构一般包括遗忘门、输入门和输出门三种。当长期状态 C_{t-1} 从左到右遍历网络时，它先是经过一个遗忘门，丢掉一些记忆，然后通过加法操作添加一些新的记忆（由输入门选择的记忆）得到长期状态 C_t。另外，C_t 被复制，并通过 Tanh 函数传输，再经过输出门滤波，产生短期状态 h_t，同时也是当前时间步长的预测值 o_t。由于从 C_{t-1} 到 C_t 的变化不是通过类似 Tanh 的激活函数而是通过门控结构，所以，LSTM 可以缓解 RNN 的梯度消失问题。

　　LSTM 最著名的变体是门控循环单元（gated recurrent units，GRU），如图 5-19 所示。它将遗忘门和输入门组合并成"更新门"，细胞状态和隐藏状态也被并合并成一个，此外，还进行了一些其他修改。实践表明 GRU 的预测效果和 LSTM 相差无几，而且由于 GRU 结构比标准 LSTM 模型简单许多，因此，在训练数据量很大的情况下，GRU 能比 LSTM 节省很多时间。

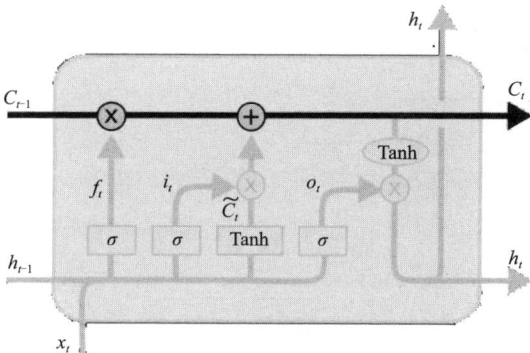

图 5-18　细胞状态示意图

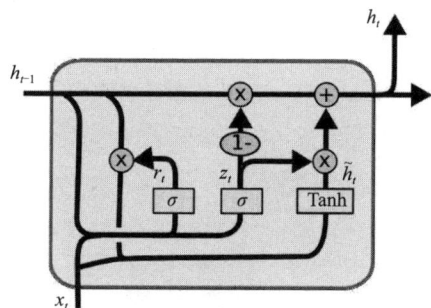

图 5-19　GRU 示意图

3. 卷积神经网络

卷积神经网络（convolutional neural network，CNN）是计算机视觉研究和应用领域中最具影响力的模型。CNN 之所以有用，是因为它可以通过保留局部信息来逐步减少大型数据集的维度。CNN 包含至少一层卷积层，由多个卷积核对图像的局部区域进行特征提取。我们以经典的 LeNet-5 模型为例，介绍卷积神经网络的工作原理。

如图 5-20 所示，LeNet-5 的原始输入数据为二维图像，忽略像素的 RGB 通道，可将图像视为像素点的矩阵，为了识别该图像中的字母，LeNet-5 依次完成以下步骤。

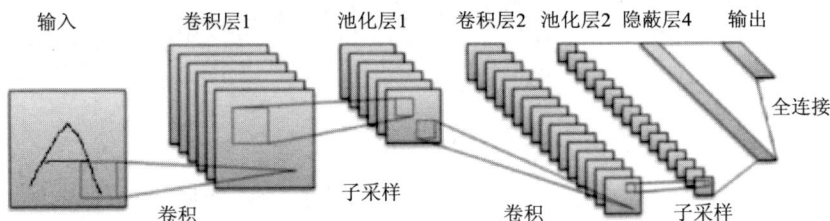

图 5-20　卷积神经网络的工作原理

第一层卷积层进行卷积运算。每个卷积层包含若干卷积核，每个卷积核的参数都是通过反向传播算法优化得到的。卷积核也称过滤器，它的目的是通过扫描整张图片提取不同特征。

我们忽略图片的颜色通道等信息，将图片视为 I 行 K 列的特征矩阵（图片左侧矩阵），每个像素的值是 $x_{i,k}$，神经元的权重矩阵即卷积核，可以表示为一幅小图像（图片中间矩阵）。假设卷积核的大小是 (J, L)，$J<I$，$L<K$，为简化起见，假设 $J=L=F$，每个元素记为 $W_{j,l}$。卷积运算先从特征矩阵的左上角开始，选取一块与卷积核大小相同的区域进行运算，计算结果存入图 5-21 中右侧矩阵的相应区域。随后卷积核会在水平和垂直两个方向上对特征矩阵进行遍历的卷积运算，运算规则为先将两个矩阵对应位置的元素相乘，再将所有乘积求和，最终生成一个大小为 $(I-J+1, K-L+1)$ 的卷积结果矩阵。卷积运算的公式表达为：

$$o_{i,k} = \sum_{j=1}^{J} \sum_{l=1}^{L} w_{j,l} x_{i+j-1,k+l-1}$$

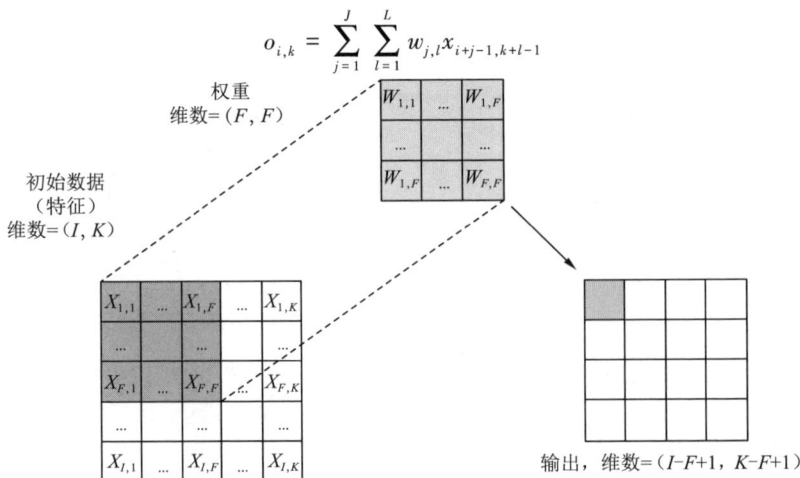

图 5-21　卷积运算示意图

卷积运算本质上还是线性运算，要想使模型具有非线性拟合的能力，就要使用非线性激活函数，如 RELU、Tanh 等，对特征进行非线性变换。

卷积层中的另一个重要概念是填充。从卷积运算的过程可以发现，图片边缘的像素永远不会位于卷积核中心，而卷积核也没法扩展到边缘区域以外，这导致卷积后的结果损失了图片边界处的信息。为解决这个问题，可以在进行卷积操作前，对原矩阵进行边界填充，以增加矩阵的大小，通常填充值为 0，如图 5-22 所示。

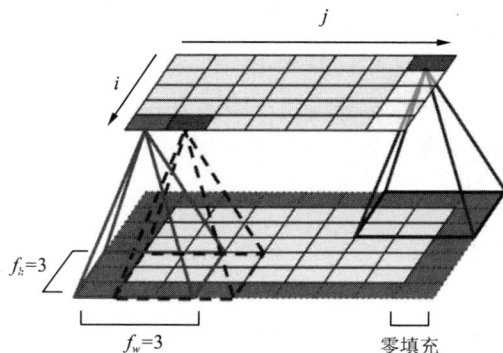

图 5-22　零填充示意图

在上面的例子中，在迭代进行卷积运算时，我们从特征矩阵的左上角开始每次往左滑动一列或者往下滑动一行逐一计算输出，也即是说，卷积核移动的步长为 1。为了提高压缩速度，可以将步长增加到 V，即每次移动 V 行或 V 列，以省略部分计算，实现更进一步的压缩。

第一层卷积层可能只能提取一些低级的特征，如边缘、线条和角等层级，更多层的网络能从低级特征中迭代提取更复杂的特征。

第一层池化层进行池化运算。通常在卷积层之后会得到维度很大的特征，池化层可以非常有效地对图片进行向下采样，以减少计算量、内存使用量和参数数量，从而降低过拟合风险。

像在卷积层中一样，池化层中的每个神经元都连接到位于一个小的矩形接受野中的上一层中有限数量的神经元的输出，因此，它必须像卷积层一样指定接受野的大小、步长和填充类型。但是，池化层没有权重的概念，也不需要经过训练，它能做的是使用聚合函数（例如，最大值或均值）来聚合输入。最大池化层是最常见的池化层类型，它的作用是控制只有每个接受野中的最大输入值才能进入下一层。以图 5-23 为例，接受野中的 4 个数字只有最大的 5 能进入下一层。

池化层和卷积层一样都是在对具有高

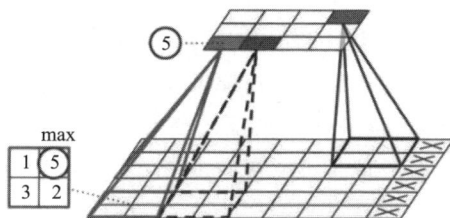

图 5-23　最大池化层示意图

维特征的图片进行特征提取和特征降维，这在很大程度上是通过部分丢弃信息来换取计算效率，随着计算成本的下降，很多神经网络在实现中开始减少池化层的使用。

第二层卷积层和第二层池化层进行进一步的特征提取和特征降维，得到更加高层和抽象的特征。

全连接层把卷积和池化得到的特征展平为一维特征，用来进行最后的训练和预测。简单来说，全连接层中的每个神经元与其前一层的所有神经元进行全连接，通过把前边提取到的所有局部特征综合起来得到最终结果。

除 LeNet-5 外，主要的 CNN 实现还有 AlexNet 、ResNet 、Inception-V4 和 GoogLeNet 等。虽然 CNN 传统上主要应用在图像识别领域，但这不代表它在投资领域中不能发挥作用。在第 6 章中，我们尝试把股票的因子矩阵视作图片的特征矩阵，通过 CNN 处理预测未来涨跌。

4. 其他神经网络结构

最后介绍另外两种神经网络结构，GAN 和 TabNets，目前它们在投资领域中都已得到一定程度的应用，但还不算主流，因此，我们只做简单的概念介绍。

（1）生成对抗网络（generative adversarial networks，GAN）是一种具有代表性的生成模型。生成模型的目标是通过学习真实的训练数据，生成足以以假乱真的新数据，可用来生成人脸图片、音乐、时间序列数据等。在量化投资领域，我们可以用它生成未来的经济指标或金融资产的时间序列，以达到预测目的。

GAN 包含两组神经网络：生成器和判别器。假设生成器的训练目标是生成尽可能逼真的沪深 300 指数数据，那么判别器的训练目标就是尽可能将真实指数数据和生成器生成的指数数据区分开。GAN 的训练蕴含了博弈的思想，采取交替训练的方式，每轮迭代先训练判别器，再训练生成器，两个网络的能力同时提升，直到达到纳什均衡的理想状态。GAN 的优点是生成数据质量更好，学习过程更简单，并且能够与深度学习结合。GAN 的缺点有黑箱问题、训练不收敛、生成器和判别器训练不同步，以及模式崩溃问题等。GAN 有很多改进版本，比如 WGAN、cGAN、SinGAN 等，可以在一定程度上避免上述缺点。

（2）TabNet 是专门针对表格型数据设计的神经网络结构。深度学习在图像、文本和语音等数据处理上有了广泛的应用，然而对于常见的表格数据，XGBoost 和 LightGBM 这类提升树模型依然是首选。

TabNet 结合了树模型和 DNN 的优势。它使用一种称为顺序注意机制的方法实现了 instance-wise 的特征选择，还通过 encoder-decoder 框架实现了自监督学习，从而实现了高性能且可解释的表格数据深度学习架构。TabNet 在多个表格数据集上的表现比肩甚至超越了当前广为人知的很多树模型，例如 LightGBM，更重要的是它将使用者从烦琐耗时的特征工程中解脱出来。不过也有使用者表示人工做特征工程后再使用提升树模型可以达到的上限更高，这也是 TabNet 未能取代提升树的原因。

　　如上所述，机器学习涉及庞杂的基础知识体系，而且这个领域正在蓬勃发展，每年都涌现出各种新的架构，从业者必须持续学习以保持自己的知识体系不过时。当然，对于大多数人来说，学以致用才是价值所在，第 6 章我们将展示如何在股票投资中应用机器学习方法。

5.4　训练和验证

　　准备好数据并选定了机器学习模型后，下一步就是训练了。训练是机器学习模型从训练数据中挖掘特征与标签的关系的过程。对于监督学习的基本函数 $y = f(X) + \varepsilon$，训练就是从数据中确定函数 $f(X)$ 的各项参数的过程。这个过程通常需要重复非常多次，是机器学习耗时最长的环节。模型训练的目的是让模型不仅对已知数据有预测能力，更重要的是对未知数据有较好的预测能力，也就是泛化能力。为此需要对数据进行划分，在训练集上完成模型的训练后，需要在测试集或验证集上完成模型的验证，以确保我们的模型具有泛化能力、不会出现过拟合等问题。

5.4.1　模型评估

1. 回归分析

　　机器学习模型要解决的问题可以分为回归问题和分类问题两大类。每类问题适用不同的评价指标，回归问题可以用均方误差，分类问题可以用正确率，此外，还有一些指标也经常用于模型评价，接下来我们将分别进行简单介绍。

　　回归分析中的误差通常以直接的方式进行评估。L_1 和 L_2 范数是主流方法，它们都很容易解释和计算。使用 L_1 范数定义的是平均绝对误差（mean absolute error，MAE），MAE 给出了预测值与实际值的平均距离，它在零点不可微。使用 L_2 范数定义的是均方根误差（root mean squared error，RMSE），RMSE 处处可微，但更难掌握，并且更加重视异常值。均方根误差的平方即为均方误差（mean squared error，MSE）。公式表示为：

$$\mathrm{MAE}(\boldsymbol{y}, \tilde{\boldsymbol{y}}) = \frac{1}{I} \sum_{i=1}^{I} |y_i - \tilde{y}_i|$$

$$\mathrm{RMSE}(\boldsymbol{y}, \tilde{\boldsymbol{y}}) = \left(\frac{1}{I} \sum_{i=1}^{I} (y_i - \tilde{y}_i)^2 \right)^{\frac{1}{2}}$$

$$\mathrm{MSE}(\boldsymbol{y}, \tilde{\boldsymbol{y}}) = \frac{1}{I} \sum_{i=1}^{I} (y_i - \tilde{y}_i)^2$$

　　其中，$\boldsymbol{y}$ 和 $\tilde{\boldsymbol{y}}$ 分别代表标签的实际值和预测值，I 为 $\boldsymbol{y}$ 的长度。

MSE 是回归分析中最常用的损失函数，它的可解释性很强。MSE 可以分解为方差和偏差两部分。方差代表我们使用不同训练集时模型表现的差异，偏差代表实际模型与理想模型的差别。使用的模型越复杂，越能更好地拟合训练数据，偏差越小，也意味着预测越"准"，但同时样本差异带来的方差越大，这意味着预测越不"稳"，因此，偏差和方差一般呈明显的负相关关系，如图 5-24 所示，找到 MSE 最小的模型，需要权衡"稳"和"准"。

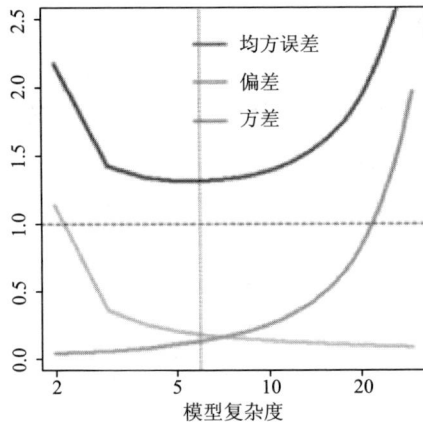

图 5-24　均方误差、方差和偏差随模型复杂度的变化关系

但 MSE 在投资中可能不是首选。将它应用于投资时可将 y 用收益率代替，我们将 MSE 的公式右边展开，会发现每项损失由实现收益平方 y_i^2 的和、预测收益平方 $\tilde{y}_i^2$ 的和及两者的乘积（$-2y_i\tilde{y}_i$）三部分组成。第一项实现收益平方 y_i^2 的和是给定值，在损失函数中完全不值得关注。第二项预测收益平方 $\tilde{y}_i^2$ 的和控制预测值对 0 的偏离度，有一定价值但不大。投资者真正关心的是第三项 $-2y_i\tilde{y}_i$，当预测收益和实际收益方向相同时，代表模型正确识别出了买入机会或规避了糟糕的资产，当预测收益和实际收益方向相反时，代表模型作出了完全错误的判断，会造成投资损失。因此，通过增加 $y_i\tilde{y}_i$ 来降低 MSE 对投资者更有吸引力。对于一些支持自定义损失函数的机器学习模型，我们可以将最大化 $y_i\tilde{y}_i$ 的和作为优化目标。

回归分析的另一个常用的评价指标是 R^2，它是指回归模型对观测数据的解释程度。R^2 的值越大，表示模型对数据的解释性越强，例如，若 R^2 为 60% 表明因变量的方差中有 60% 可以被回归模型解释。计算公式如下：

$$R^2(\boldsymbol{y},\tilde{\boldsymbol{y}}) = 1 - \frac{\sum\limits_{i=1}^{l}(y_i - \tilde{y}_i)^2}{\sum\limits_{i=1}^{l}(y_i - \bar{y}_i)^2}$$

其中，$\bar{y}$ 是标签的样本均值。值得注意的是，当 R^2 被用于机器学习时是被应用在验证集而不是训练集上，这意味着公式的分子可能大于分母，导致 R^2 计算结果为负。对此，一种应对方法是将分母中的 $\bar{y}$ 去掉，改造后的公式依然具有可解释性，将模型的预测与恒定预测收益为零的简单基准做比较。

另外两个与 R^2 的改造思路类似的指标是平均绝对百分比误差（mean absolute percentage error，MAPE）和均方百分比误差（mean square percentage error，MSPE），可以理解为衡量的是预测误差占实际收益的比率。公式表示为

$$\mathrm{MAPE}(\boldsymbol{y}, \widetilde{\boldsymbol{y}}) = \frac{100\%}{I} \sum_{i=1}^{I} \left| \frac{y_i - \widetilde{y}_i}{y_i} \right|$$

$$\mathrm{MSPE}(\boldsymbol{y}, \widetilde{\boldsymbol{y}}) = \frac{100\%}{I} \sum_{i=1}^{I} \left(\frac{y_i - \widetilde{y}_i}{y_i} \right)^2$$

2. 分类分析

针对分类问题的评价指标最简单也最常用的是二元分类指标。二元分类的结果一般表示为 0 和 1，也称阴和阳，对于二元分类问题的预测有四种可能的结果：

预测为阳实际也为阳，称为真阳，英文简称为 TP；

预测为阴实际也为阴，称为真阴，英文简称为 TN；

预测为阳实际为阴，称为假阳，英文简称为 FP，这种错误称为第一类错误；

预测为阴实际为阳，称为假阴，英文简称为 FN，这种错误称为第二类错误。

将四种结果展示在表 5-1 中，称为混淆矩阵。

表 5-1　混淆矩阵

预　　测	实　　际	
	阳	阴
阳	TP	FP，第一类错误
阴	FN，第二类错误	TN

对于投资来说，特别是对于只能做多的 A 股来说，最重要的是预测收益为正的情况，也就是矩阵的第一行，只有预测收益为正的资产最终可能出现在投资组合中。如果资产表现确实良好（TP），将为投资者带来收益，但如果预测错误（FP），投资组合的收益将受到损失。因此，两类错误中第一类错误对投资者来说是最可怕的，因为它对投资组合有直接影响。第二类错误只是让投资者错失机会，影响较小。

通过组合四类预测结果，可以得到一系列评价指标，让我们从投资的视角对其中常见的几类加以解释。

（1）召回率，衡量的是优良资产被发现的比例，也称为查全率或真阳率（true

positive rate，TPR），公式为：

$$召回率 = \frac{TP}{TP+FN}$$

（2）精确率衡量的是资产组合中优良资产的占比，也称查准率，公式为：

$$精确率 = \frac{TP}{TP+FP}$$

（3）特异度衡量的是不良资产被发现的比例，公式为：

$$特异度 = \frac{TN}{FP+TN}$$

（4）虚报率衡量的是资产组合中不良资产的占比，也称伪阳率（false positive rate，FPR），公式为：

$$虚报率 = \frac{FP}{FP+TN}$$

（5）正确率指的是正确预测的比例，公式为：

$$正确率 = \frac{TP+TN}{TP+FP+TN+FN}$$

（6）F-score 是召回率和精确率的调和平均值，公式为：

$$F_1 = 2 \times \frac{召回率 \times 精确率}{召回率 + 精确率}$$

正确率最容易理解，但当数据中不同类别的样本数目不均衡时可能有问题，当我们开发机器学习模型预测公司是否可能发生退市时，这一比例显然是很低的，一个对所有输入都输出为否定的模型的正确率会接近100%，这显然不是我们想要的。在这种情况下，命中率和精确率是更有效的指标，如需综合使用这两个指标可以选择F-score。

另一个应用广泛但略复杂的二元分类评价指标是 AUC。ROC 曲线是一条概率曲线，绘制了不同阈值下的 TPR 与 FPR 的关系，显示了分类模型在所有分类阈值下的性能，以帮助我们了解模型如何在不同的确定性级别上作出决策。ROC 曲线下的面积就是 AUC，它是二元分类器区分类别的能力的度量。因为 TPR 和 FPR 的取值范围都是 [0，1]，所以，AUC 的取值范围也是 [0，1]。随机分类模型的 ROC 是 45°角直线，所以，模型表现比随机分类更好的标志是 ROC 曲线大于 45°角，从 AUC 的角度看是 AUC 大于 0.5，如图 5-25 所示。

当分类目标是三类（如"买""卖出""持有"）或更多时，上述指标的计算需要进行调整。需要建立更高维度的混淆矩阵，并在此基础上对每一类型分布计算召回率、精确率等指标，对于更复杂的 F-score、AUC，还涉及不同加权方式的选择，这里不再展开。

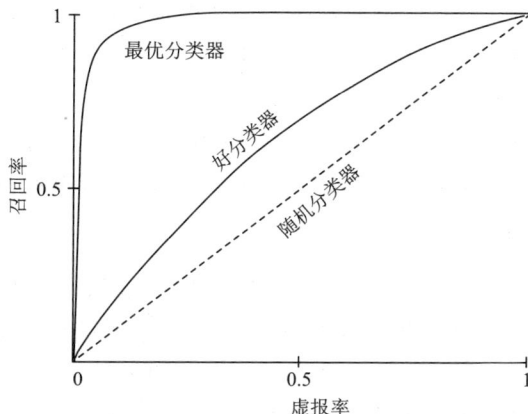

图 5-25 AUC 示意图

除了上述基于混淆矩阵的指标，对于不同的模型可选择的多分类评价指标还有交叉熵等。

5.4.2 模型选择

模型评估的目的是选择表现更好的模型，模型选择的逻辑是使用未知数据验证不同模型泛化能力的强弱，模型选择通常有下列方法：留出法、K 折交叉验证法、留一交叉验证法、分层 K 折交叉验证法和自助法。

1. 留出法

留出法是最经典也是最简单的评估模型泛化能力的方法。简单来讲，我们把原始数据集分为训练集和测试集两部分，前者用来训练模型，后者用来评估模型的泛化能力。一般情况下，我们需要对模型的超参数做参数调优，以进一步提升模型表现，例如，调节决策树模型中树的最大深度。在划分训练集和测试集后，我们可以根据在训练集上训练后的模型在测试集上的表现进行参数调优，但如果我们一直用同一个测试集作为参考来调优，最后的结果很可能使得模型过拟合于这个测试集。因此，更好的做法是将数据集切分为三个互斥的部分——训练集、验证集与测试集，在训练集上训练模型，在验证集上选择模型，最后用测试集上的误差作为泛化误差的估计。可以在验证集上反复尝试不同的参数组合，当找到一组满意的参数后，最后在测试集上估计模型的泛化能力。

训练集、验证集和测试集的划分需要仔细考量。理论上训练集的规模越大越好，但验证集和测试集也需要足够的规模才能有效评估模型。根据经验，对于小批量数据，可以按 70%∶30% 划分为两部分，或按 60%∶20%∶20% 划分为三部分。对于大批量数据，只需要留很少一部分用作验证和测试即可，假如原始数据超过百万条，可能分别留一万条用作训练和验证就足够了。数据集的划分要尽可能保持数据分布的一致性，避免因数据划分过程引入额外的偏差而对最终结果产生影响。整体来讲，数据集的合理划分需要依赖对数据集的理解和经验。

单次留出法得出的估计结果往往不够稳定可靠，通常会进行多次留出法，每次随机划分数据集，将多次得到的结果平均，K折交叉验证就是这样一种方法。

2. K折交叉验证法

K折交叉验证法将原始数据随机划分为K个互不相交且大小相同的子集，每次随机地选择$K-1$个子集作为训练集，剩下的一个子集做测试集。每一轮完成后，重新随机选择$K-1$个子集来训练数据。对K种组合依次重复进行，获取测试误差的均值，将这个均值作为泛化误差的估计。由于是在K个独立的测试集上获得的模型表现平均情况，因此，相比留出法的结果更有代表性。利用K折交叉验证得到最优的参数组合后，一般在整个训练集上重新训练模型，得到最终模型。

K折交叉验证法对K的设定也需要谨慎考虑。K取太大，时间成本高，太小则模型评估的稳定性依然偏低。一般K取值为5或10。

K折交叉验证的优点是每个样本都会被用作训练和测试，因此，产生的参数估计的方差会很小。以10折交叉验证为例，如图5-26所示，对模型的泛化能力评估由10个独立的测试集上的结果平均得到。缺点是要对模型验证K次，效率明显不如简单的留出法。

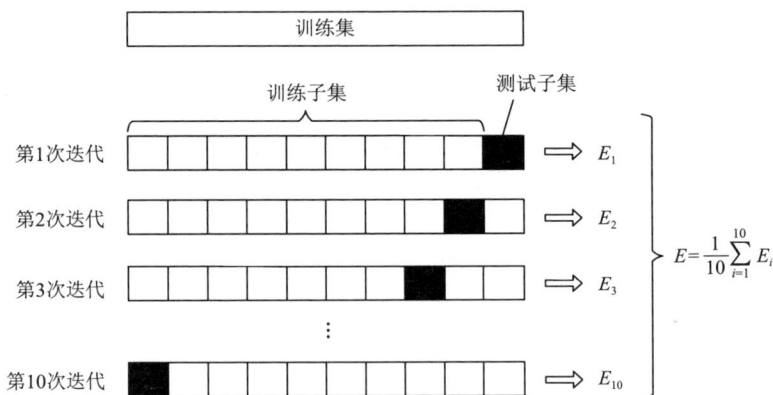

图5-26 K折交叉验证法示意图

3. 留一交叉验证法

令K折交叉验证法中的K等于样本数N，这样对于N个样本，每次选择$N-1$个样本来训练数据，留一个样本来验证模型预测的好坏，这种方法就是留一交叉验证法。此方法主要用于样本量非常少的情况，比如N小于50时，可以考虑采用留一交叉验证法。

4. 分层 K 折交叉验证法

如果样本类别不均衡，则常用分层 K 折交叉验证法。这种方法在进行 K 折交叉验证时，对每个类别单独进行数据集划分，使得每个数据子集中各个类别的分布与完整数据集一致，保证少数类在每个数据子集中的数据量也基本相同，从而模型能力估计的结果更可信。在投资中按股票行业大类进行分层 K 折交叉验证是不错的选择。

5. 自助法

自助法是另一种适用于小样本的方法，原理是通过有放回的采样创造新的数据集。假设原始样本 D 有 m 个样本，每次在这 m 个样本中随机采集一个样本，放入数据集 D'，采样完后把样本放回。重复这一过程 m 次，数据集 D' 就有 m 个样本。当然，这 m 个样本中很有可能有重复的样本数据。将 D' 作为训练集，将没有被采样到的样本 $D-D'$ 作为测试集，进行交叉验证。由于我们的训练集有重复数据，这会改变数据的分布，因而训练结果会有估计偏差，因此，这种方法不是很常用，除非数据量真的很少。

第6章 机器学习因子选股策略实践

第4章和第5章分别介绍了因子投资和机器学习的基础理论与方法，但对于初学者来说，如何将学到的理论付诸投资实践仍是很大的挑战。由于市场有效性、数据噪声等原因，在股票投资中量化选股比量化择时更有现实意义。在实践中，量化选股涉及的方面非常多，包括模型选择、特征工程、超参数调优等方面，需要结合具体数据尝试从不同的维度优化投资组合，这一过程非常需要经验、耐心和灵感，无法仅通过阅读掌握。但在你开始真正尝试前，还是需要了解基础工具的用法。

本章将介绍基于机器学习的因子选股策略。首先从最简单的线性回归模型开始，介绍将不同的机器学习模型用于因子选股的实现方式，并对比回测效果。其次从特征工程、超参数调优、标签设置等方面尝试改进模型。最后跳出具体模型，从组合构建的维度尝试使用组合优化模型和对冲方法提升模型的风险调整后收益。

6.1　基础机器学习模型

为了演示机器学习在因子投资中的应用，我们事先准备了 79 个经单因子分析效果不错的因子，这些因子基本都来自华泰的多因子系列研报。数据预处理及因子分析的过程比较烦琐，在第 4 章中已有详细介绍，本节不再展开。

本章中的示例如无特殊说明，均采用如下处理方法。

股票池：中证 500 成分股，剔除 ST、PT 股票，剔除上市不满 12 个月的新股，剔除每个截面期下一交易日停牌的股票。

训练区间：2010 年 1 月 1 日至 2021 年 12 月 31 日。

回测区间：2016 年 2 月 1 日至 2022 年 2 月 28 日。

特征和标签提取：每个自然月的最后一个交易日，计算 79 个因子暴露度，作为样本的原始特征，计算一整个自然月的个股收益率，作为样本的初始标签，因子池见表 6-1；对于分类预测，在每个月末截面期，选取下月收益排名前 30% 的股票设置标签为 1，后 30% 的股票设置标签为 0，其余数据舍弃；对于回归预测，以要预测的指标作为标签，不做样本筛选。

数据预处理：空值填充、行业市值中性化、中位数去极值、标准化。

训练和测试样本内训练：每个月使用过去 72 个月的因子数据进行训练，进行月度滚动训练。

样本外测试：模型训练完成后，对接下来的 12 个月以每个月月末截面期所有样本预处理后的特征作为模型的输入，得到每个样本的预测值，将预测值视作合成后的因子，构建组合进行回测。

实际回测设置：从 2016 年 1 月 1 日开始到 2022 年 2 月 28 日，每月月初按当日开盘价将持仓调整为等比例持有上月最后一个交易日收盘预测上涨概率排名前 20 的股票。

滑点：0。

手续费：买入 0.03%，卖出 0.13%，最低手续费统一为 5 元。

表 6-1　因子池

因子名称	因子说明
BOOK_TO_PRICE_RATIO	净资产÷总市值
TOTAL_ASSET_TURNOVER_RATE	总资产周转率
GROSS_INCOME_RATIO	[（营业收入（TTM）－营业成本（TTM）]÷营业收入（TTM）
NET_OPERATING_CASH_FLOW_COVERAGE	净经营现金流÷总市值

续上表

因子名称	因子说明
PEG	市盈率÷（企业年盈利增长率×100）
ROA_TTM	资产收益率（最新财报，TTM）
EARNINGS_TO_PRICE_RATIO	净利润（TTM）÷总市值
CASH_TO_CURRENT_LIABILITY	现金比率
CURRENT_RATIO	流动比率
ROE_TTM	净资产收益率（最新财报，TTM）
CASH_FLOW_TO_PRICE_RATIO	现金流市值比
CASH_EARNINGS_TO_PRICE_RATIO	现金流量市值比
SALES_TO_PRICE_RATIO	营收市值比
EV2EBITDA	企业价值÷税息折旧及摊销前利润
EPCUT	扣除非经常性损益后净利润（TTM）÷总市值
GPE	净利润（TTM）同比增长率÷市盈率（TTM）
OPERATIONCASHFLOWRATIO_TTM	经营性现金流÷净利润（最新财报，TTM）
gross_profit_margin	毛利÷营业收入
roe	净资产收益率（最新财报，YTD）
roa	资产收益率（最新财报，YTD）
operating_revenue	营业收入
adjusted_profit	扣除非经常损益后的净利润
adjusted_profit_ttm	扣除非经常损益后的净利润（TTM）
financial_leverage	总资产÷净资产
debtequityratio	非流动负债÷净资产
opre_yty	营业收入同比增长率—按季度
prof_yty	净利润同比增长率—按季度
nocf_yty	经营性现金流同比增长率—按季度
roe_yty	净资产收益率同比增长率—按季度
alpha	个股 60 个月收益与中证 500 指数回归的截距项
beta	个股 60 个月收益与中证 500 指数回归的贝塔
return_Nm	过去 N 个月的收益率，$N = 1，3，6，12$
wgt_return_Nm	个股最近 N 个月内用每日换手率乘以每日收益率求算术平均值，$N = 1，3，6，9$
exp_wgt_return_Nm	个股最近 N 个月内用每日换手率乘以函数 $\exp(-x\_i/N/4)$ 再乘以每日收益率求算术平均值，x_i 为该日距离截面日的交易日的个数，$N = 1，3，6，9$

续上表

因子名称	因子说明
dp	股息率
ff_rsd_std_Nm	过去 N 个月的 fama-french 三因子残差波动率，$N=1$, 3, 6, 12
std_Nm	过去 N 个月的收盘价波动率，$N=1$, 3, 6, 12
ln_price	收盘价的对数
turn_Nm	最近 N 个月内日均换手率
bias_turn_Nm	最近 N 个月内日均换手率除以最近 2 年内日均换手率再减去 1，$N=1$, 3, 6, 12
PSY	经典技术指标，周期取 20 日
RSI	经典技术指标，周期取 20 日
BIAS	经典技术指标，周期取 20 日
DIF	经典技术指标，长周期取 30 日，短周期取 10 日，计算 DEA 均线的周期（中周期）取 15 日
DEA	经典技术指标，长周期取 30 日，短周期取 10 日，计算 DEA 均线的周期（中周期）取 15 日
MACD	经典技术指标，长周期取 30 日，短周期取 10 日，计算 DEA 均线的周期（中周期）取 15 日
per_holder_chg	户均持股比例的同比增长率
alpha_N	阿尔法 101 因子之一，$N=003$, 013, 016, 055, 044, 050, 015
rank_EP_2	最新 EP 在过去两个月的分位数
rank_roa_6	最新资产收益率在过去六个月的分位数
rank_gross_profit_margin_6	最新毛利率在过去六个月的分位数
rank_operating_profit_to_profit_6	最新经营活动净收益/利润总额在过去六个月得到分位数

6.1.1　线性回归

在机器学习模型实现上，需要借助 sklearn 包。sklearn 是机器学习领域中最知名的 Python 包之一。这里 scikit 表示 SciPy Toolkit，因为它依赖于 SciPy 库。它是一个集成了目前市面上最常用的机器学习模型的库，使用起来非常轻松简单，因此获得了广泛的应用。

我们首先尝试线性回归方法对上述数据进行训练和预测。使用 sklearn. linear_model. LinearRegression 实现最小二乘法回归，所有参数均使用默认值。

LinearRegression 的基本原理是通过在训练数据中拟合线性模型的参数，以最小化数据集中实际的目标与通过线性近似预测的目标之间的残差平方和。

核心代码如下：

```
alg = LinearRegression()
alg.fit(X_train, y_train)
alg.predict(X_test)
```

因子分析效果见表 6-2～表 6-4。

表 6-2　基础线性回归预测 IC 分析结果

IC 分析	IC 均值	IC 标准差	IR	IC>0 占比	|IC|>0.02 占比
	0.084 793	0.085 567	0.990 951	0.808 219	0.904 11

表 6-3　基础线性回归预测 t 检验结果

t 检验	|t|均值	|t|>2 占比	t 均值÷t 标准差	因子溢价
	1.945 447	0.424 658	0.707 161	0.490 257

表 6-4　基础线性回归预测分层测试结果

分层年化收益	第一层	第二层	第三层	第四层	第五层
	−0.040 029	0.030 658	0.080 956	0.117 998	0.148 055

回测效果如图 6-1 所示。

收益概述

策略收益	策略年化收益	超额收益	基准收益	阿尔法	贝塔	夏普比率	胜率	盈亏比	最大回撤	索提诺比率
110.25%	13.41%	67.79%	25.31%	0.095	0.978	0.412	0.536	1.393	42.65%	0.540

日均超额收益	超额收益最大回撤	超额收益夏普比	日胜率	盈利次数	亏损次数	信息比率	策略波动率	基准波动率	最大回撤区间
0.04%	16.52%	0.584	0.528	602	522	1.080	0.228	0.216	2017/04/13,2018/10

图 6-1　基础线性回归预测回测效果图

出乎意料的是，简单的最小二乘法线性回归结果无论从因子分析还是从回测效果看，竟然都还不错。如此简单的算法都能取得不错的效果，后面要介绍的那些机器学习方法会不会效果更好呢？

下面介绍线性回归模型的正则化版，这类方法也不少，我们选择其中比较简单的一种—岭回归。正则化的线性回归模型就是在线性回归的成本函数里加入正则项，岭回归加入的是权重向量的 L_2 范数。具体使用的类是 sklearn. linear_model. Ridge，设置了两个参数，将阿尔法设置为较大的数值 10，保证正则化的强度；将 solver 设为 cholesky，让程序使用标准的 scipy. linalg. solve 函数求得封闭式解。

核心代码如下：

```
#岭回归模型,设两个参数
alg = Ridge(alpha=10, solver="cholesky")
alg.fit(X_train, y_train)
alg.predict(X_test)
```

因子分析效果见 6-5~表 6-7。

表 6-5　岭回归预测 IC 分析结果

IC 分析	IC 均值	IC 标准差	IR	IC>0 占比	|IC|>0.02 占比
	0. 084 809	0. 085 594	0. 990 821	0. 808 219	0. 90 411

表 6-6　岭回归预测 t 检验结果

t 检验	|t|均值	|t|>2 占比	t 均值÷t 标准差	因子溢价
	1. 945 595	0. 424 658	0. 706 881	0. 490 664

表 6-7　岭回归预测分层测试结果

分层年化收益	第一层	第二层	第三层	第四层	第五层
	−0. 037 582	0. 029 536	0. 077 965	0. 119 416	0. 148 294

从因子分析结果看，其与最简单的线性回归模型非常接近，可见优化模型对效果的提升很有限，因此不再做进一步的回测了。线性回归就尝试到这里，下面开始尝试用逻辑回归做分类。

6.1.2　逻辑回归

数据处理方面与线性回归基本一样，唯一的区别在于标签设置上。按照第 5 章介绍的标签设置方法，在对样本进行筛选后进行打标，在每个截面上，选取下月收益排名前 30% 的股票设置标签为 1，后 30% 的股票设置标签为 0。

逻辑回归模型也是计算输入特征的加权和（加上偏置项），但不同于线性回归模型直接输出结果，它输出的是结果的数理逻辑值。

逻辑回归模型的估计概率：

$$\widetilde{p}=\sigma(x^{\mathrm{T}}\boldsymbol{\theta})$$

σ 是 Sigmoid 函数：

$$\sigma(t)=\frac{1}{1+\exp(-t)}$$

当 $\widetilde{p}$ 的计算结果小于 0.5 时，预测结果为 0，否则为 1。

代码实现使用的类是 sklearn. linear_model. LogisticRegression，为简化起见，全部采用默认参数，在预测时使用 predict_proba 方法，这种方法除了可以获取样本的分类外，还可以获取样本属于特定类型的概率。

核心代码如下：

```
#逻辑回归模型,全部采用默认参数
alg = linear_model.LogisticRegression()
alg.fit(X_train, y_train)
alg.predict_proba(X_test)[:,1]
```

因子分析效果见表 6-8~ 表 6-10。

表 6-8　逻辑回归预测 IC 分析结果

IC 分析	IC 均值	IC 标准差	IR	IC>0 占比	|IC|>0.02 占比
	0.101 984	0.091 383	1.116 003	0.849 315	0.890 411

表 6-9　逻辑回归预测 t 检验结果

t 检验	|t|均值	|t|>2 占比	t 均值÷t 标准差	因子溢价
	2.170 089	0.493 151	0.760 406	0.079 046

表 6-10　逻辑回归预测分层测试结果

分层年化收益	第一层	第二层	第三层	第四层	第五层
	-0.059 914	0.033 490	0.078 203	0.137 632	0.148 524

回测效果如图 6-2 所示。

从 IC 和 t 检验的效果看，逻辑回归比线性回归要好不少，但是从分层测试的效果来看，逻辑回归的优势主要体现在最底层的负收益特别明显，而最高层的正收益，相对于线性回归并没有什么提升。这样的优势在做空困难的 A 股市场不能得到有效发挥，回测效果也证明了这一点。

上面的实验证明简单的线性回归和逻辑回归在选股中的效果并不差，不过这两种方法进一步提升的空间不大。下面我们来尝试更复杂一些的支持向量机和决策树模型。

收益概述

策略收益	策略年化收益	超额收益	基准收益	阿尔法	贝塔	夏普比率	胜率	盈亏比	最大回撤	索普诺比率
108.10%	13.22%	66.07%	25.31%	0.093	0.909	0.432	0.537	1.470	42.83%	0.556

日均超额收益	超额收益最大回撤	超额收益夏普比率	日胜率	盈利次数	亏损次数	信息比率	策略波动率	基准波动率	最大回撤区间
0.04%	17.13%	0.575	0.522	578	499	1.079	0.213	0.216	2017/10/13,2018/10/

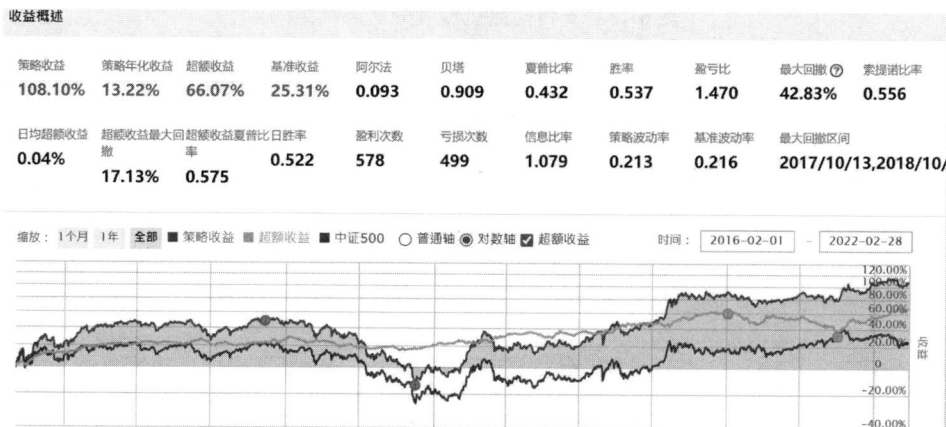

图 6-2　逻辑回归预测回测效果图

6.1.3　支持向量机

支持向量机是一类按监督学习方式对数据进行二元分类的广义线性分类器，其决策边界是对学习样本求解的最大边距超平面，可以将问题化为一个求解凸二次规划的问题。我们采用非线性分类支持向量机，通过添加相似特征完成升维后在高维空间对样本的分类。在实现上，使用 sklearn. svm. SVC 类，该类默认采用高斯 RBF 内核完成分类，通过核函数，可以不用显式地添加相似特征，就可以达到升维的效果，这样一来可以有效节省计算开支。我们在使用 SVC 时将 probability 设为 True，这会使模型训练过程中使用 5 折交叉验证，降低过拟合的可能性，缺点是会增加模型训练时间。

核心代码如下：

```
alg = SVC(probability=True)
alg.fit(X_train, y_train)
alg.predict_proba(X_test)
```

支持向量机预测因子分析效果见表 6-11～表 6-13。

表 6-11　支持向量机预测 IC 分析结果

IC 分析	IC 均值	IC 标准差	IR	IC>0 占比	|IC|>0.02 占比
	0.083 957	0.088 106	0.952 911	0.861 111	0.930 556

表 6-12　支持向量机预测 t 检验结果

t 检验	|t| 均值	|t|>2 占比	t 均值÷t 标准差	因子溢价	因子溢价 t 检验
	1.856 087	0.444 444	0.559 688	0.069 531	4.398 467

表 6-13　支持向量机预测分层测试结果

分层年化收益	第一层	第二层	第三层	第四层	第五层
	−0.012 533	0.024 281	0.075 899	0.120 483	0.129 739

实际回测效果如图 6-3 所示。

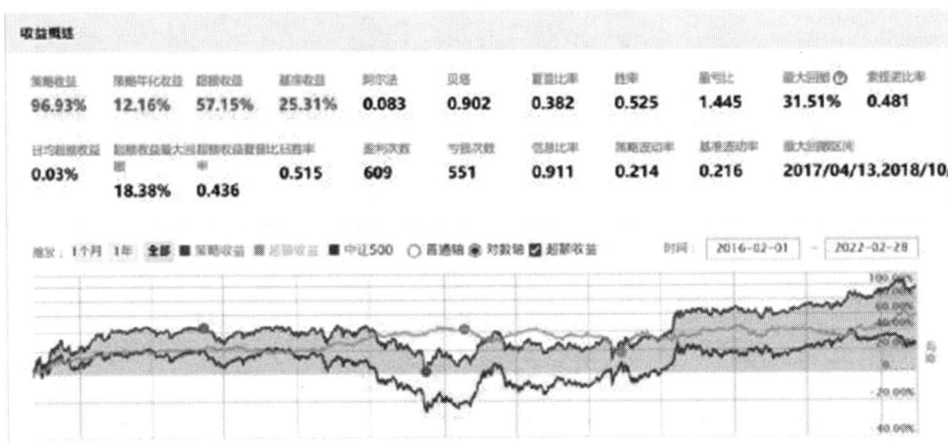

图 6-3　支持向量机预测回测效果图

与最简单的逻辑回归相比，从收益、夏普率等关键指标看，支持向量机的表现都略逊一筹。不仅如此，支持向量机的训练时间要比其他模型长得多。

6.1.4　决 策 树

决策树比较接近人的思维方式，是一种通过图示罗列解题步骤及各步骤发生的条件和结果的方法。这里使用 CART 方法，原理是先根据一个特征将训练集分成两个子集，使得两个子集的基尼不纯度最小，然后使用相同的逻辑将子集进行分割，最后再分割子集，以此类推。CART 是一种贪婪算法：从顶层开始搜索最优分裂，然后每层重复这个过程。决策树的一个主要缺点是容易过拟合，为了避免这一问题，我们限制决策树的最大深度为 3，同时限制叶节点的最小样本数为 10。在实现上使用的 sklearn 包的 sklearn. tree。

核心代码如下：

```
alg = DecisionTreeClassifier(max_depth=3,min_samples_leaf=10)
alg.fit(X_train, y_train)
alg.predict_proba(X_test)
```

决策树的一大亮点是可以通过绘制分类用的二叉树清晰地展示决策逻辑，具有极高的可解释性。绘制可通过调用 sklearn. tree 的 plot_ tree 方法实现，代码如下：

```
from sklearn import tree
fig = plt.figure(figsize=(25,20))
tree.plot_tree(alg,
               feature_names=X_train.columns,
               class_names=y_train.name,
               filled=True)
```

决策树预测因子分析效果见表 6-14 ~ 表 6-16。

表 6-14　决策树预测 IC 分析结果

IC 分析	IC 均值	IC 标准差	IR	IC>0 占比	∣IC∣>0.02 占比
	0.072 811	0.085 824	0.848 381	0.847 222	0.888 889

表 6-15　决策树预测 t 检验结果

t 检验	∣t∣均值	∣t∣>2 占比	t 均值÷t 标准差	因子溢价	因子溢价 t 检验
	1.598 266	0.347 222	0.478 346	0.047 615	3.543 981

表 6-16　决策树预测分层测试结果

分层年化收益	第一层	第二层	第三层	第四层	第五层
	−0.025 474	0.069 134	0.094 962	0.109 76	0.089 779

实际回测效果如图 6-4 所示。

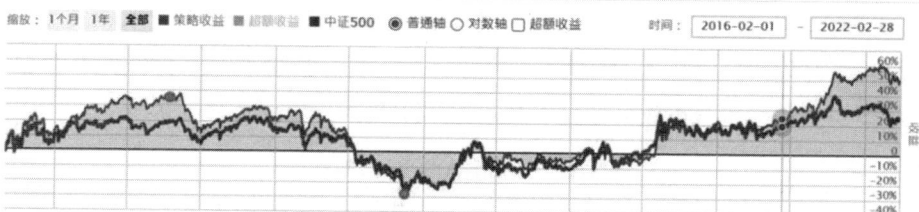

图 6-4　决策树预测回测效果图

与前面的模型相比，从收益、夏普率等关键指标看，决策树的表现是全方位落后的。不过决策树虽然效果不好，但树状结构的提升空间却很大，下一节会验证从决策树衍生出来的两个明星算法——XGBoost 和随机森林。

6.2　集成学习方法

在上一节中，我们验证了使用逻辑回归、支持向量机和决策树预测中证 500 成分股涨跌的效果，在过程中训练出了三个分类器。要想进一步提升，最直观的办法就是集成每个分类器的预测，提升预测精度。本节将尝试四种集成学习方法，sklearn 的 ensemble 包提供了大部分主流集成方法的实现。

6.2.1　投票法

如果我们已经训练出了几个模型，假设它们在未知数据上的表现接近，那么可以让它们平等地投票来决定一个新样本所属的类型。sklearn 提供了投票分类器（sklearn. ensemble. VotingClassifier），投票分类器分为硬投票和软投票两种，可以通过参数设定。硬投票是取各个投票器投票结果的多数作为最终分类结果，软投票是将各个分类器分类的概率之和作为最终分类依据。前面已经验证逻辑回归、支持向量机和决策树三种方法，其中，决策树的效果太差，暂时放弃它，把另外两个模型集成起来，用软投票方式进行预测。

核心代码如下：

```
#逻辑回归
log_clf = LogisticRegression()
#支持向量机
svm_clf = SVC(probability=True)
#投票
alg = VotingClassifier(estimators=[('lr', log_clf), ('svc', svm_clf)],
voting='soft')
alg.fit(X_train, y_train)
alg.predict_proba(X_test)[:,1]
```

投票法预测因子分析效果见表 6-17 ~ 表 6-19。

表 6-17　投票法预测 IC 分析结果

IC 分析	IC 均值	IC 标准差	IR	IC>0 占比	|IC|>0. 02
	0. 099 561	0. 096 724	1. 029 337	0. 888 889	0. 930 556

表 6-18　投票法预测 t 检验结果

t 检验	|t|均值	|t|>2 占比	t 均值÷t 标准差	因子溢价	因子溢价 t 检验
	2. 153 234	0. 458 333	0. 638 637	0. 090 54	5. 031 971

表 6-19　投票法预测分层测试结果

分层年化收益	第一层	第二层	第三层	第四层	第五层
	−0.048 731	0.047 943	0.083 796	0.111 355	0.143 775

实际回测效果如图 6-5 所示。

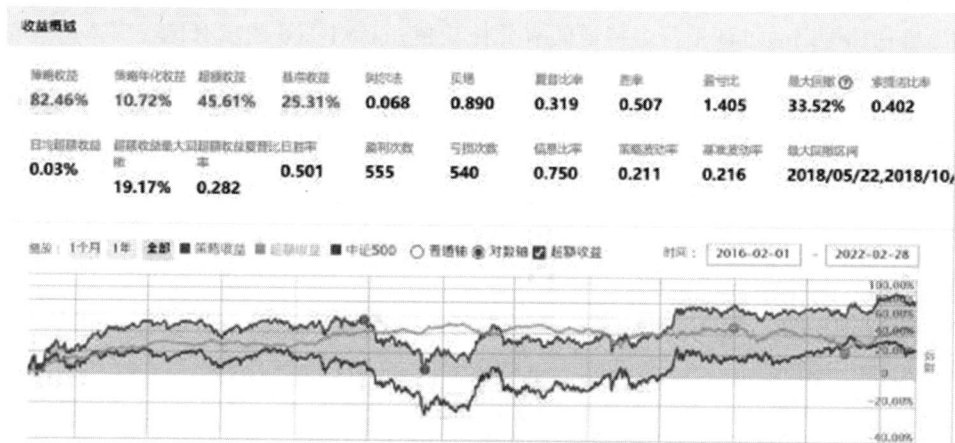

图 6-5　投票法预测回测效果图

实验结果表明，通过简单的投票法集成逻辑回归和支持向量机模型，得到的新模型的预测效果介于二者之间。需要注意的是，结果并不总是这样，在某些情况下，投票分类器的表现可能优于或弱于所有基础模型。

6.2.2　装 袋 法

投票分类器是使用不同的算法在同一个训练集上训练，另一个方法是使用同样的算法在一个训练集的不同随机子集上训练。在生成随机子集时如果将样本放回，这种方法叫作装袋法；与之相对的，如果样本不放回，形成的方法则叫作 Pasting。随机森林是使用这一思想的著名实现。

随机森林是决策树的集成，通常用装袋法训练。随机森林在树的生长上引入了更多的随机性：分裂节点时不再是搜索最好的特征，而是在一个随机生成的特征子集里搜索最好的特征。这导致决策树具有更大的多样性，用更高的偏差换取更低的方差，总之，还是产生了一个整体性能更优的模型。具体实现使用 sklearn. ensemble. Random-ForestClassifier 类，为防止过拟合，限定用于预测的决策树不超过 500 棵，每棵树的叶子节点不超过 16 个。

核心代码如下：

```
alg = RandomForestClassifier(n_estimators=500, max_leaf_nodes=16, n_jobs=-1)
alg.fit(X_train, y_train)
alg.predict_proba(X_test)[:,1]
```

随机森林继承了数百棵决策树的预测结果，将所有决策树绘制出来意义不大。不过随机森林可以通过计量每个特征的重要性让使用者对决策逻辑有比较深入的理解，因此，也有比较高的可解释性。下面将我们训练数据训练出的随机森林中最重要的10个特征绘制出来，核心代码如下：

```
#获取训练好的随机森林模型的特征重要性
importances = alg.feature_importances_
forest_importances = pd.Series(importances, index=X_train.columns)
#对特征重要性排序,取最重要的10个
forest_importances = forest_importances.sort_values(ascending=False).head(10)
fig, ax = plt.subplots()
fig = plt.figure(figsize=(25,20))
forest_importances.plot.bar(ax=ax)
ax.set_title("特征重要性")
ax.set_ylabel("特征重要性得分")
fig.tight_layout()
```

绘制结果如图6-6所示。

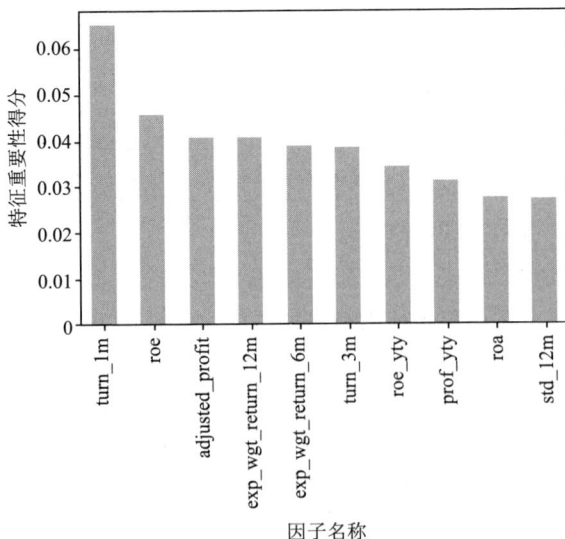

图6-6 随机森林预测因子重要性图

随机森林预测因子分析效果见表 6-20～表 6-22。

表 6-20　随机森林预测 IC 分析结果

IC 分析	IC 均值	IC 标准差	IR	IC>0 占比	|IC|>0.02
	0.095 703	0.114 557	0.835 417	0.819 444	0.958 333

表 6-21　随机森林预测 t 检验结果

t 检验	|t|均值	|t|>2 占比	t 均值÷t 标准差	因子溢价	因子溢价 t 检验
	2.227 956	0.5	0.474 175	0.087 384	3.454 164

表 6-22　随机森林预测分层测试结果

分层年化收益	第一层	第二层	第三层	第四层	第五层
	−0.016 022	0.045 554	0.089 6	0.107 077	0.111 706

实际回测效果如图 6-7 所示。

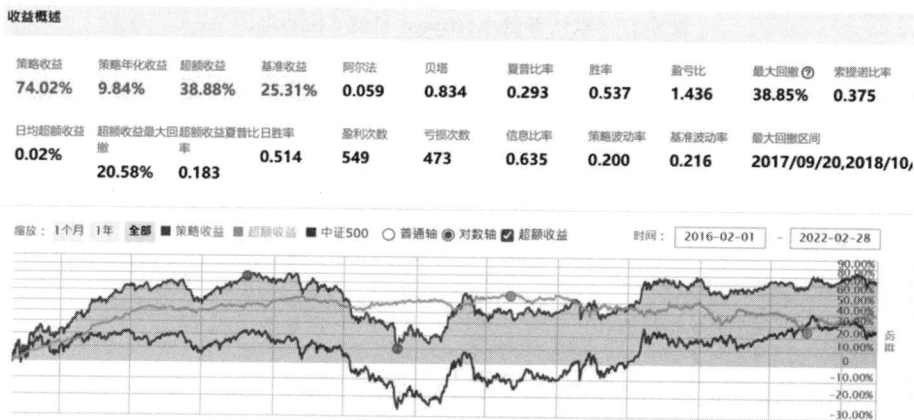

图 6-7　随机森林预测回测效果图

6.2.3　提 升 法

接下来要介绍的集成方法是提升法，大多数提升法的总体思路是串行训练预测器，每一次都在前一次训练的基础上做出一些改正。该类模型在最近几年获得了长足的发展，常用的包括 AdaBoost、GBDT、XGBoost 等。XGBoost 应该是目前最流行的一种，在各种比赛中经常能见到它的身影。与其他两种算法比，XGBoost 在损失函数、正则化、切分点查找和并行化设计等方面进行了改进，使得其在计算速度上比常见工具包快五倍以上，同时保持预测效果相当。

XGBoost 的有原生版本和为了与 sklearn 相适应而提供的 sklearn 接口版本，前者直接使用 XGBoost 包，后者使用 xgboost.sklearn 包。一般认为原生版本更灵活、效率更高，而 sklearn 版本能够更方便地调用 sklearn 包的类和方法，二者互有优劣。为简单起见，下面的代码使用 sklearn 版本，具体使用 xgboost. sklearn. XGBClassifier 类，所有参数均使用默认值。在可解释性方面，XGBClassifier 也提供了与随机森林一样的获取特征重要性的方法，这里不再重复介绍。

核心代码如下：

```
alg = XGBClassifier()
alg.fit(X_train, y_train)
alg.predict_proba(X_test)[:,1]
```

XGBoost 预测因子分析效果见表 6-23 ~ 表 6-25。

表 6-23　默认参数 XGBoost 预测 IC 分析结果

IC 分析	IC 均值	IC 标准差	IR	IC>0 占比	|IC|>0.02
	0.055 347	0.071 466	0.774 455	0.805 556	0.833 333

表 6-24　默认参数 XGBoost 预测 t 检验结果

t 检验	|t|均值	|t|>2 占比	t 均值÷t 标准差	因子溢价	因子溢价 t 检验
	1. 368 927	0. 222 222	0. 429 776	0. 015 119	3. 125 528

表 6-25　默认参数 XGBoost 预测分层测试结果

分层年化收益	第一层	第二层	第三层	第四层	第五层
	−0. 015 642	0. 072 509	0. 095 682	0. 093 542	0. 092 018

实际回测效果如图 6-8 所示。

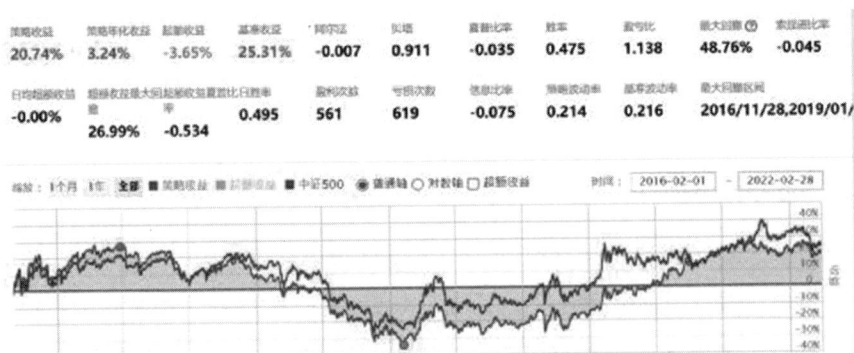

图 6-8　默认参数 XGBoost 预测回测效果图

上述集成方法的表现再次让人大跌眼镜，最简单的投票法效果最好，最受期待的 XGBoost 的效果却很差，连基准指数都没跑过。难道 XGBoost 真是浪得虚名？别着急下结论，这很可能只是因为 XGBoost 的默认超参数不适合我们的场景，我们换一组参数，效果就会提高很多。

```
alg = XGBClassifier(
        learning_rate =0.05,
        n_estimators=77,
        max_depth=5,
        min_child_weight=1,
        gamma=0,
        subsample=0.8,
        colsample_bytree=0.8,
        objective= 'binary:logistic',
        nthread=4,
        scale_pos_weight=1,
        seed=27)
```

因子分析效果见表 6-26～表 6-28。

表 6-26　调整参数后 XGBoost 预测 IC 分析结果

IC 分析	IC 均值	IC 标准差	IR	IC>0 占比	|IC|>0. 02
	0. 088 669	0. 099 665	0. 889 667	0. 819 444	0. 888 889

表 6-27　调整参数后 XGBoost 预测 t 检验结果

t 检验	|t|均值	|t|>2 占比	t 均值÷t 标准差	因子溢价	因子溢价 t 检验
	2. 046 631	0. 430 556	0. 570 463	0. 060 495	4. 325 842

表 6-28　调整参数后 XGBoost 预测分层测试结果

分层年化收益	第一层	第二层	第三层	第四层	第五层
	−0. 041 696	0. 053 9	0. 101 432	0. 101 232	0. 123 262

实际回测效果如图 6-9 所示。

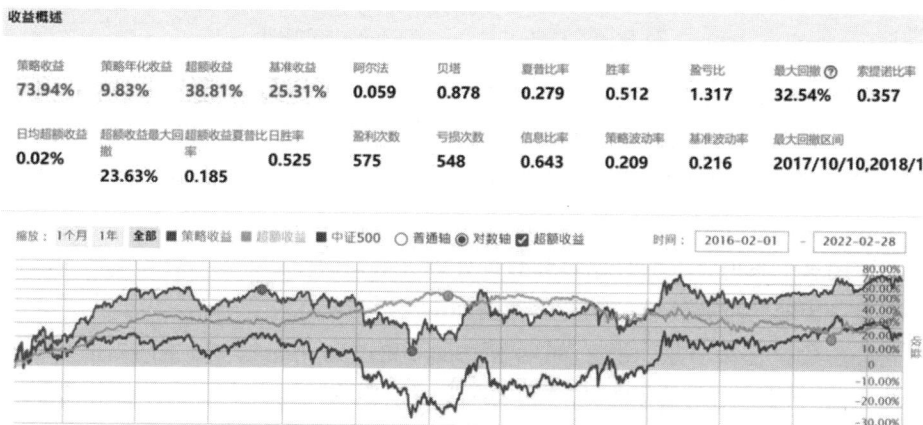

收益概述

策略收益	策略年化收益	超额收益	基准收益	阿尔法	贝塔	夏普比率	胜率	盈亏比	最大回撤	索提诺比率
73.94%	9.83%	38.81%	25.31%	0.059	0.878	0.279	0.512	1.317	32.54%	0.357

日均超额收益	超额收益最大回撤	超额收益夏普比胜率	盈利次数	亏损次数	信息比率	策略波动率	基准波动率	最大回撤区间
0.02%	23.63%	0.185 / 0.525	575	548	0.643	0.209	0.216	2017/10/10,2018/1

图 6-9　调整参数后 XGBoost 预测回测效果图

虽然效果也不算特别好，但比使用默认超参数还是好多了。我们用 XGBoost 做两次分析回测，是为了证明模型调优的重要性。其实，经过验证的这些模型都有很大的调优空间，我们会在后面的小节里逐步展开。

6.2.4 堆叠法

接下来，我们来验证另一种集成学习方法，即堆叠法。它基于一个简单的想法：与其使用一些简单的函数（比如前面提到的投票法）来集成所有基础预测器的预测，我们为什么不训练一个模型来执行这个聚合呢？

一般来说，堆叠法将训练一个多层（一般是两层）的模型结构，第一层（也叫学习层）包含 n 个不同的模型，将 n 个模型的预测结果合并为新的特征集，并作为下一层模型的输入，由下一层模型再次根据对应的数据标签进行训练，得到一个完整的框架。

传统的堆叠法模型所有的第一层模型都使用相同的训练集数据，它们从不同的角度对相同的训练数据进行学习，得到具有差异性的输出值，再通过第二层的逻辑回归得到输出值，如图 6-10 所示。

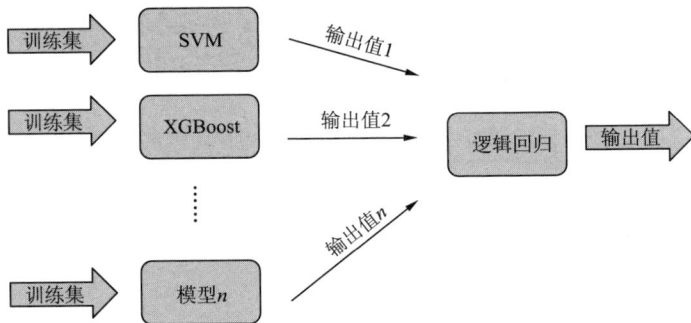

图 6-10 传统 Stacking 集成学习原理图

华泰证券提出过一种改进的堆叠法模型，让模型的第一层使用不同的训练集数据，理由是这样第一层的两个模型的输出的相关性会更低。

与前面介绍的集成方法不同的是，sklearn 不直接支持堆叠法，所以，我们不得不自己实现，好在也并不困难。

继续用这个系列统一的数据集和数据处理方法来做验证。

先验证传统的堆叠法模型，具体做法如下。

训练阶段：在第一层，我们使用 XGBoost 和逻辑回归模型，用 72 个月的数据做训练，再用训练完成的模型对接下来两个月（第 73、74 个月）的数据进行预测，预测的结果作为第二层的输入；第二层使用另一个逻辑回归模型，基于输入进行训练。

测试阶段：用第 75 个月的数据作为输入，在第一层用训练过的 XGBoost 和逻辑回归模型对输入进行预测，预测结果作为第二层的输入；用第二层的逻辑回归模型对输入进行预测，作为最终输出。

以此类推。对产生的结果做因子分析，效果见表 6-29~ 表 6-31。

表 6-29　传统堆叠法预测 IC 分析结果

IC 分析	IC 均值	IC 标准差	IR	IC>0 占比	|IC|>0. 02
	0. 093 221	0. 105 62	0. 882 607	0. 814 286	0. 9

表 6-30　传统堆叠法预测 t 检验结果

t 检验	|t|均值	|t|>2 占比	t 均值 ÷ t 标准差	因子溢价	因子溢价 t 检验
	2. 189 61	0. 5	0. 668 804	0. 306 402	4. 227 18

表 6-31　传统堆叠法预测分层测试结果

分层年化收益	第一层	第二层	第三层	第四层	第五层
	−0. 084 306	0. 020 731	0. 070 349	0. 087 363	0. 112 566

实际回测效果如图 6-11 所示。

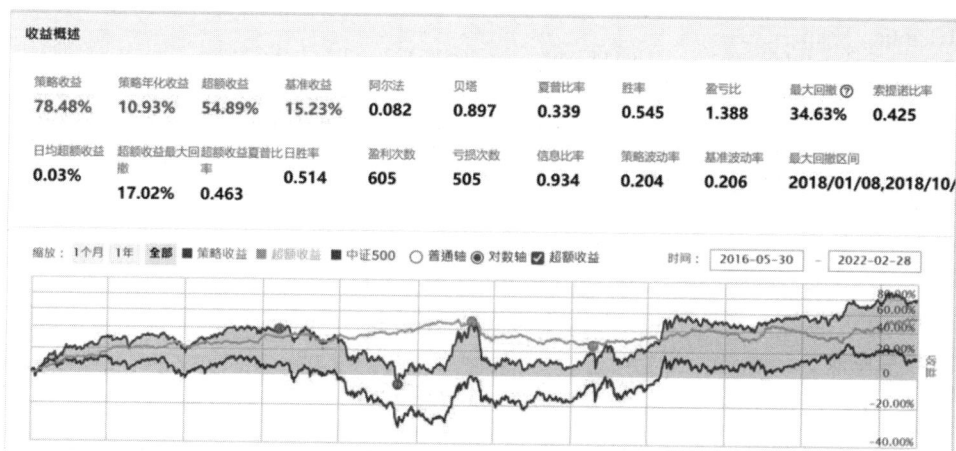

图 6-11　传统堆叠法预测回测效果图

接下来测试华泰证券的改进方法，让第一层的两个模型使用不同的训练集。具体做法是在训练阶段，第一层使用 XGBoost 和逻辑回归模型，XGBoost 用 72 个月的数据做训练，逻辑回归模型用 72 个月中最后 6 个月（第 67 至第 72 个月）的数据做训练，再用训练完成的模型对接下来两个月（第 73、74 个月）的数据进行预测，预测的结果作为第二层的输入。其他与前面的方法保持一致。图 6-12 展示了堆叠法模型滚动训练过程。

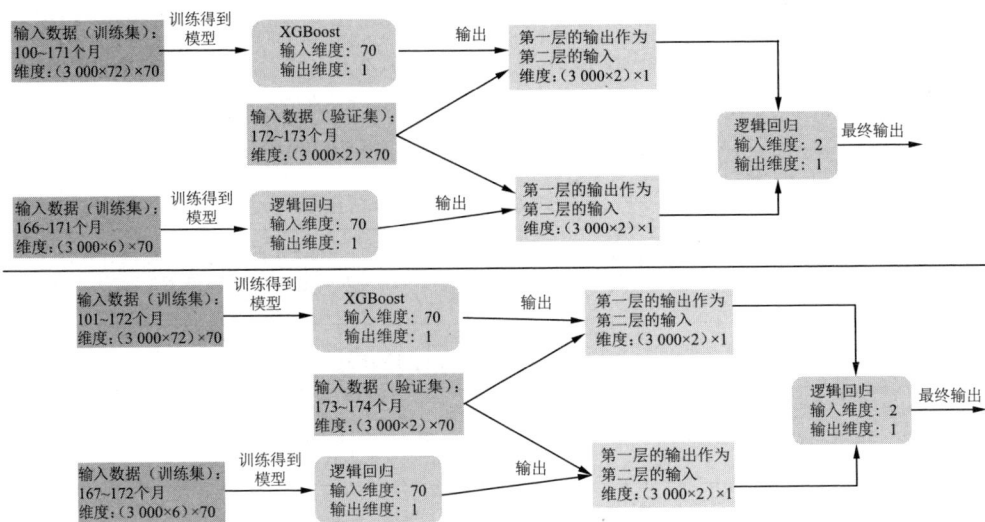

图 6-12　堆叠法模型滚动训练过程图

因子分析结果见表 6-32～表 6-34。

表 6-32　改进堆叠法预测 IC 分析结果

IC 分析	IC 均值	IC 标准差	IR	IC>0 占比	|IC|>0.02
	0.061 406	0.115 396	0.532 129	0.742 857	0.857 143

表 6-33　改进堆叠法预测 t 检验结果

t 检验	|t|均值	|t|>2 占比	t 均值÷t 标准差	因子溢价	因子溢价 t 检验
	1.944 399	0.414 286	0.347 605	0.020 85	0.344 614

表 6-34　改进堆叠法预测分层测试结果

分层年化收益	第一层	第二层	第三层	第四层	第五层
	−0.027 754	0.045 249	0.058 245	0.075 704	0.055 05

实际回测效果如图 6-13 所示。

从结果可以看出，改进方法再次"翻车"了，传统方法能长期立足自有其道理。当然这不代表着华泰的改进没有意义，大家可以借鉴这种思路再试试其他模型的组合。

前面的小节因为都是调用 sklearn 包的类实现，比较简单，因此只提供了核心代码。堆叠法因为没有现成的包可以调用，因此本节最后贴出我实现的华泰版本 Stacking 方法，普通版本的堆叠方法跟这个类似，读者可以在此基础上简单修改实现。

策略收益	策略年化收益	超额收益	基准收益	阿尔法	贝塔	夏普比率	胜率	盈亏比	最大回撤 ②	索提诺比率
34.17%	5.40%	16.43%	15.23%	0.027	0.890	0.068	0.494	1.185	39.61%	0.086

日均超额收益	超额收益最大回撤	超额收益夏普比日胜率		盈利次数	亏损次数	信息比率	策略波动率	基准波动率	最大回撤区间
0.01%	24.15%	-0.127	0.499	577	590	0.291	0.206	0.206	2017/09/20,2018/1

缩放: 1个月 1年 **全部** ■策略收益 ■超额收益 ■中证500 ◉普通轴 ○对数轴 □超额收益   时间: 2016-05-30 ～ 2022-02-28

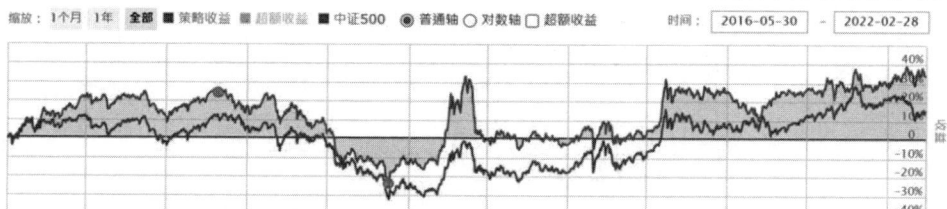

图 6-13　改进堆叠法预测回测效果图

```
#测试用,没有做特征选择,不同训练样本-华泰版本
dates = features_sample.index.levels[0]
train_length =6
mov_length =71
weight = pd.DataFrame()
predic=pd.DataFrame()
X_sample_6 = {}
y_sample_6 = {}
X_sample_72 = {}
y_sample_72 = {}
predic=pd.DataFrame()
logit_model = linear_model.LogisticRegression()
logit_model_final = linear_model.LogisticRegression()
xgb = XGBClassifier(
        learning_rate =0.05,
        n_estimators=77,
        max_depth=5,
        min_child_weight=1,
        gamma=0,
        subsample=0.8,
        colsample_bytree=0.8,
        objective= 'binary:logistic',
        nthread=4,
        scale_pos_weight=1,
        seed=27)
for i in range(0,mov_length):
    #72个月的xgboost模型训练

    sample_data_72=features_sample.loc[dates[i]:dates[71+i]]
    y_sample_72[i] = sample_data_72['label']      #分割y
```

```
X_sample_72[i] = sample_data_72.drop(columns=['label'])

xgb.fit(X_sample_72[i], y_sample_72[i],eval_metric='auc')

#6个月的xgboost模型训练
sample_data_6=features_sample.loc[dates[66+i]:dates[71+i]]
y_sample_6[i] = sample_data_6['label']    #分割y
X_sample_6[i] = sample_data_6.drop(columns=['label'])

logit_model.fit(X_sample_6[i],y_sample_6[i])
#获取后面两个月的数据
x_val_2 = features_sample.loc[dates[72+i]:dates[73+i]]
y_val_2 = x_val_2['label']
del x_val_2['label']

xgb_predprob_val = pd.DataFrame(xgb.predict_proba(x_val_2)[:,1], col-
umns=['xgbproba'])

logit_predprob_val = pd.DataFrame(logit_model.predict_proba(x_val_2)
[:,1], columns=['logitproba'])

x_pred_val = pd.concat([xgb_predprob_val,logit_predprob_val],axis = 1)

logit_model_final.fit(x_pred_val,y_val_2)

#测试数据,再下一个月
test_data = features.loc[dates[74+i]]

x_test = test_data.copy()
del x_test['NEXT_RET']

xgb_predprob_test = pd.DataFrame(xgb.predict_proba(x_test)[:,1], col-
umns=['xgbproba'])

logit_predprob_test = pd.DataFrame(logit_model.predict_proba(x_test)
[:,1], columns=['logitproba'])

x_pred_test = pd.concat([xgb_predprob_test,logit_predprob_test],axis = 1)

logit_predprob_test = pd.DataFrame(logit_model_final.predict_proba(x
_pred_test)[:,1], columns=['pred-Stacking1'])

logit_predprob_test['date'] = dates[74+i]
logit_predprob_test['code'] = x_test.index
```

```
        logit_predprob_test.set_index(['date','code'],inplace=True)
        #predc_predprob = predc_predprob.merge(ind_cap_ret, how = 'inner',
left_index=True, right_index=True)
        predic = pd.concat([predic,logit_predprob_test], axis=0)

        predic = predic.merge(ind_cap_ret, how = 'inner', left_index = True,
right_index=True)
    predic.to_csv('predic-Stacking1.csv')
```

6.3 深度学习模型初探

我们在前面几节已经尝试了将多个机器学习模型用于选股，但还没有涉及人工神经网络技术，而人工神经网络才是近年来真正的热点。深度神经网络可以理解为简化的大脑皮层的模型，由一堆人工神经元层组成，深度学习是基于深度神经网络的机器学习方法。无论是横空出世颠覆围棋世界的 AlphaGo，还是 ChatGPT 带起来的一批大模型，其背后都是深度神经网络。本节尝试将三种基础的神经网络模型用于选股，分别是多层感知器、Tabnet 和卷积神经网络。

6.3.1 多层感知器

多层感知器是最简单的人工神经网络结构，由一层（直通）输入层、一层或多层阈值逻辑单元（称为隐藏层）和一个阈值逻辑单元构成的最后一层（称为输出层）组成。除输出层外的每一层都包含一个偏置神经元，并完全连接到下一层。sklearn 也提供了多层感知器的实现，所以，直接调用 sklearn. neural_ network. MLPClassifier 类用于分类预测，所有参数均使用默认值。

核心代码如下：

```
alg =MLPClassifier()
alg.fit(X_train, y_train)
alg.predict_proba(X_test)[:,1]
```

XGBoost 预测因子分析效果见表 6-35~表 6-37。

表6-35　多层感知器预测 IC 分析结果

IC 分析	IC 均值	IC 标准差	IR	IC>0 占比	| IC |>0. 02
	0. 026 893	0. 065 116	0. 412 999	0. 638 889	0. 736 111

表 6-36　多层感知器预测 t 检验结果

t 检验	|t|均值	|t|>2 占比	t 均值 ÷ t 标准差	因子溢价	因子溢价 t 检验
	1. 114 771	0. 194 444	0. 234 834	0. 004 433	1. 924 298

表 6-37　多层感知器预测分层测试结果

分层年化收益	第一层	第二层	第三层	第四层	第五层
	0. 038 993	0. 056 278	0. 086 442	0. 059 485	0. 096 339

实际回测效果如图 6-14 所示。

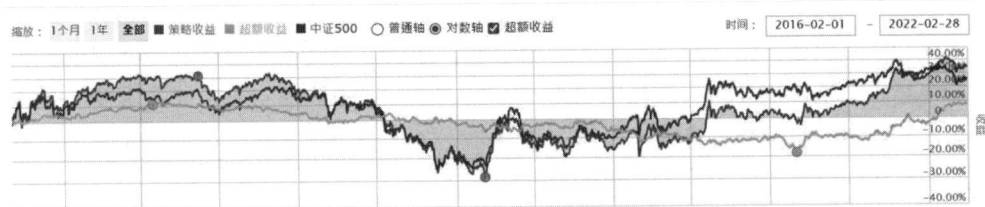

图 6-14　多层感知器预测回测效果图

多层感知器在这次实验中的表现不佳，不过经过前面的学习，大家应该知道这并不足以否定它，可能换一组参数或换一套数据就会有截然不同的效果。本节的目的仅仅是介绍将各种机器学习模型用于选股的实现方法，而不是评价每种模型的优劣。

6.3.2　卷积神经网络

卷积神经网络，通常被应用于计算机视觉领域，它可以通过保留局部信息来逐步减少大型数据集的维度。在投资中，我们可以把股票的因子矩阵视作图片的特征矩阵，通过 CNN 处理预测未来涨跌。本节主要是借鉴华泰金工的《人工智能选股之卷积神经网络》这篇研报的思路，原理示例如图 6-15 所示。

CNN 的一大缺点是特别耗内存，所以，将之前章节中的数据拿来用在个人电脑上会出现内存溢出问题，因此本节使用了更少的因子及更少的训练和测试样本。把每个股票过去 30 天的 17 个因子的因子暴露视为一个图片，把未来 5 天的股票收益率作为标签，然后用卷积神经网络进行训练和预测。

5个截面期

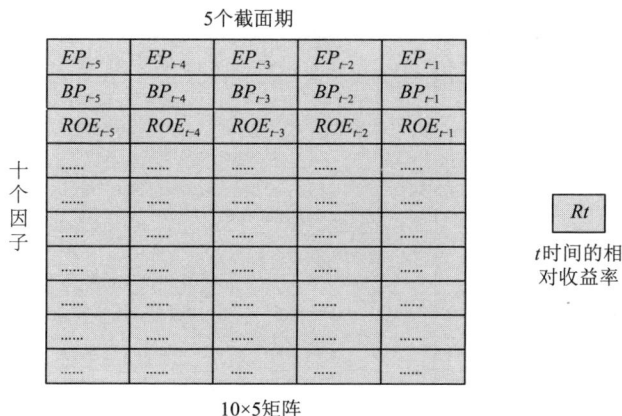

图 6-15　个股因子图片及对应的相对收益率标签

注：

EP_{t-i} 表示 t 时间之前第 i 期的盈利市价比率；

ROE_{t-i} 表示 t 时间之前第 i 期的净资产收益率

具体处理方法如下。

一是选取股票池：中证 500 成分股，剔除 ST、PT 股票，剔除上市不满 12 个月的新股，剔除每个截面期下一交易日停牌的股票，剔除存在空值的因子图片和标签。

二是确定数据区间：取 2021 年 1 月 1 日至 2021 年 10 月 31 日的股票池数据，将数据分为三段，时间如下：

训练区间：2021 年 1 月 1 日至 2021 年 8 月 9 日。

验证区间：2021 年 8 月 10 日至 2021 年 8 月 31 日。

测试区间：2021 年 9 月 1 日至 2021 年 10 月 31 日。

三是进行数据预处理：中位数去极值、标准化。

四是进行特征和标签提取：每个交易日，计算每个股票的 17 个因子在过去 30 个交易日的暴露度，形成因子图片；计算每只股票接下来 5 个交易日的超额收益率，超额收益率为正的标记为 1，否则标记为 0。因子见表 6-38。

表 6-38　因子图片组成列表

因子名称	因子说明
open	当日开盘价
high	当日最高价
low	当日最低价
vwap	交易量加权平均价
close	当日收盘价

续上表

因子名称	因子说明
volume	当日交易量
return1	相对前一日涨跌幅
free_turn	流通换手率
turn	总换手率
close÷free_turn	收盘价÷流通换手率
open÷turn	开盘价÷总换手率
volume÷low	交易量÷最低价
vwap÷high	交易量加权平均价÷最高价
low÷high	最低价÷最高价
vwap÷close	交易量加权平均价÷收盘价
main÷cap	主力成交量÷总市值
l÷cap	大单成交量÷总市值

五是进行模型构建：最常用的神经网络框架有 Tensorflow 和 Pytorch 两种。本节主要采用 Tensorflow. keras 包构建深度神经网络模型，包括如下几层：一个卷积层，使用 10 个 5×5 的卷积核，采用 relu 激活函数；一个最大池化层，使用 2×2 的小内核并且步幅为 1，池化后展开为一维特征；四个全连接层，输出神经元个数分别为 100、70、40、1，前三层采用 relu 激活函数，最后一层采用 Sigmoid 激活函数。其他主要参数设置包括：

优化器和学习率：Nadam，$1e^{-4}$；

Dropout 率：0.5；

损失函数：交叉熵损失函数（二分类）。

代码如下：

```
import numpy as np
import pandas as pd
from datetime import datetime
import time
import matplotlib.dates as mdates
import matplotlib.pyplot as plt
import seaborn as sns
#START_DATE = '2021-01-01'
#END_DATE = '2022-07-01'
#index = '000800.XSHG'
#index = '000300.XSHG'
index ='000905.XSHG'
```

```
import tensorflow as tf
import tensorflow.keras as keras
from keras.layers.core import Dense, Flatten, Dropout
from keras.layers.convolutional import Conv2D, MaxPooling2D, SeparableConv2D
the_path = 'D:\\交易\\数据\\'
#读收益率数据
ret = pd.read_csv(the_path+'000905.XSHG221105_alpha_ret.csv',index_col=
[0,1],parse_dates=[0],dtype={'INDUSTRY_CODE':str})
#读因子数据
factors = pd.read_csv(the_path+'000905.XSHG221105_alpha_test1.csv',in-
dex_col=[1,0],parse_dates=[0],dtype={'INDUSTRY_CODE':str})
periods = [i for i in factors.index.levels[1]]              # 日期
securities = factors.index.levels[0].tolist()              # 股票代码
i=0
X_train = []
y_train = []
X_val= []
y_val = []
X_test= []
y_test = []
val_split_date = '2021-08-10'
test_split_date = '2021-09-01'
end_date = '2021-10-31'
count1 =0
count2 =0
count3 =0
test_df = pd.DataFrame(columns=['date', 'code'])
for i in range(0,len(periods)):
#for i in range(0,1):
    for stckid in securities:
        stock = factors.loc[stckid]

        x=stock.iloc[0+i:30+i]
        date = x.index[-1]
    # print('stock:')
        #print(stckid)
        if (date,stckid) in ret.index:
            x_contain_nan = x.isnull().values.any()
            y = ret.loc[date].loc[stckid]
            print(y)
            print(type(y))
            print(y[0])
            print(type(y[0]))
```

```
                    y_contain_nan = y.isnull().values.any()
                    #print(x)
                    #print(y)
                    #print(type(x_contain_nan))
                    #print(type(y_contain_nan))
                    if not (x_contain_nan or y_contain_nan):
                        if date < datetime.strptime(val_split_date, '%Y-%m-%d'):
                            X_train.append(x.T)
                            y_train.append(1 if y[0]>0 else 0)
                            count1 = count1+1
                        elif date < datetime.strptime(test_split_date, '%Y-%m-%d'):
                            X_val.append(x.T)
                            y_val.append(1 if y[0]>0 else 0)
                            count2 = count2+1
                        elif date < datetime.strptime(end_date, '%Y-%m-%d'):
                            X_test.append(x.T)
                            y_test.append(1 if y[0]>0 else 0)
                            count3 = count3+1
                            test_df.loc[len(test_df.index)] = [date,stckid]

print(count1)
print(count2)
print(count3)
#训练集
Xa = np.array(X_train)
ya = np.array(y_train)
#验证集
Xv = np.array(X_val)
yv = np.array(y_val)
#测试集
Xe = np.array(X_test)
ye = np.array(y_test)
#自定义网络
class NeuralNetwork(tf.keras.Model):
    """Neural network that classifies factor images."""
    def __init__(self):
        super().__init__()
        self.sequence = keras.models.Sequential([
        Conv2D(10,5, activation="relu", padding="same",
        input_shape=[17, 30, 1]),
        keras.layers.MaxPooling2D(pool_size=(2, 2),strides=(1, 1), pad-
ding='same'),
```

```
        Flatten(),
        Dense(100, activation="relu"),
        Dropout(0.5),
        Dense(70, activation="relu"),
        Dropout(0.5),
        Dense(40, activation="relu"),
        Dropout(0.5),
        Dense(1, activation="sigmoid")
    ])
    def call(self, x: tf.Tensor) -> tf.Tensor:
        y_prime = self.sequence(x)
        return y_prime
batch_size = 1000
train_dataset = tf.data.Dataset.from_tensor_slices(
        (Xa,ya))
val_dataset = tf.data.Dataset.from_tensor_slices(
        (Xv, yv))
test_dataset = tf.data.Dataset.from_tensor_slices(
         (Xe, ye))
print('test_dataset:')
print(test_dataset)
train_dataset = train_dataset.batch(batch_size).shuffle(500)
val_dataset = val_dataset.batch(batch_size).shuffle(500)
test_dataset = test_dataset.batch(batch_size).shuffle(500)
#Building the model
#training
lr = 1e-4
#batch_size = 1
epochs = 200
#训练模式
model = NeuralNetwork()
metrics = ["accuracy"]
#model.compile(optimizer, loss_fn,metrics=metrics)
model.compile(loss="binary_crossentropy", optimizer = keras.optimizers.
Nadam(learning_rate=lr),metrics=metrics)
callback = tf.keras.callbacks.EarlyStopping(patience=10)
print('\n***Training***')
#model.fit(train_dataset, epochs=epochs)
model.fit(train_dataset, epochs = epochs, validation_data = val_dataset,
callbacks=[callback])
print('\n***Evaluating***')
(test_loss, test_accuracy) = model.evaluate(test_dataset)
print(f'Test loss: {test_loss:>8f}, '+
    f'test accuracy: {test_accuracy * 100:>0.1f}%')
```

运行结果如图 6-16 所示。

```
***Training***
Epoch 1/200
58/58 [==============================] - 20s 265ms/step - loss: 0.7008 - accuracy: 0.4936 - val_loss: 0.6937 - val_accuracy: 0.4569
Epoch 2/200
58/58 [==============================] - 14s 228ms/step - loss: 0.6936 - accuracy: 0.5059 - val_loss: 0.6951 - val_accuracy: 0.4020
Epoch 3/200
58/58 [==============================] - 14s 230ms/step - loss: 0.6934 - accuracy: 0.5149 - val_loss: 0.6939 - val_accuracy: 0.4435
Epoch 4/200
58/58 [==============================] - 14s 245ms/step - loss: 0.6930 - accuracy: 0.5195 - val_loss: 0.6940 - val_accuracy: 0.4504
Epoch 5/200
58/58 [==============================] - 15s 256ms/step - loss: 0.6929 - accuracy: 0.5223 - val_loss: 0.6943 - val_accuracy: 0.4454
Epoch 6/200
58/58 [==============================] - 17s 289ms/step - loss: 0.6927 - accuracy: 0.5238 - val_loss: 0.6973 - val_accuracy: 0.4144
Epoch 7/200
58/58 [==============================] - 23s 389ms/step - loss: 0.6930 - accuracy: 0.5203 - val_loss: 0.6946 - val_accuracy: 0.4494
Epoch 8/200
58/58 [==============================] - 18s 306ms/step - loss: 0.6927 - accuracy: 0.5216 - val_loss: 0.6948 - val_accuracy: 0.4522
Epoch 9/200
58/58 [==============================] - 16s 276ms/step - loss: 0.6926 - accuracy: 0.5226 - val_loss: 0.6949 - val_accuracy: 0.4518
Epoch 10/200
58/58 [==============================] - 15s 249ms/step - loss: 0.6925 - accuracy: 0.5233 - val_loss: 0.6949 - val_accuracy: 0.4528
Epoch 11/200
58/58 [==============================] - 15s 248ms/step - loss: 0.6926 - accuracy: 0.5208 - val_loss: 0.6952 - val_accuracy: 0.4523

***Evaluating***
18/18 [==============================] - 2s 78ms/step - loss: 0.6902 - accuracy: 0.5794
Test loss: 0.690223, test accuracy: 57.9%
```

图 6-16 CNN 模型运行结果

本节实现了一个简单的 CNN 模型，并尝试用小规模数据做了简单测试。很遗憾预测效果并不理想，因此，也就没有进一步将预测结果用于回测，仅提供一种实现思路供读者参考。

6.3.3 TabNet

前面两个模型的表现都不佳，除了因为未对模型进行充分优化外，还有一个可能的原因是这两个模型并不适合处理多因子表格数据，人工神经网络家族中最适合处理表格数据的是 TabNet，所以，我们接下来验证一下 TabNet 的效果。

TabNet 有两个实现版本：分别是基于 TensorFlow 和 Pytorch 实现，前者被称为 tf-TabNet，后者被称为 PyTorch-TabNet，PyTorch-TabNet 更受欢迎，因此，本节的实现会基于 PyTorch-TabNet。具体使用的类是 pytorch-tabnet. tab_model. TabNetClassifier，使用方法跟 sklearn 包中的分类器差不多。需要注意的是，用 TabNetClassifier 进行训练和预测时要把样本数据从 Dataframe 转成 numpy。

核心代码如下：

```
alg =TabNetClassifier()
alg.fit(X_train.values, y_train)
alg.predict_proba(X_test.values)[:,1]
```

TabNet 预测因子分析效果见表 6-39~表 6-41。

表 6-39　TabNet 预测 IC 分析结果

IC 分析	IC 均值	IC 标准差	IR	IC>0 占比	|IC|>0.02
	0.062 795	0.080 344	0.781 583	0.75	0.833 333

表 6-40　TabNet 预测 t 检验结果

t 检验	|t|均值	|t|>2 占比	t 均值÷t 标准差	因子溢价	因子溢价 t 检验
	1.537 46	0.333 333	0.400 919	0.027 85	3.146 334

表 6-41　TabNet 预测分层测试结果

分层年化收益	第一层	第二层	第三层	第四层	第五层
	0.016 264	0.031 176	0.085 163	0.102 104	0.102 972

实际回测效果如图 6-17 所示。

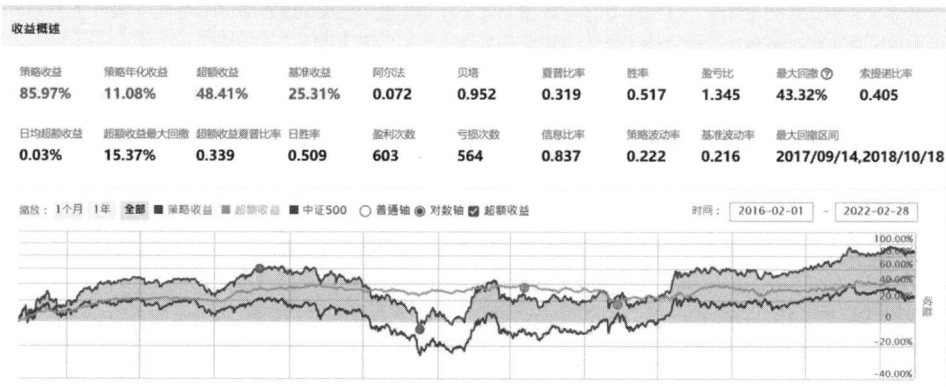

图 6-17　TabNet 预测回测效果图

实验表明 TabNet 在使用默认参数的情况下取得了远超其他两个深度神经网络模型的预测效果，可见针对表格数据做出的优化确实有效。

6.4　模型优化

本章前几节介绍了各类机器学习模型的基本实现方法，下面开始探索怎么优化机器学习模型以达到更好的预测效果。考虑到我们使用的各类股票因子截面数据组成的样本数据本质上是面板数据，面板数据是对不同观测对象在不同时间段或时点上所收集的数据，描述多个观测对象随着时间变化而变化的情况。将面板数据当作表格数据处理是一种比较简单的方法，下面我们将以处理表格数据最常用的 XGBoost 为例展示优化过程，但这些方法对其他机器学习模型也适用。

6.4.1　特征选择

特征选择是机器学习模型优化的重要手段。通过筛选有效的特征简化模型，可以增加模型的可解释性，节省算法的时间开销，同时降低过拟合风险，提升模型的样本外表现。特征选择的方法很多，第5章介绍了其中一部分，逐一实现这些方法会占用太多篇幅。另外，本章所用的特征都是经过因子分析方法确认有效性的，相当于已经做了特征选择，再用其他特征选择方法筛选的意义不大。因此，本节只简单介绍两种特征选择的实现方法。

1. F 值与 FPR 的组合

过滤式特征选择方法的一般做法是先计算每个特征的某项统计指标，然后按照一定的筛选标准根据统计指标的计算结果进行特征筛选。对于分类模型，借助方差分析的 F 值衡量每个特征和标签的关联度，然后采用 FPR 标准筛选特征。虽然上一章花了不少的篇幅分别介绍了 F 值和 FPR 的概念，但是实现起来非常简单，因为 sklearn 已经提供了相关实现，直接调用即可。

核心代码如下：

```
# 导入特征选择方法库
from sklearn.feature_selection import SelectFpr, f_classif
# 选择 p-value 小于 0.05 的特征
selecter = SelectFpr(f_classif, alpha=0.05)
X_new = selecter.fit_transform(X_train, y_train)
features_selected = [X_train.columns[i] for i in selecter.get_support(in-
dices = True)]
#xgb
alg = XGBClassifier(
    learning_rate =0.05,
    n_estimators=77,
    max_depth=5,
    min_child_weight=1,
    gamma=0,
    subsample=0.8,
    colsample_bytree=0.8,
    objective= 'binary:logistic',
    nthread=4,
    scale_pos_weight=1,
    seed=27)

alg.fit(X_new, y_train)
# 对测试数据进行特征筛选
```

```
X_test = X_test[features_selected]
alg.predict_proba(X_test)[:,1]
```

因子分析效果见表 6-42～表 6-44。

表 6-42　F 值与 FPR 的组合特征选择后 XGBoost 预测 IC 分析结果

IC 分析	IC 均值	IC 标准差	IR	IC>0 占比	|IC|>0. 02
	0. 088 264	0. 103 312	0. 854 341	0. 847 222	0. 916 667

表 6-43　F 值与 FPR 的组合特征选择后 XGBoost 预测 t 检验结果

t 检验	|t|均值	|t|>2 占比	t 均值÷t 标准差	因子溢价	因子溢价 t 检验
	2. 089 424	0. 472 222	0. 551 022	0. 059 746	4. 092 477

表 6-44　F 值与 FPR 的组合特征选择后 XGBoost 预测分层测试结果

分层年化收益	第一层	第二层	第三层	第四层	第五层
	−0. 037 963	0. 055 845	0. 090 49	0. 114 277	0. 115 564

从因子分析结果看，与 6.2.3 采用同样参数的 XGBoost 模型相比，经过特征选择后的预测效果并没有明显改善，甚至在很多关键指标上还略有下降。

2. 基于模型的特征选择

基于模型的特征选择是一类比较特殊的特征选择方法，一般做法是先用模型对不做特征选择的训练样本进行训练，然后根据训练结果评估特征的重要性，再根据特征重要性筛选出符合条件的指标，最后用筛选后的特征重新进行训练。注意，第一轮训练用的模型和第二轮训练用的模型可以是不同的，比如我们可以用 XGBoost 做第一轮训练，筛选出重要特征后放入随机森林模型做第二轮训练，并将训练好的模型用于预测。我们只做最简单的实现，两轮训练都使用 XGBoost，保留最重要的 30 个特征。

核心代码如下：

```
alg = XGBClassifier(
    learning_rate =0.05,
    n_estimators=77,
    max_depth=5,
    min_child_weight=1,
    gamma=0,
    subsample=0.8,
    colsample_bytree=0.8,
    objective= 'binary:logistic',
    nthread=4,
```

```
        scale_pos_weight=1,
        seed=27)
#第一轮训练
alg.fit(X_train, y_train)
#获取最重要的 30 个特征
feat_imp = pd.Series(alg.get_booster().get_fscore()).sort_values(as-
cending=False).head(30)
features_selected = feat_imp.index.tolist()
#用筛选后的特征重新训练
alg.fit(X_train[features_selected], y_train)
#对测试数据进行特征筛选
X_test = X_test[features_selected]
alg.predict_proba(X_test)[:,1]
```

因子分析效果见表 6-45~表 6-47。

表 6-45　基于模型的特征选择后 XGBoost 预测 IC 分析结果

IC 分析	IC 均值	IC 标准差	IR	IC>0 占比	|IC|>0.02
	0.084 373	0.097 126	0.868 698	0.833 333	0.930 556

表 6-46　基于模型的特征选择后 XGBoost 预测 t 检验结果

t 检验	|t|均值	|t|>2 占比	t 均值÷t 标准差	因子溢价	因子溢价 t 检验
	1.944 017	0.402 778	0.520 062	0.054 852	3.872 904

表 6-47　基于模型的特征选择后 XGBoost 预测分层测试结果

分层年化收益	第一层	第二层	第三层	第四层	第五层
	−0.023 078	0.034 659	0.107 909	0.101 244	0.117 363

经过这次特征选择后，预测效果进一步下降，可能与保留的特征数量过少有关，毕竟我们使用的特征都是经过检验的有效特征。

6.4.2　另类标签设置及合成

大多数机器学习选择个股模型都是将股票在未来一段时间的收益率或超额收益率作为标签，隐含的逻辑是将未来的收益最大化作为选股的目标。但是在投资中，我们关心的可能并不只是收益率，波动率、最大回撤这些都会影响我们的投资体验，所以，可以将一些均衡考虑收益和风险的综合指标作为标签。投资领域常用的衡量风险调整后收益的指标有夏普比率、卡玛比率、信息比率等，这些指标本是为评价基金产品的业绩而提出的，用来衡量单只股票的风险调整后收益，在技术上也没问题。本节借鉴华泰金工的相关方案，在指数超额收益的基础上引入了夏普比率、卡玛比率、信息比率三个指标，并将其作为初始标签，然后尝试融合四个标签的预测结果以形成更好的预测。

四个初始标签的具体含义如下：

指数超额收益：衡量股票收益相对于指数整体收益的表现，以股票下个月的收益率减去中证 500 指数下个月的收益率计算，计算公式为

$$R_e = R_s - R_B$$

夏普比率：衡量股票每承受一单位总风险，会产生多少相对于无风险利率的超额收益，以股票下个月的超额收益率除以股票收益率标准差计算，计算公式为

$$\text{Sharpe}_s = \frac{R_s - R_f}{\sigma_s}$$

信息比率：衡量股票每承担一个单位的跟踪误差，能获得多少相对于基准的超额收益，以股票下个月相对于中证 500 指数的超额收益率除以超额收益率的标准差（跟踪误差）计算，计算公式为

$$IR_s = \frac{R_s - R_B}{\sigma_{s-B}}$$

卡玛比率：与夏普比率类似，不同的是，卡玛比率以股票的最大回撤代表风险，以股票下个月的超额收益率除以股票下个月的最大回撤计算，计算公式为

$$\text{Calmar}_s = \frac{R_s - R_f}{D_s}$$

用上述四个标签分别进行如下处理。

股票池：中证 500 成分股，剔除 ST、PT 股票，剔除上市不满 12 个月的新股，剔除每个截面期下一交易日停牌的股票。

训练区间：2010 年 1 月 1 日至 2021 年 12 月 31 日。

回测区间：2016 年 1 月 1 日至 2022 年 2 月 28 日。

特征和标签提取：

每个自然月的最后一个交易日，计算 79 个因子（因子池见表 6-1）暴露度，作为样本的原始特征；

在每个截面上将股票分别按上述四个标签排序，将排名前 30% 的股票标签设为 1，后 30% 的股票的标签设为 0，其余数据舍弃。

数据预处理：对特征做空值填充、行业市值中性化、中位数去极值、标准化处理；对标签做标准化处理。

训练和测试：

针对样本内训练，每年使用过去 72 个月的因子数据进行训练，进行年度滚动

训练；

针对样本外测试，模型训练完成后，对接下来的 12 个月将每月月末截面期所有样本预处理后的特征作为模型的输入，得到每个样本的预测值，将预测值视作合成后的因子，先进行因子分析，然后依据预测结果构建组合进行回测。

我们先后用 XGBoost 和逻辑回归模型做测试，对预测结果进行因子分析，效果见表 6-48~表 6-50。

表 6-48   使用四种另类标签训练的 XGBoost 预测 IC 分析结果

XGBoost 预测 IC 分析	IC 均值	IC 标准差	IR	IC>0 占比	|IC|>0.02
extra	0.087 090	0.084 764	1.027 438	0.833 333	0.875 000
Calmar	0.078 526	0.079 168	0.991 894	0.791 667	0.819 444
Inforatio	0.086 071	0.080 945	1.063 326	0.819 444	0.916 667
Sharpe	0.080 878	0.085 443	0.946 572	0.819 444	0.875 000

表 6-49   使用四种另类标签训练的 XGBoost 预测 t 检验结果

XGBoost 预测 t 检验	|t|均值	|t|>2 占比	t 均值 ÷ t 标准差	因子溢价	因子溢价 t 检验
extra	1.826 716	0.361 111	0.617 098	0.226 990	3.829 977
Calmar	1.614 011	0.305 556	0.650 941	0.118 121	2.933 565
Inforatio	1.810 067	0.416 667	0.671 379	0.168 027	4.334 925
Sharpe	1.864 754	0.361 111	0.595 426	0.113 648	3.947 064

表 6-50   使用四种另类标签训练的 XGBoost 预测分层测试结果

XGBoost 预测分层 年化收益	第一层	第二层	第三层	第四层	第五层
extra	−0.034 832	0.046 387	0.104 196	0.103 804	0.118 351
Calmar	−0.021 851	0.055 433	0.083 449	0.103 183	0.117 502
Inforatio	−0.044 779	0.046 580	0.085 733	0.132 632	0.117 949
Sharpe	−0.027 088	0.051 408	0.090 496	0.090 063	0.132 862

可以看出，使用的四个另类标签的结果都不错，但又没有哪个特别突出，接下来看将四个另类标签用于逻辑回归的预测效果，见表 6-51~表 6-53。

表 6-51   使用四种另类标签训练的逻辑回归预测 IC 分析结果

逻辑回归预测 IC 分析	IC 均值	IC 标准差	IR	IC>0 占比	|IC|>0.02
extra	0.101 886	0.091 309	1.115 847	0.861 111	0.888 889
Calmar	0.095 151	0.089 607	1.061 871	0.847 222	0.916 667

续上表

逻辑回归预测 IC 分析	IC 均值	IC 标准差	IR	IC>0 占比	|IC|>0.02
Inforatio	0.095 730	0.091 231	1.049 320	0.819 444	0.930 556
Sharpe	0.094 306	0.086 161	1.094 538	0.847 222	0.944 444

表 6-52　使用四种另类标签训练的逻辑回归预测 t 检验结果

逻辑回归预测 t 检验	|t|均值	|t|>2 占比	t 均值÷t 标准差	因子溢价	因子溢价 t 检验
extra	2.168 915	0.513 889	0.758 36	0.079 004	6.156 303
Calmar	2.078 523	0.458 333	0.772 392	0.081 038	6.419 806
Inforatio	2.120 304	0.513 889	0.791 661	0.083 242	6.433 583
Sharpe	2.074 22	0.458 333	0.751 38	0.074 587	5.918 81

表 6-53　使用四种另类标签训练的逻辑回归预测分层测试结果

逻辑回归预测分层年化收益	第一层	第二层	第三层	第四层	第五层
extra	-0.064 244	0.035 86	0.083 89	0.131 968	0.150 48
Calmar	-0.060 898	0.043 564	0.071 773	0.123 075	0.160 293
Inforatio	-0.063 381	0.033 126	0.083 821	0.121 36	0.162 904
Sharpe	-0.059 126	0.063 087	0.064 765	0.116 291	0.152 784

用逻辑回归做预测的效果与用 XGBoost 类似，四个指标都能取得不错的效果，但又没有哪个特别突出，也就是说，经过分析，我们依然无法在四个指标中进行取舍。既然无法做出选择，可以尝试集成使用。

先尝试一个改进的 Stacking 方法，在第一层使用四个参数一样的 XGBoost 模型，输入的训练集特征完全一样，只是打标的标准分别是夏普比率、卡玛比率、信息比率、超额收益四个。

训练阶段：在第一层，使用四个超参数设置相同的 XGBoost 模型，输入的训练集特征完全一样，只是标签分别使用夏普比率、卡玛比率、信息比率、超额收益四个；用 72 个月的数据做训练，再用训练完成的模型对接下来两个月（第 73、74 个月）的数据进行预测，预测的结果作为第二层的输入；第二层使用另一个逻辑回归模型，基于输入进行训练。

测试阶段：用第 75 个月的数据作为输入，在第一层用训练过的四个 XGBoost 模型对输入进行预测，预测结果作为第二层的输入；接着用第二层的逻辑回归模型对输入进行预测，作为最终输出。以此类推。

上述方法预测结果的因子分析结果见表 6-54~表 6-56。

表 6-54 集成四种另类标签训练的 XGBoost 预测 IC 分析结果

IC 分析	IC 均值	IC 标准差	IR	IC>0 占比	|IC|>0.02
	0.077 823	0.106 7	0.729 366	0.771 429	0.942 857

表 6-55 集成四种另类标签训练的 XGBoost 预测 t 检验结果

t 检验	|t|均值	|t|>2 占比	t 均值 ÷ t 标准差	因子溢价	因子溢价 t 检验
	2.066 801	0.471 429	0.536 96	0.820 657	3.358 614

表 6-56 集成四种另类标签训练的 XGBoost 预测 IC 分析结果

分层年化收益	第一层	第二层	第三层	第四层	第五层
	−0.057 266	0.029 064	0.055 073	0.078 647	0.100 831

很遗憾，效果反不如直接使用四个标签中的任何一个。将第一层的四个 XGBoost 模型替换为四个逻辑回归模型，做同样的集成训练和测试，效果同样不理想。一种更简单的方法是将使用四个标签的预测结果等权相加作为最终预测，读者可以自己尝试看看。

6.4.3 超参数调优

本章前几节使用的模型多采用默认超参数，没有经过充分优化。每种机器学习模型都有多个超参数，因此，超参数调整是机器学习模型优化的必由之路。

网格搜索、随机搜索和贝叶斯优化是用于机器学习模型超参数调整的三种常用技术，虽然用途相同，但它们在原理和实现上存在差异。

网格搜索是一种穷举搜索超参数的方法，将每个超参数组合用于模型评估结果。因此，当有很多超参数组合要比较时，可能需要很长时间才能运行。

随机搜索随机选择固定数量的超参数组合，不会评估每个组合。因此，可以在给定时间内评估更全面的值范围和更长的超参数列表。缺点是有时随机选择可能不包括最佳性能超参数组合。

贝叶斯优化根据上一步的结果来决定下一步要评估的超参数组合。贝叶斯优化和网格搜索、随机搜索的主要区别在于：网格搜索和随机搜索独立地考虑每个超参数组合，而贝叶斯优化会在先前的评估结果的基础上进一步优化。

本节接下来将分别尝试用网格搜索（sklearn. model_ selection. GridSearchCV）和贝叶斯优化（hyperopt）方法进行模型的超参数调优，采用与前面相同的数据和因子分析方法进行优化前后的对比。

逻辑回归模型的超参数较少，适合网格搜索，超参数搜索空间设置如下：

```
penaltys = ['l1', 'l2']
Cs = [0.001 , 0.01 , 0.1 , 1 , 10 , 100]
solvers = ['liblinear','saga']
```

主要调参代码如下：

```
tuned_parameters = dict(penalty = penaltys , C = Cs , solver = solvers)
lr_penalty = LogisticRegression()
# GridSearchCV 参数说明:第一个参数为模型,第二个为参数
grid = GridSearchCV(estimator=lr_penalty , param_grid=tuned_parameters ,
scoring='roc_auc', cv = 5)
grid.fit(X_train , y_train)
print(grid.best_params_)
#逻辑回归模型,全部采用默认参数
alg = LogisticRegression(penalty=grid.best_params_['penalty'],C=grid.
best_params_['C'],solver=grid.best_params_['solver'])
```

调参前后的预测结果的因子分析效果见表 6-57~表 6-59。

表 6-57　调参前后逻辑回归预测 IC 分析结果

IC 分析	IC 均值	IC 标准差	IR	IC>0 占比	|IC|>0.02
调参前	0.101 984	0.091 383	1.116 003	0.861 111	0.902 778
调参后	0.100 489	0.094 783	1.060 207	0.833 333	0.888 889

表 6-58　调参前后逻辑回归预测 *t* 检验结果

t 检验	|*t*|均值	|*t*|>2 占比	*t* 均值÷*t* 标准差	因子溢价	因子溢价 *t* 检验
调参前	2.170 089	0.5	0.760 406	0.079 046	6.164 111
调参后	2.153 648	0.5	0.701 984	0.088 296	5.459 773

表 6-59　调参前后逻辑回归预测分层测试结果

分层测试	第一层	第二层	第三层	第四层	第五层
调参前	−0.059 914	0.033 49	0.078 203	0.137 632	0.148 524
调参后	−0.058 341	0.044 571	0.084 975	0.135 105	0.131 789

对比可知，调参后反不如调参前，这也不足为奇，超参数调整的一个弊端就是可能陷入过拟合陷阱，这次显然就是过拟合了。

超参数调优有没有办法避免过拟合呢？严格来说是没有的，但是通过交叉检验可以在一定程度上减少过拟合。

接下来在 XGBoost 上使用贝叶斯优化（hyperopt）进行超参数调整，在其中通过 xgboost. cv 进行交叉校验，减少过拟合概率。

参数空间如下:

```
space = {
     'eta': hp.choice('eta', [0.01,0.025,0.05,  0.1, 1]),
     'max_depth': hp.choice('max_depth', range(1,6,1)),
     'gamma': hp.choice('gamma', [i/10.0 for i in range(0,5)]),
     'subsample':hp.choice('subsample', [i/10.0 for i in range(3,9)]),
     'colsample_bytree': hp.choice('colsample_bytree', [i/10.0 for i in
range(3,9)]),
     'reg_alpha': hp.choice('reg_alpha', [1e-5, 1e-2,0, 0.1, 1]),
     'min_child_weight': hp.quniform('min_child_weight', 0, 5, 1),
     'eval_metric': 'auc',
     'objective': 'binary:logistic',
     'nthread': -1,
     'seed':27,
     'silent':1
   }
```

主要调参代码如下:

```
def score(params):
    print("Training with params: ")
    print(params)
    num_round = 100
   xgtrain = xgb.DMatrix(X_sample_72_extra.values, label=y_sample_72_extra.
values)
   #交叉检验
    cvresult = xgb.cv(params, xgtrain, num_boost_round=100, nfold=10,
        metrics='auc', early_stopping_rounds=10,verbose_eval = False)
    print(cvresult)
    #score = cvresult.iloc[-1,2]
    score = max(cvresult['test-auc-mean'])
    # TODO: Add the importance for the selected features
    print("\tScore {0}\n\n".format(score))
    # The score function should return the loss (1-score)
    # since the optimize function looks for the minimum
    loss = 1 - score
   return {'loss': loss, 'status': STATUS_OK}
   X_train, X_val, y_train, y_val = train_test_split(X_sample_72_extra, y_
sample_72_extra, test_size=0.1,random_state=42)
     d_train = xgb.DMatrix(X_train, label=y_train)
     d_valid = xgb.DMatrix(X_val, label=y_val)
```

```
watchlist = [(d_train, 'train'), (d_valid, 'valid')]
# Use the fmin function from Hyperopt to find the best hyperparameters
best = fmin(fn=score, space = space, algo=tpe.suggest,
                # trials=trials,
                return_argmin=False,
                max_evals=50)
print("best params:")
print(best)
params=best
print("XGBoost_自带接口进行训练:")
xgb_extra = xgb.train(params, d_train, 100, watchlist, early_stopping_
rounds=10)
```

调参前后的预测结果的因子分析效果见表 6-60~表 6-62。

表 6-60 调参前后 XGBoost 预测 IC 分析结果

IC 分析	IC 均值	IC 标准差	IR	IC>0 占比	|IC|>0. 02
调参前	0. 092 271	0. 102 3	0. 901 967	0. 833 333	0. 944 444
调参后	0. 094 021	0. 097 53	0. 964 019	0. 805 556	0. 888 889

表 6-61 调参前后 XGBoost 预测 t 检验结果

t 检验	|t|均值	|t|>2 占比	t 均值÷t 标准差	因子溢价	因子溢价 t 检验
调参前	2. 083 982	0. 472 222	0. 549 33	0. 088 522	3. 684 787
调参后	2. 136 846	0. 5	0. 506 107	0. 142 08	4. 525 757

表 6-62 调参前后 XGBoost 预测分层测试结果

分层测试	第一层	第二层	第三层	第四层	第五层
调参前	−0. 031 724	0. 053 684	0. 081 061	0. 101 651	0. 133 287
调参后	−0. 032 683	0. 052 069	0. 107 531	0. 102 138	0. 109 156

这次的优化比较成功，从表 6-60~表 6-62 可以看出优化后的模型在大多数指标上的表现都优于优化前的模型。

上面展示了网格搜索和贝叶斯优化的使用方法和效果，随机搜索可以使用 sklearn. model_ selection. RandomizedSearchCV，用法与 GridSearchCV 类似。

在实际应用中，网格搜索由于效率太低难以直接使用，一种常见的用法是按照超参数的重要性，每次做一两个超参数的网格搜索，然后根据优化结果再对其他参数做网格搜索，以此类推。

笔者习惯使用 hyperopt 做超参数调整，类似的库还有很多，比如 Scikit-Optimize、Hyperband、sklearn-Deap 等，读者有兴趣的话可以逐个试试。

6.4.4 非平衡数据集处理

在前面的分类预测训练中，我们都是将每个截面上下期收益排名前30%的股票标记为1，排名后30%的标记为0，这样在做二分类预测时，两类数据的训练集的数据规模是完全一样的，或者说是平衡的。

然而，由于A股做空困难，而且作为散户我们实际能同时买入的股票数量也较少，因此，我们需要更精准地找到能在下期取得高收益的股票。比如我们可能希望尽可能地选择下期收益排名前10%的股票，而对排名后50%的股票都要尽最大可能避免，这样形成的正样本和负样本的比例就变成了1∶5，这时机器学习算法面对的就是典型的非平衡数据集了。

当面对非平衡数据集时，传统的机器学习方法在训练中往往会过度偏重大数据量样本类，而我们在选股中真正关心的恰恰是小数据量的正样本。如何解决这一问题呢？其实方法有很多，本小节会验证其中的两种。

方法一：自定义加权损失函数

华泰金工在相关研报中，通过自定义损失函数来提高对非平衡数据集的处理效果，进而提升选股的回测结果。

具体来说，二分类算法通常使用对数损失函数，标准的对数损失函数为：

$$\text{Loss} = -\frac{1}{n}\sum_{i=1}^{n}\{y_i\ln[f(x_i)] + (1-y_i)\ln[1-f(x_i)]\}$$

其中：

$$f(x) = \frac{1}{1+e^{-x}}$$

在面对非平衡数据集时，一种直观的改进方法，就是增大数量较少一类样本的损失项权重，我们可以对损失项进行加权处理，即加入权重，得到加权损失函数：

$$\text{Weighted\_Loss} = -\frac{1}{n}\sum_{i=1}^{n}\{y_i\ln[f(x_i)] + \beta(1-y_i)\ln[1-f(x_i)]\}$$

关于 β 值的确定，假设正样本个数为 n_1，负样本个数为 n_2，$n_1+n_2=n$，则 $\beta=\frac{n_1}{n_2}$。

自定义损失函数的代码为：

```
def weighted_logloss(preds,dtrain):
    y = dtrain.get_label()
    p = 1.0/(1.0+np.exp(-preds))
    grad = p*(beta +y -beta* y)-y
    hess = p*(1-p)*(beta +y -beta* y)
return grad,hess
```

方法二：使用 XGBoost 内置参数

XGBoost 接口本身就考虑了非平衡数据集的处理，通过简单设置 scale_pos_weight 参数即可调整训练过程中正负样本的权重。

具体来说，假设正样本个数为 n_1，负样本个数为 n_2，scale_pos_weight $= \dfrac{n_2}{n_1}$。

下面是具体处理方法，注意本小节的标签提取过程与其他几节不同，形成了非平衡数据集。

股票池：中证 500 成分股，剔除 ST、PT 股票，剔除上市不满 12 个月的新股，剔除每个截面期下一交易日停牌的股票。

训练区间：2010 年 1 月 1 日至 2021 年 12 月 31 日。

回测区间：2016 年 2 月 1 日至 2022 年 2 月 28 日。

特征和标签提取：

每个自然月的最后一个交易日，计算 79 个因子暴露度，作为样本的原始特征；计算下一整个自然月的个股收益率，作为样本的初始标签。

在每个月末截面期，分三步完成打标。

第一步，按下期收益率对股票进行排序；

第二步，将下期收益率大于等于 5% 的股票标记为 1，其他数据标记为 0；

第三步，剔除标记为 1 的数据中下期收益排名不在前 30% 的股票，剔除标记为 0 的数据中下月收益排名不在后 50% 的股票。

数据预处理：空值填充、行业市值中性化、中位数去极值、标准化。

训练和测试：一是样本内训练，每个月使用过去 72 个月的因子数据进行训练，进行月度滚动训练；二是样本外测试，模型训练完成后，对接下来的 12 个月以每月月末截面期所有样本预处理后的特征作为模型的输入，得到每个样本的预测值，将预测值视作合成后的因子，构建组合进行回测。

下面对两种方法的预测结果的因子分析和回测结果进行对比。

因子分析结果见表 6-63 ~ 表 6-65。

表 6-63　两种方法预测 IC 分析结果

IC 分析	IC 均值	IC 标准差	IR	IC>0 占比	|IC|>0.02
方法一	0.056 51	0.092 857	0.608 573	0.75	0.888 889
方法二	0.060 392	0.097 379	0.620 177	0.777 778	0.875

表 6-64　两种方法预测 t 检验结果

t 检验	|t|均值	|t|>2 占比	t 均值÷t 标准差	因子溢价	因子溢价 t 检验
方法一	1.842 651	0.416 667	0.508 614	0.129 79	4.126 56
方法二	1.909 316	0.388 889	0.539 864	0.115 155	4.293 415

表 6-65 两种方法预测分层测试结果

分层测试	第一层	第二层	第三层	第四层	第五层
方法一	−0.000 192	0.049 647	0.039 791	0.111 981	0.136 234
方法二	−0.007 009	0.032 751	0.068 554	0.104 418	0.138 956

可见方法二在几乎所有指标上都优于方法一。另外，值得注意的是，由于我们采用的非均衡数据分类，负样本比例太大，导致排名后 50% 甚至更大比例的数据无法被模型有效区分，所以，采用这种方法得到的预测结果的 IC 值与采用均衡数据的预测结果的 IC 值相比，降低幅度较大，不过这不重要，我们真正关心的是排名最靠前的少数股票的收益，这部分效果还要靠回测体现。

回测效果如图 6-18、图 6-19 所示。

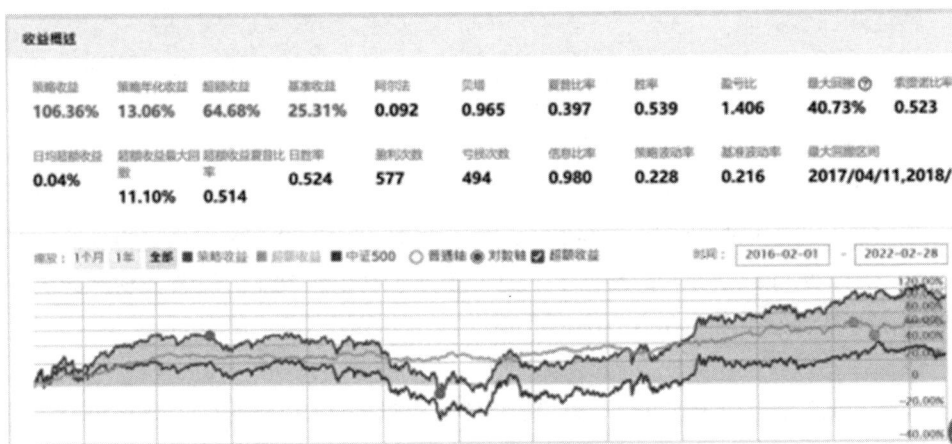

图 6-18 方法一回测效果图

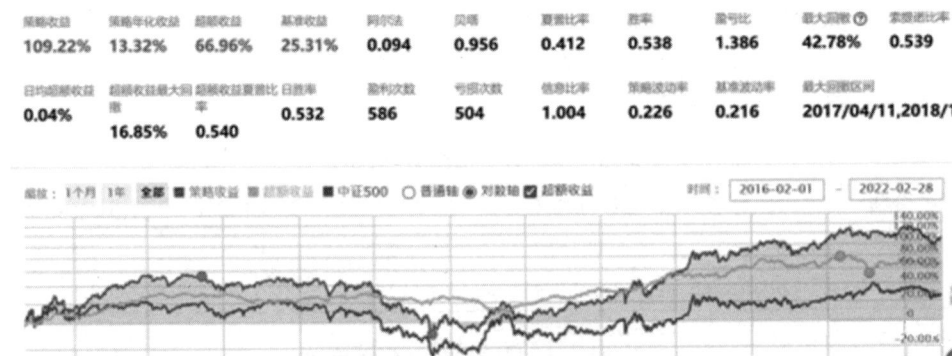

图 6-19 方法二回测效果图

作为对比，我们再看 6.2.3 中，使用均衡数据集，采用同样的超参数，同样使用 xgboost 方法和同样回测方法的回测效果。

可以看出，无论是方法一还是方法二，效果都比原始方法有了显著提升，特别是方法二效果更好。至于方法二效果更好的原因，可能是方法一只调整了模板函数，但是没有对评估函数做调整，而方法二同时作用于目标函数和评估函数，效果自然就更好一些了。

最后总结一下，使用我们的方法构建非平衡数据集可以大幅提升回测效果，而在处理非平衡数据集的方法上，可直接只用 scale_ pos_ weight 参数，简单高效。

6.5　组合优化

6.4 考虑的是通过改进模型提高预测效果进而提高投资回报，但对于特定模型做出的收益预测，如何构建组合对最终的投资收益也有很大影响。本节尝试从调仓周期、组合构建、期货对冲三个方面提升组合的投资收益。

6.5.1　采样频率及调仓周期

前面章节的多数例子中，为了节省训练和回测的时间，采用的都是按月提取历史数据，按月预测未来收益，并按月调仓。

可以考虑提升收益的三个可能方向：

如果提高历史数据的采样频率，能否提升收益？

如果改变预测的时间长度，能否提升收益？

如果改变调仓频率，能否提升收益？

下面分别来探讨这三个问题。

1. 提高采样频率

本书大部分内容都是使用的 XGBoost 作为训练和预测的模型，这类机器学习模型在数据量不足的情况下很容易陷入过拟合，导致在样本外的预测表现不佳，提高采样频率理论上能够带来效果改善。

采用同样的模型，保持参数设置不变，将训练数据由按月采样提升为按周采样，通过同样的方式训练和预测，回测结果如图 6-20 所示。

与 6.4.4 第二种方法的回测效果相比，仅仅是提高了历史数据的采样频率，回测表现就有了显著的提高。那如果进一步提高到日频采样呢？感兴趣的朋友可以试一下，效果不理想，分析原因应该是日频数据的时序相关性过高了。

2. 提高调仓频率

在投资中，如果能保持预测准确度不变，提升调仓频率无疑是提高夏普比率的有效方法。在上一步提高采样频率的基础上，进一步将调仓频率提高到每周一次。在每周最后一个交易日收盘时预测未来一个月的收益，然后根据这个预测在下周的第一个交易日开盘调仓。股市里有句名言叫"看长做短"，本方法就是"看长做短"的量化实践。从图 6-21 可以看出，回测效果有了进一步的显著提升。

策略收益	策略年化收益	超额收益	基准收益	阿尔法	贝塔	夏普比率	胜率	盈亏比	最大回撤 ⑦	索提诺比率
152.31%	16.97%	101.35%	25.31%	0.131	0.973	0.565	0.542	1.504	34.85%	0.731

日均超额收益	超额收益最大回撤	超额收益夏普比率	日胜率	盈利次数	亏损次数	信息比率	策略波动率	基准波动率	最大回撤区间
0.05%	10.68%	0.912	0.521	553	467	1.391	0.230	0.216	2018/01/11,2019/01/

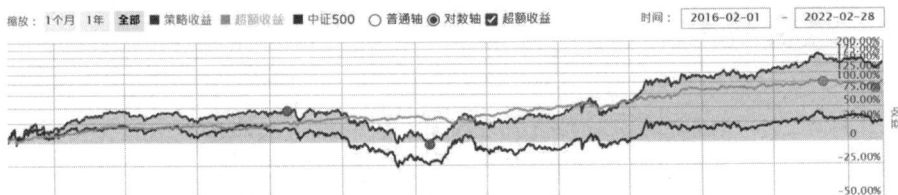

图 6-20　提高采样频率后回测效果图

策略收益	策略年化收益	超额收益	基准收益	阿尔法	贝塔	夏普比率	胜率	盈亏比	最大回撤	索提诺比率
196.98%	20.25%	137.00%	25.31%	0.163	0.987	0.700	0.576	1.397	36.70%	0.906

日均超额收益	超额收益最大回撤	超额收益夏普比率	日胜率	盈利次数	亏损次数	信息比率	策略波动率	基准波动率	最大回撤区间
0.06%	9.68%	1.264	0.537	1885	1388	1.764	0.232	0.216	2018/01/09,2019/01

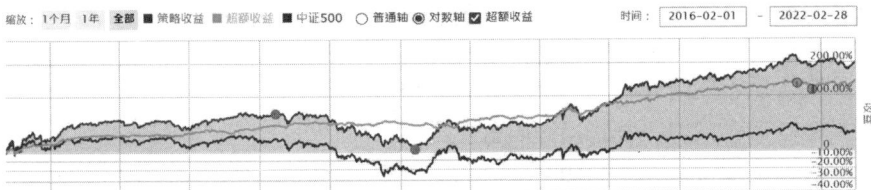

图 6-21　提高调仓频率后回测效果图

3. 改变预测时长

最后，我们来尝试改变预测的时间长度，跟上一步唯一的区别是在每周最后一个交易日收盘时预测未来一周的收益，然后根据这个预测在下周的第一个交易日开盘调仓，用通俗的逻辑来解释就是"看短做短"。因为周收益理论上要比月收益小一些，所以，设置标签的时候将上一步 5% 的划分标准降到 3%。

从图 6-22 可以看出，这次改造效果就不太乐观了，是不是"看短做短"的逻辑真的不行？其实不是，只能说明我们"看短"的能力不行。回看我们用于预测的79 个因子，有很大一部分都是基本面因子，这些因子在短时间内是不会有任何变化的，用它们来预测未来一周的收益显然不行。另外，我们用到的量价因子也普遍基于较长期的历史数据，这意味着它们也更适合用来预测未来一个月的收益而不是一周的。所以，"看短做短"本身没什么错，关键是要换一批适合"看短"的因子。你觉得哪些因子更适合周频的收益预测呢？欢迎探讨。

策略收益	策略年化收益	超额收益	基准收益	阿尔法	贝塔	夏普比率	胜率	盈亏比	最大回撤 ⑦	索提诺比率
144.87%	16.38%	95.41%	25.31%	0.125	1.076	0.493	0.543	1.268	34.46%	0.648

日均超额收益	超额收益最大回撤	超额收益夏普比率	日胜率	盈利次数	亏损次数	信息比率	策略波动率	基准波动率	最大回撤区间
0.05%	8.91%	0.813	0.520	2255	1897	1.269	0.251	0.216	2018/03/12,2018/10

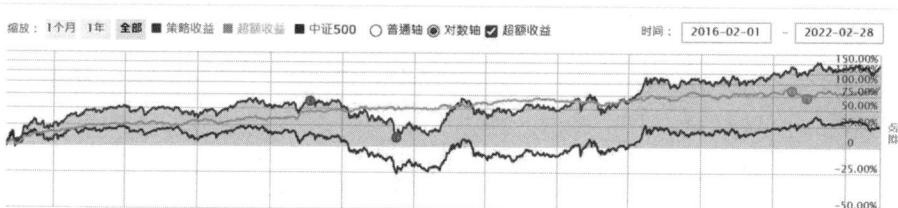

图 6-22　改变预测时长后回测效果图

6.5.2　组合优化模型

本章前面的部分在构建回测组合时按预测值排序，然后等权买入排名前 N 的股票，然而，按照现代投资组合理论，理性的投资人应该是风险厌恶型的，人们在构建组合时希望将未来收益最大化，同时尽可能降低投资风险。按照这种理论，我们的组合构建方法过于简单了，完全没有考虑风险的影响，有必要进一步优化。组合优化方法以资产未来的期望收益和方差为输入，计算出使组合的风险调整后收益最大的各资产权重。由于分类模型无法预测资产的未来收益，因此，在通过回归模型预测收益后再使用组合优化模型。马科维茨提出的均值方差优化法（mean variance optimizer，MVO）可能是实践中最常用的组合优化模型。

均值方差优化法的基本原理是对一组股票，通过调整组合中各只股票的占比，在给定期望收益率的情况下最小化组合风险，或在给定风险下最大化组合的期望收益率，这样得到的组合就是有效资产组合。有效资产组合有多个，所有有效资产组合共同构成了有效边界，如图 6-23 所示。在投资中，通常追求的是组合的夏普比率最大化，从无风险利率点到有效边界引一条切线，切点是使组合夏普比率最大的点。

均值方差优化法的假设条件如下：

投资者是根据证券的期望收益率的方差或标准差估测证券组合的风险；

投资者的决定仅仅依据证券的风险和收益；

在一定的风险水平上，投资者期望受益最大；相应地，在一定的收益水平上，投资者期望风险最小；

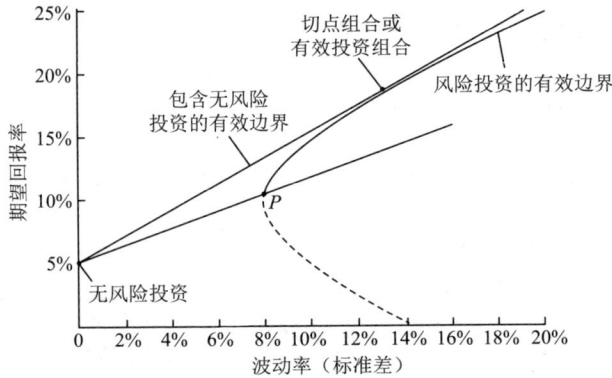

图 6-23 MVO 原理图

投资者对证券的收益、风险及证券间的关联性具有完全相同的预期；
资本市场没有摩擦。

模型的数学表达如下：

$$\min \boldsymbol{w}^{\mathrm{T}} \boldsymbol{\Sigma} \boldsymbol{w}$$

$$\mathrm{s.\,t.\ } \boldsymbol{w}^{\mathrm{T}} \boldsymbol{\alpha} = R$$

$$\sum_{i}^{m} \boldsymbol{w}_i = 1$$

或

$$\max \boldsymbol{w}^{\mathrm{T}} \boldsymbol{\alpha}$$

$$\mathrm{s.\,t.\ } \boldsymbol{w}^{\mathrm{T}} \boldsymbol{\Sigma} \boldsymbol{w} = \sigma_{\max}^2$$

$$\sum_{i}^{m} \boldsymbol{w}_i = 1$$

另一种更受欢迎的表达是最大化效用函数：

$$\max_{\boldsymbol{w}} U = \max_{\boldsymbol{w}} \left(\sum_{i}^{m} w_i E(R_i) - \frac{1}{2} A \boldsymbol{w}^{\mathrm{T}} \boldsymbol{\Sigma} \boldsymbol{w} \right)$$

$$\mathrm{s.\,t.\ } \sum_{i}^{m} w_i = 1$$

$$w_i \geqslant 0$$

均值方差优化法的输入值包括期望收益率、波动率，对于最大化效用函数这种形式，还需要输入投资者风险偏好。研究表明，资产的净收益率不太可能服从正态分布，而对数收益是可能的。我们可以使用机器学习方法通过回归的方式预测股票下一期的对数收益率，而波动率无法预测。幸运的是，标准差的延续性比收益率稳定得多，所以，可以用历史波动率作为下一期的期望波动率。

回测效果如图 6-24 所示。

收益概述

策略收益	策略年化收益	超额收益	基准收益	阿尔法	贝塔	夏普比率	胜率	盈亏比	最大回撤 ⑦	索提诺比率
117.93%	14.10%	73.91%	25.31%	0.102	0.876	0.484	0.505	1.827	32.59%	0.622

日均超额收益	超额收益最大回撤	超额收益夏普比率	日胜率	盈利次数	亏损次数	信息比率	策略波动率	基准波动率	最大回撤区间
0.04%	14.59%	0.625	0.528	295	289	1.098	0.209	0.216	2017/10/10,2018/10

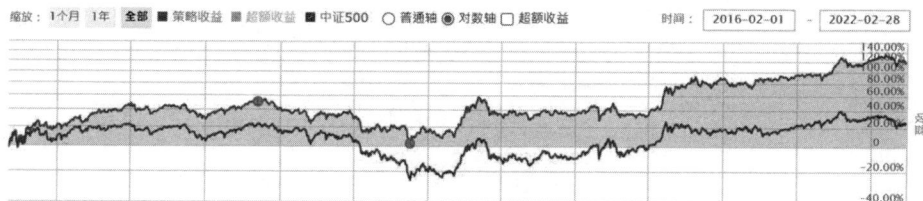

图 6-24　未使用组合优化的回测效果图

接下来使用均值方差优化法优化组合权重，在每个截面上按预测的对数收益率选前 20 只股票，以 XGBoost 预测的对数收益率作为期望收益率，在每个截面取过去 37 个月的最后一个交易日的收盘价，计算出 36 个月的月对数收益率，再据此计算期望波动率。通过 scipy. optimize. minimize 方法求使夏普比率最大的权重设置，要求每只股票的权重在 0~1，所有股票的权重之和为 1。优化后的效果如下所示。

代码如下：

```
import pandas as pd
from jqdata import *
path = '/home/jquser/DataNew'

#读取预测结果
df_prd=pd.read_csv(path+'/result_df_20-daily-500-month-72m-reg.csv')
df_prd.head()
#随机权重设置
def weight(n):
    w = np.random.random(n)
    return w/sum(w)

#输入预测收益率 proba,历史收益率 rets,权重 w
#返回月收益、标准差、夏普比率
def portfolio(proba,rets,w):
    returns = np.log(rets)
    proba=np.log(1+proba)
    p_mean = np.sum(proba*w)
    r_cov = returns.cov()
    p_var = np.dot(w.T,np.dot(r_cov,w))
    p_std = np.sqrt(p_var)
```

```
        p_sharpe = p_mean/p_std
    return p_mean,p_std,p_sharpe
    from scipy.optimize import minimize
    #最大夏普函数(转化为求最小值)
    def min_sharpe(w):
        return -portfolio_shrink(proba,rets,w)[2]
    #约束条件,权重总和为1
    cons = ({'type':'eq', 'fun':lambda x: np.sum(x)-1})
    #夏普率最大
    #opt_sharpe = minimize(min_sharpe,weight(5),bounds=((0,1),(0,1),(0,1),
(0,1),(0,1)),constraints = cons)
    #主代码,截面处理
    from datetime import datetime
    suc_count=0
    #逐截面处理
    for date in df_prd.date.drop_duplicates():
        data = df_prd.loc[df_prd.date ==date]
        codes = data['code'].tolist()
        proba = data['logret']
        end_date = datetime.strptime(date, '%Y-%m-%d').date()
        #获取过去37个月的收盘价
        close = get_price(codes,start_date = end_date+ relativedelta(months=-37),
                    end_date=end_date, fields='close', panel=False)

        close = pd.pivot_table(close,index='time',columns='code',values='close')
        #提取月末收盘价
        close=close.resample('M').last()
        rets = (close/close.shift(1)).iloc[1:]
        tuple1 = (0,1)
        opt_sharpe = minimize(min_sharpe,weight(len(codes)),bounds=((tup-
le1,)*len(codes)),constraints = cons)
        #判断是否成功生成优化结果
        if opt_sharpe.success == True:
            #设置持仓权重
            data['w'] = opt_sharpe.x
            suc_count=suc_count+1

        df_prd.loc[df_prd.date ==date] = data
    print(suc_count)
```

如图6-25所示，显然组合优化后效果更差了。

接下来，我们不用预测的收益率作为模型输入，而是以每个股票在截面上的过去36个月的平均对数收益率作为期望收益率，其余不变，只需要修改portfolio函数的一

策略收益	策略年化收益	超额收益	基准收益	阿尔法	贝塔	夏普比率	胜率	盈亏比	最大回撤 ❓	索提诺比率
30.34%	4.59%	4.01%	25.31%	0.007	0.837	0.025	0.498	1.216	38.63%	0.033

日均超额收益	超额收益最大回撤	超额收益夏普比率	日胜率	盈利次数	亏损次数	信息比率	策略波动率	基准波动率	最大回撤区间
0.01%	25.71%	-0.215	0.467	204	206	0.045	0.235	0.216	2017/10/13,2018/10,

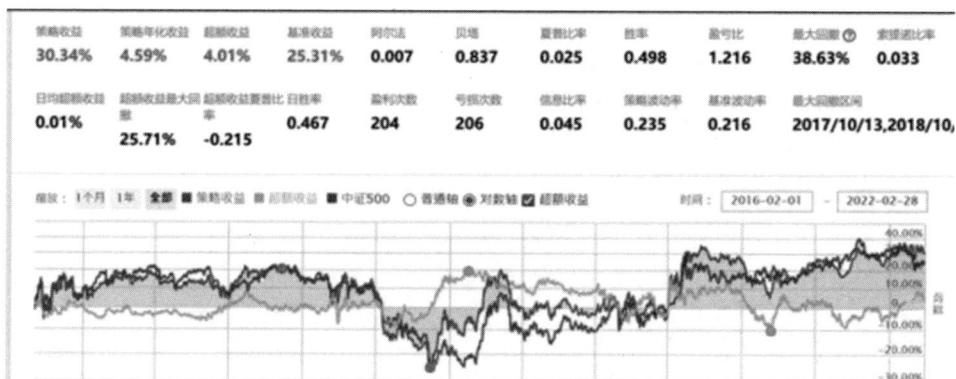

图 6-25 使用组合优化的回测效果图

行代码即可。将 portfolio 函数修改为：

```
#输入预测收益率 proba,历史收益率 rets,权重 w
#返回月收益、标准差、夏普比率
def portfolio(proba,rets,w):
    returns = np.log(rets)
    proba=np.mean(returns)
    p_mean = np.sum(proba*w)
    r_cov = returns.cov()
    p_var = np.dot(w.T,np.dot(r_cov,w))
    p_std = np.sqrt(p_var)
    p_sharpe = p_mean/p_std
return p_mean,p_std,p_sharpe
```

修改后的回测结果如图 6-26 所示。

策略收益	策略年化收益	超额收益	基准收益	阿尔法	贝塔	夏普比率	胜率	盈亏比	最大回撤 ❓	索提诺比率
149.28%	16.73%	98.93%	25.31%	0.128	0.788	0.496	0.524	1.664	28.07%	0.715

日均超额收益	超额收益最大回撤	超额收益夏普比率	日胜率	盈利次数	亏损次数	信息比率	策略波动率	基准波动率	最大回撤区间
0.05%	33.99%	0.423	0.483	100	91	0.650	0.257	0.216	2020/07/13,2021/02

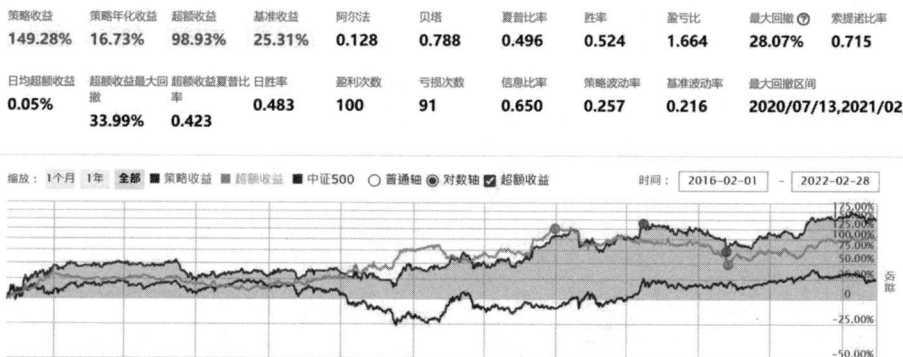

图 6-26 用历史收益率做组合优化的回测效果图

我们再进一步改进，采用压缩估计方法，将样本协方差矩阵向单位矩阵压缩，目的是消除极端值对优化结果的影响。

根据这一思想，将 portfolio 函数替代为 portfolio_shrink 函数，其余不变：

```
def portfolio_shrink(proba,rets,w):
    returns = np.log(rets)
    proba=np.mean(returns)
    p_mean = np.sum(proba* w)

    retval = returns.values.astype(float64)
    retmean = np.mean(retval,axis=0)
    #通过压缩方式计算收益率的协方差矩阵
    T= retval.shape[0]
    S = np.cov(retval,rowvar=False)
    I = np.identity(len(S))
    m = math.pow(np.linalg.norm(S-I, 'fro'), 2)
    dsquare = math.pow(np.linalg.norm(S-m* I, 'fro'), 2)
    b_square = 1/math.pow(T,2)* sum(math.pow(np.linalg.norm(np.array
(x).T.dot(np.array(x))-S, 'fro'),2)  for index,x in returns.iterrows())
    bsquare = min(dsquare,b_square)
    asquare = dsquare-bsquare
    rho1 = bsquare/dsquare* m
    rho2 = asquare/dsquare


    r_cov = rho1* I +rho2* S
    p_var = np.dot(w.T,np.dot(r_cov,w))
    p_std = np.sqrt(p_var)
    p_sharpe = p_mean/p_std
    return p_mean,p_std,p_sharpe
```

回测结果如图 6-27 所示。

策略收益	策略年化收益	超额收益	基准收益	阿尔法	贝塔	夏普比率	胜率	盈亏比	最大回撤 ⑦	索提诺比率
151.23%	16.89%	100.49%	25.31%	0.130	0.802	0.566	0.496	1.690	35.98%	0.781

日均超额收益	超额收益最大回撤	超额收益夏普比率	日胜率	盈利次数	亏损次数	信息比率	策略波动率	基准波动率	最大回撤区间
0.05%	16.93%	0.552	0.478	300	305	0.843	0.228	0.216	2017/04/11,2018/10/

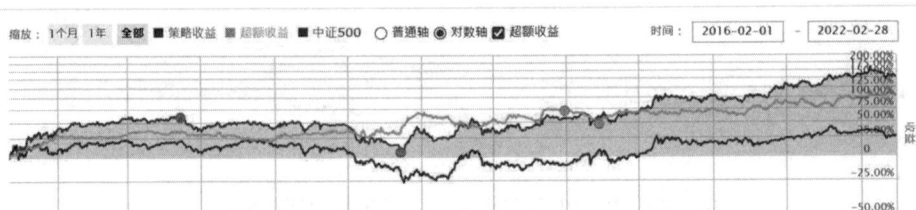

图 6-27   矩阵压缩组合优化的回测效果图

与上一回测结果相比，本次改进不太明显，不过回测结果在大多数指标上还是有一定程度的提升，只是最大回撤幅度更大了。

上述实验表明我们使用 XGBoost 回归算法得到的预测收益率的准确度并不高，还不如用历史收益率代替。但是，预测的收益率的相对排名是可靠的，等权买入预测收益率前 20 的股票就能取得远超过基准的表现。

接下来，可以考虑三个方向的改进。

第一，既然我们不需要用回归算法预测的收益率作为组合优化输入，那么我们就可以使用分类方法选取上涨概率最高的股票，然后用同样的方法做组合优化，可能效果更好。

第二，我们一直在使用自己实现的简单组合优化方法，如果使用成熟的组合优化包，如 PyPortfolioOpt，或许可以取得更好的效果。

第三，我们可以使用 GARCH 等模型预测波动率，可能比使用历史波动率更可靠。

本章前三节实现了多种机器学习模型，在我们的数据上各模型的选股表现差异很大。后两节分别从模型角度和组合构建角度尝试了多种优化方法，有的取得了明显改进，有的没有。需要提醒大家的是，本章的实验并不足以衡量模型间的优劣，各个模型都有自己的优势和劣势，需要结合场景和数据做出选择。各种优化方法也是如此，本章介绍的方法都是量化投资实践中的常用方法，多尝试，说不定会有惊喜。

第7章 前沿技术在量化投资中的应用

读到这里，你应该已经掌握了基础的多因子选股方法并可以开始自己的投资实践了。不过，仔细思考你会发现，前面介绍的方法并没有充分挖掘数据中的信息，由股票多因子在各时间截面上的取值构成的数据其实是面板数据，但在第6章的实践中主要是将各时间截面上的股票因子数据简单拼接起来当作表格数据处理，这种方法忽略了面板数据在时间序列上的自相关性和股票之间的相关性。另外，在传统因子已经被过度利用的当下，如何挖掘另类数据的价值也是一个重要命题，在前面的章节中也未提及。

本章将介绍如何使用新技术解决上述两类问题。7.1介绍使用图神经网络技术挖掘因子的时间序列信息和股票之间的关系信息。7.2介绍使用自然语言处理技术挖掘新闻和舆情信息。通过使用这些技术，一方面，可以进一步挖掘传统因子中被忽略的信息；另一方面，可以利用另类数据构建新的因子，从而进一步提升投资效果。

7.1　图神经网络

在第 6 章中，用于机器学习模型训练和预测的股票多因子数据属于面板数据，在每个时间截面上有多个股票的各种因子的暴露值，而我们所用的处理方法是将各时间截面上的各股票因子暴露样本简单拼接起来组成训练集，然后将训练集当作表格数据送给 XGBoost 等树模型处理，或者直接送入多层感知器或卷积神经网络等神经网络，这种做法忽略了面板数据所能提供的额外信息。面板数据中包含时间和空间两个维度的额外信息。从时间维度看，同一只股票的因子和收益率可能存在自相关性。从空间维度看，相同行业板块的股票之间存在相关度；不同行业股票之间也存在关联，如产业链上下游关系。因此，我们需要一种方法对股票之间的相关性进行建模，图神经网络是这方面的主流技术。

深度学习在图像识别等问题上表现良好，算法可以将每个像素解释为更大图片的一部分。作用于向量、图像和形状的卷积层基于的是元素之间的欧几里得距离，每个元素都和与它距离最近的元素进行卷积运算。但股票之间的关系更加复杂，它们的关系发生在不同的层面，各自具有不同的强度和相关性。如果要表示两只股票是否属于同一行业，这种关系就是布尔型的，如果要表示两只股票之间的相关性强度，需要用的是实数型。表示这种结构多样性的最自然的方式是通过图。

7.1.1　图神经网络基本原理

下面从两个方面介绍图神经网络的基本原理。

1. 图的表示

图论是一个古老的数学分支，图论中的图（G）是一个抽象的概念，它由一组顶点（V）和连接这些顶点的一组边（E）组成，即 $G=(V, E)$，顶点也称节点（N）。具体来说，可以将集合 E 定义为 $V \times V$ 的子集，其中 × 是集合之间的笛卡尔积。对于 i，$j \in V$，当且仅当 $(i, j) \in E$ 时，i 和 j 之间存在连接。图也可以表示为邻接矩阵 A，满足 $A_{i,j} \neq 0 \Leftrightarrow (i, j) \in E$。对于无权图，邻接矩阵 A 具有 0、1 二元取值，0 表示顶点间无连接，1 表示有连接。对于有权图，邻接矩阵 A 中的值可以表示顶点间连接的权重，值越高代表连接越强。如果 A 是对称的，表示为信息无差别地从 i 流向 j，并从 j 流向 i，则该图为无向图，否则是有向图。其他特殊类型的图包括二分图（其中，顶点可以分为两类，同一类中没有两个顶点相连）和完全图（其中，每个顶点都相互连接）。图 7-1 是一些图的示例。

图论为图的研究提供了多种工具。谱图理论作为其中的一个分支侧重于图中的信

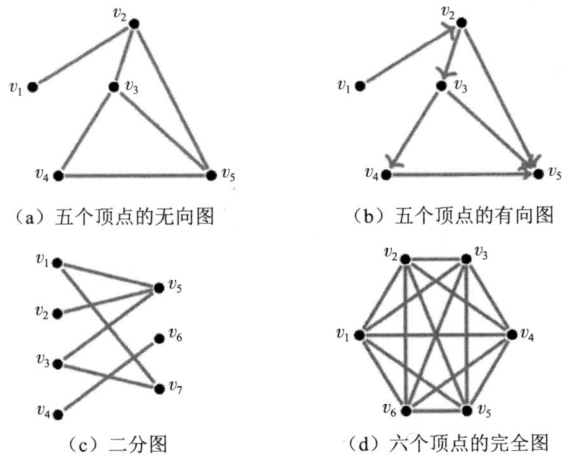

（a）五个顶点的无向图　　　　　　（b）五个顶点的有向图

（c）二分图　　　　　　（d）六个顶点的完全图

图 7-1　图结构示例

息传播。拉普拉斯矩阵是表示图拓扑结构的一种矩阵，是谱图理论中的一个有效算子。拉普拉斯矩阵的计算规则为 $L = D - A$，其中，A 为邻接矩阵，D 为度矩阵。度矩阵 D 是一个对角矩阵，满足 $\forall i \in \{1, \cdots, N\}$，$D_{i,i} = \sum_{j=1}^{N} A_{i,j}$。由于邻接矩阵 A 的对角线元素都为 0，因此，拉普拉斯矩阵可以无损地组合有关每个顶点邻居的数量和位置的信息。

2. 消息传播神经网络

消息传播神经网络（message passing neural network，MPNN），它是图神经网络工作机制的通用框架，也就是说，MPNN 是对多种变体 GNN 网络结构的一般化总结，也是 GNN 编程的通用范式。将信息从一个节点发送到另一个节点的操作称为消息传递。这一系列机制的作用类似于欧几里得空间中的卷积运算，允许将信息传播到相邻节点。MPNN 共包含两个阶段：消息传递阶段和读出阶段。

消息传递阶段。消息传递阶段的工作是将信息从一个节点发送到另一个节点，具体可以分为三个步骤：首先，消息创建、聚合和更新。在消息创建过程中，节点的信息被转化为嵌入。其次，聚合步骤将消息传播到节点的每个邻居。最后，更新步骤将查看每条收到的消息并相应地修改节点的值。

图 7-2 展示了通过消息传递范式的聚合邻接节点信息来更新中心节点信息的过程。图中右上角展示的是一次邻接节点信息传递到中心节点的过程：B 节点的邻接节点（A，C）的信息经过嵌入后聚合到 B 节点，接着 B 节点信息与邻接节点聚合信息一起经过更新得到 B 节点的新的节点信息。遵循同样的过程，C、D 节点的信息也被更新。在 A 节点的邻接节点（B，C，D）的节点信息更新完成后，再经过消息创建、聚合和更新三个步骤完成目标节点 A 的信息更新。多次更新后的节点信息就作为节点表征。

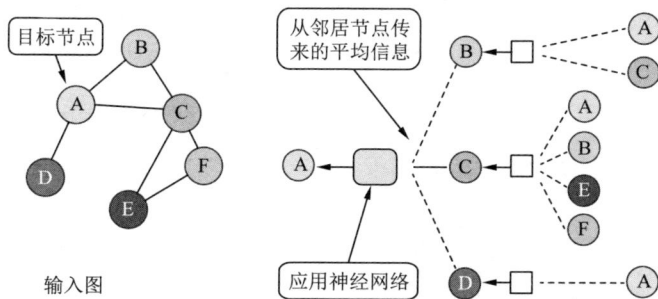

图 7-2　节点信息更新过程

更为正式地表达，这三个步骤可以建模为函数。设 X 为节点信息空间，Y 为消息空间。那么，消息创建步骤由函数 message：$X \rightarrow Y$ 定义，更新步骤由函数 update：$Y \rightarrow X$ 定义。假设我们有一个图，其中每个节点 i 都包含时间 t 时的实数向量 $\boldsymbol{v}_{i,t}$。令函数 N 对于给定节点 i，返回 i 的邻居节点集合。聚合运算符可以是任何函数 f：$Y \rightarrow Y$，使得：

$$\boldsymbol{v}_{i,t+1} = f\{\boldsymbol{v}_{j,t}, j \in N(i)\}$$

此外，f 应具有排列不变性，由于节点的邻居不存在任何自然顺序，因此，f 的处理不应因消息到达的顺序而改变。如果聚合运算符为平均运算符，那么：

$$\boldsymbol{v}_{i,t+1} = \frac{1}{N(i)} \sum_{j \in N(i)} \boldsymbol{v}_{j,t}$$

这种简单的平均消息传递机制定义了 SAGE 神经层，它是图神经网络的先驱。事实上，图神经层只是一种可微分的参数化消息传递机制。

读出阶段。对于图级别的任务（如图分类），仅仅获得节点级别的表示是不够的，需要通过读出函数聚合节点级别的表示，计算获得图级别的表示。读出函数根据每个节点的最终隐藏状态计算图的特征向量，输入是最终时间步的一组节点隐藏状态，输出是图的特征向量。

$$\tilde{\boldsymbol{y}} = R(\{\boldsymbol{h}_v^{\mathrm{T}} \mid \boldsymbol{v} \in G\})$$

其中，$\tilde{\boldsymbol{y}}$ 为最终输出的向量，R 是读出函数，读出函数必须可导且具有排列不变性，这对于 MPNN 能够处理具有不同结构的图来说非常重要。

基于消息传递图神经网络框架设计的图神经网络模型，就是通过设计不同的消息函数、更新函数及读出函数实现的，从而利用不同的方式聚合自身和邻居特征，且得到整个图的特征。

7.1.2　图神经网络代表模型

1. GCN

图卷积网络（graph convolutional network，GCN）将欧式结构上的卷积扩展到了非欧结构上的卷积。传统卷积神经网络中的卷积被定义为将某个像素点周围的像素以不同权重叠加起来。相应地，在图这种非欧式结构中，卷积是将某个顶点周围的邻居以不同权重叠加起来，如图7-3所示。

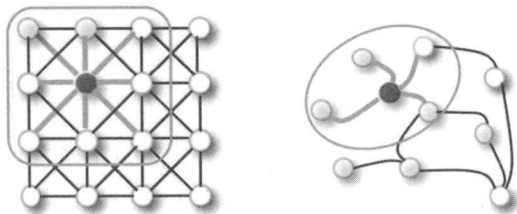

图7-3　传统卷积与图卷积

GCN方法又可以分为两大类，基于谱的和基于空间的。基于谱的方法从图信号处理的角度引入滤波器来定义图卷积，其中，图卷积操作被解释为从图信号中去除噪声。基于空间的方法将图卷积表示为从邻域聚合特征信息，是更为常用的GCN方法。

就像普通的卷积神经网络一样，GCN也是以若干层堆叠提取特征的方式发挥作用或是加上图池化与读出层做分类任务。

对于图信号矩阵$X \in R^{N \times C}$，N为顶点个数，c为节点的特征维度，图卷积操作数量为F，即特征映射到F维，得到矩阵表示的卷积结果，图卷积层的公式表示为：

$$Z = \widetilde{D}^{-\frac{1}{2}} \widetilde{A} \widetilde{D}^{-\frac{1}{2}} X \Theta$$

其中，$\widetilde{A} = A + I_N$为添加自连接的无向图G的邻接矩阵，$\widetilde{D}$为$\widetilde{A}$的度矩阵，$\Theta \in R^{C \times F}$为滤波器参数矩阵，需要通过训练得到，$Z \in R^{N \times F}$为卷积后的图信号矩阵。

在计算下一层节点表示的过程中，隐含着消息传递机制，可以认为GCN的聚合函数为$N = \widetilde{D}^{-\frac{1}{2}} \widetilde{A} \widetilde{D}^{-\frac{1}{2}} X$，更新函数为$\text{update} = N\Theta$。

2. GraphSAGE

GraphSAGE是一个归纳学习模型，所谓归纳学习是指可以对训练过程中见不到的数据直接计算而不需要重新对整个图进行学习。与之相应的是转导学习，它是指所有的数据都可以在训练的时候拿到，学习的过程是在这个固定的图上进行，一旦图中的某些节点发生变化，则需要对整个图进行重新训练和学习。GCN就是一个转导学习模型，GraphSAGE正是为了应对GCN的不足而被提出的。

GraphSAGE分为邻居采样、邻居聚合、节点预测三个步骤，如图7-4所示，前两个步骤是关键。

由内到外采样。为了提高计算效率，先要随机采样一个固定大小的邻域集，由于每个中心节点及其采样的邻居数量相同，这使得计算树具有相同结构，因此，可以支

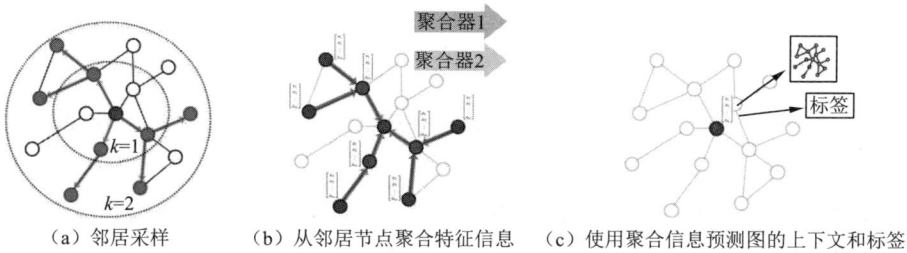

（a）邻居采样　　　（b）从邻居节点聚合特征信息　（c）使用聚合信息预测图的上下文和标签

图 7-4　GraphSAGE 的三个步骤

持深度学习中非常重要的 mini-batch 训练。具体做法是从中心节点开始由内到外逐层对邻居节点进行采样，直到最外层。对第 k 层的每个节点固定采样数量为 S_k，当邻居数量小于 S_k 时，采用放回抽样，否则采用无放回抽样。

具体示例如图 7-4（a）所示，先对中心节点的 5 个 1 阶邻居采样，得到 3 个标深色的 1 阶邻居节点；随后对每个 1 阶邻居节点的 1 阶邻居采样，得到最外圈标红的 2 阶邻居节点。

由外到内聚合。完成采样后进入聚合阶段。与采样阶段相反，聚合阶段是由外向内迭代聚合。在每一轮循环 k 中，对每个节点 u，先对 u 的 $k-1$ 层（即上一层）采样节点进行邻居聚合得到 $h_{N(u)}^k$，再将 $h_{N(u)}^k$ 与节点 u 的第 $k-1$ 层表示 h_u^{k-1} 拼接，通过全连接层转换后得到 u 在第 k 层的节点嵌入 h_u^k。

具体示例如图 7-4（b）所示，先按绿色箭头的方向将 2 阶邻居节点的特征聚合到 1 阶邻居节点，随后按蓝色箭头的方向将 1 阶邻居节点的特征聚合到中心节点。

聚合过程的公式表示为：

$$h_u^k = \sigma\left(W_k \cdot \left[h_u^{k-1} \| \mathrm{AGG}\left(\{h_{u'}^{k-1}, \forall u' \in N(u)\}\right)\right]\right)$$

其中，$\|$ 表示拼接操作，W_k 为中心节点特征与聚合邻居特征的共享参数。聚合器 AGG 必须是对称的，即运算结果不受节点顺序的影响，此外，聚合器可训练并保持较高的表达能力。GraphSAGE 可以选择的聚合器有 Mean、长短期记忆网络和 Pool 三种。

3. GAT

图注意力网络（graph attention network，GAT）是一种基于空间的图卷积网络。在 GCN 中的边权重是通过度矩阵来控制的，在深度学习中，我们更希望模型能够自己学习如何分配权重。要实现这一目标，注意力机制是最自然的选择，图注意力网络就这样应运而生。

注意力机制的本质是对于给定的一个查询和一系列键值对（Key，Value）组成的 Source，基于查询和键值对的相似度对 Value 加权求和，并将其作为查询结果。查询和 Key 之间的相似度被称为注意力系数，它决定了哪些 Key 需要被重点关注。公式表示为：

$$\text{Attention}(\text{Query},\text{Source}) = \sum_{i=1}^{L} \text{Similarity}(\text{Query},\text{Key}_i) \times \text{Value}_i$$

其中，L 为 Source 的长度。

我们将注意力机制的思想迁移到图神经网络。将中心节点 i 的特征向量看作查询，将所有邻居节点的特征向量看作 Source，则结果 Attention（Query，Source）就是中心节点 i 经过所有邻居节点特征聚合后新的特征向量。在这一操作中，查询、Key 和 Value 属于同一来源，都是同一个图结构中的节点特征，所以，这一操作属于自注意力机制。

图注意力网络通过上述注意力机制，隐式地训练学习邻居节点 j 对中心节点 i 消息传递的重要性，根据重要性对邻居节点特征加权求和，得到新的节点嵌入。一个 GAT 层的实现过程主要分为如下三个步骤。

步骤一：计算注意力系数。

给定节点特征集合 $h = \{\vec{h}_1, \vec{h}_2, \cdots, \vec{h}_N\}$，$\vec{h}_i \in R^F$，N 为节点个数，F 为每个节点的特征个数。为了获得足够的表达能力，先要通过权重矩阵 W 进行一次线性变换，将输入特征转换为更高级别的特征。$W \in R^{F' \times F}$ 为作用于每个节点的可学习的共享参数，其中，F' 为 $\vec{h}_i$ 经过线性变换后的特征维度。接下来，在所有节点上执行自注意力机制 a，得到注意力系数 e_{ij}：

$$e_{ij} = a(\vec{W}\vec{h}_i, \vec{W}\vec{h}_j)$$

e_{ij} 代表节点 j 的特征对节点 i 的重要性。

GAT 通过 Masked Self-Attention 将图结构信息注入给上式，让注意力机制的运算只在邻居节点间进行，也就是只考虑每个节点 i 与其所有一阶邻居节点之间的注意力系数。

步骤二：标准化注意力系数。

为了使不同节点之间的注意力系数具有可比性，GAT 使用 softmax 函数对节点 i 的所有邻居节点 j 的注意力系数进行标准化：

$$\alpha_{ij} = \text{softmax}_j(e_{ij}) = \frac{\exp(e_{ij})}{\sum_{k \in N_i} \exp(e_{ik})}$$

其中，N_i 为节点 i 的一阶邻居节点集合。

步骤三：计算最终输出特征。

获得标准化注意力系数后，对邻居节点特征进行加权求和，再经过某种非线性变换 σ，得到每个节点的最终输出特征，公式如下：

$$\vec{h_i'} = \sigma\left(\sum_{j \in N_i} \alpha_{ij} \boldsymbol{W} \vec{h_j}\right)$$

为了使上述注意力机制运算过程更稳定，GAT 使用多头注意力机制，对上述过程独立重复 K 次，将 K 次特征结果取简单平均，并进行非线性变换 σ，得到节点 i 的最新特征表示，公式如下：

$$\vec{h_i'} = \sigma\left(\frac{1}{K}\sum_{k=1}^{K}\sum_{j \in N_i} \alpha_{ij}^k \boldsymbol{W}^k \vec{h_j}\right)$$

多头注意力机制的直观解释如图 7-5 所示，图中三种灰度的线代表有三个头，学习到了不同的权重分配方式，再通过某种聚合方式聚合获得 $\vec{h_i'}$。因此，GAT 不但将权重调整为与两个节点都相关的函数，而且还是可学习的，它同样遵守消息传递框架。

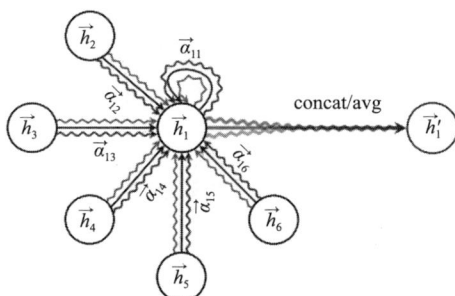

图 7-5　多头注意力机制

7.1.3　图神经网络在投资中的应用

下面从三个方面介绍图神经网络在投资中的应用。

1. 资产管理图神经网络

2021 年年末，Amundi（Pacreau et al.，2021）发表图神经网络应用于全球指数 MSCI 及美国市场指数标普 500 选股的工作论文。

利用 MSCI 股票的财务信息构建的四张图如下。

板块图：将属于同一板块的股票节点两两之间用边连接，形成多个子图。对子图内的 N 个节点两两连接形成 $N \times (N-1) \div 2$ 条边，对大型图来说，计算成本很高，可以使用超图来对板块信息进行更简洁的表示。

相关性图：根据股票间的相关性或其他相似性度量构建图，这种图的优势是不需要额外的外部数据。可将相关性作为连接权重构建有权图，也可以通过对相关性的阈值处理创建无权图。通过合理设置阈值可以控制图中边的数量既不太多也不太少。

供应链图：公司之间的供应链关系是一种很重要的联系，将存在供应链关系的股票相互连接形成的图就是供应链图。类似地，可以根据公司之间的股权关系构建图，或者将被同一基金持有的股票相互连接形成图。

组合图：将股票之间可能存在的多种连接形成的不同的关系图综合起来形成复合图。

作者构建了一种用于股票投资组合构建的图神经网络架构，通过对 MSCI 世界指数和标普 500 指数的消融研究来研究 GCN、GAT 和 HGCN 层的附加值。研究发现，GCN 层可以稳定神经网络并减少权重随机初始化产生的方差。注意力机制在非常密集的图上更加稳健，但容易产生过拟合。在稀疏但信息丰富的图上，如供应链图，GCN 层是首选。

2. HIST

自 2021 年开始，微软亚洲研究院发表多篇工作论文，将图神经网络分别应用于多因子选股、事件驱动选股、风险模型、时间序列预测。其中 *HIST：A Graph-based Framework for Stock Trend Forecasting via Mining Concept-Oriented Shared Information*（Xu et al.，2022）提出了一种基于图的股票趋势预测框架 HIST（sHared Information for Stock Trend forecasting），它能够充分挖掘预定义概念（如股票的部门、行业和主要业务等）和隐藏概念（股价走势相关性反映的未被预先定义的隐含概念）中的共享信息，并在此基础上实现较好效果的股票趋势预测。

实验证明 HIST 框架能够有效挖掘股票间概念的共享信息，显著提高股票趋势预测性能。具体来说，在利用 GRU 提取股票的时间特征后，依次应用三个模块挖掘基于股票预定义概念。因此，概念的共享特征和未被包含在共享信息中的个性特征，三个模块分别是预定义概念挖掘模块和隐藏概念挖掘模块，以及个股特征挖掘模块。在 A 股市场的中证 100 和沪深 300 的股票上的实验结果证明了所提出的框架的有效性。该模型为股票趋势预测提供了一种新颖的思路，即将股票的收益来源通过三个不同角度进行解释，并通过图神经网络的方式提高了各个模块的可解释性。

3. Qlib 图神经网络选股实践

华泰金工团队于 2021 年 2 月发布研报，通过微软 Qlib 平台已实现的动态图注意力网络（GATs_ts），测试 GNN 选股效果。

GATs_ts 借鉴了关系股票排序框架（relational stock ranking，RSR）框架，该框架主要包括三层，由下而上依次是顺序嵌入层、关系嵌入层及预测层。同一层的 LSTM 单元和全连接层 FC 单元的权重是共享的。RSR 选股思路如下。

首先，将每只股票的历史时间序列数据输入到同一个 LSTM 中，捕获序列自身相关性，得到股票的顺序嵌入；

其次，使用时间图卷积组件（temporal graph convolution，简称 TGC）在股票关系的基础上，加入一种时间敏感的方式，对顺序嵌入进行修正，得到关系嵌入；

最后，将顺序嵌入和关系嵌入拼接，输入到同一个全连接层，得到每只股票的排序得分。RSR 框架将 N 只股票映射到一个排名列表上，预测排序得分越高的股票在未来将获得更高的投资收益。

GATs_ts 在实现上与 RSR 的区别在关系嵌入这一步，GATs_ts 采用 GAT 中的全局注意力方式，这种方式不需要像 RSR 那样构建显式的股票关系图，而是对每一个中心节点计算其他所有节点的特征聚合。

基于 Qlib 内置的 Alpha158 因子库，华泰金工采用 GATs_ts 模型对沪深 300 成分股进行日收益率预测，随后构建日频调仓投资组合。回测期内一层 GATs_ts 策略表现优于基准模型 LSTM 和多层 GATs_ts。

在此基础上，华泰金工团队于 2022 年 5 月发表了文章，从多角度改进图神经网络选股模型，核心改进方向是引入残差网络结构，将预测收益拆解为股票间行业板块关联解释的收益、股票间因子关联解释的收益、特异性收益，分别采用不同组件学习：原始因子编码后送入掩码自注意力层，学习股票间板块或行业关联解释的收益；上一层残差送入全局自注意力层，学习股票间因子关联解释的收益；上一层残差代表因子解释自身的特异性收益。在中证 500 指数的实验证明，引入残差结构有显著改进效果。另外，实验表明板块建图表现优于行业建图，产业链上下游股票即使分属不同行业，也存在相互影响。

7.2　语言模型

随着量化投资行业的竞争日益激烈，从传统数据中获取超额收益越来越困难，投资者不得不转而寻求另类数据中的 Alpha。另类数据是指传统的价量、财务数据以外，能够为投资者提供增量信息的数据，比如新闻舆情、分析师研报、公司的 ESG 数据，甚至物流信息、卫星图像等。与传统数据的最大区别在于，另类数据大多为非结构化、来源多样的数据，且数据的收集较为困难。另类数据中的一个主要类别是文本数据。随着各家数据供应商的数据服务趋于成熟，文本数据的结构化程度堪比传统数据，挖掘文本数据中的 Alpha 开始逐渐成为量化投资行业的标配，文本数据作为传统的另类数据已经慢慢不再另类，逐渐成为传统数据中的一员。在这一背景下，无法利用文本数据的投资者将面临难以弥补的劣势，因此，文本数据处理已经是量化投资者必须掌握的技术。自然语言处理（natrural language processing，NLP）中有一类专门处理文本数据的模型，这类模型统称为语言模型（language modeling，LM）。一般来说，LM 旨在对词序列的生成概率进行建模，以预测未来（或缺失）tokens 的概率。

7.2.1　语言模型发展历程

语言建模在过去几十年中被广泛应用于语言理解和生成，整体来看，可分为四个主要发展阶段。

第一阶段：统计语言模型。

统计语言模型（statistical language models，SLM）基于统计学习方法开发，并在20世纪90年代兴起。其基本思想是基于马尔可夫假设建立词预测模型，例如，根据最近的上下文预测下一个词。这一阶段的代表模型是 N-gram，它是为了估计一段自然语言文本出现概率的大小而提出的模型，按条件概率将句子拆解为词语出现的条件概率，以较为简单的想法实现了较好的效果，但存在无法建模更长的上下文语义及无法建模词语间相似性的缺点。SLM 已被广泛应用于提高信息检索和自然语言处理的任务性能。然而，它们通常受到维数灾难的困扰：由于需要估计指数级数量的转换概率，因此，很难准确估计高阶语言模型。为此，回退估计和古德图灵估计等专门设计的平滑策略被引入以缓解数据稀疏问题。

第二阶段：神经语言模型。

神经语言模型（neural language models，NLM）通过神经网络，如循环神经网络（RNN），来描述 token 序列的概率。作为一个显著贡献，NLM 首次将深度学习的思想引入语言模型中，不仅可以对更长的文本进行建模，而且产生了词向量或称为词嵌入这一副产物，影响深远。此后，word2vec 提出了构建一个简化的浅层神经网络来生成词嵌入，word2vec 在各种 NLP 任务中被证明非常有效。随后一大批词嵌入方法相继涌现，从不同的角度对词编码、句子和段落编码进行改进，词嵌入成为 NLP 研究的标配，迁移学习思想逐渐明朗。

第三阶段：预训练语言模型。

预训练语言模型（pre-trained language models，PLM）先通过大量的语料（通常是无标注的数据）进行训练，得到一个通用的语言表征模型，然后再使用面向具体任务的少量语料，就可以完成下游任务的训练。作为早期尝试，ELMo 被提出来通过预训练一个双向 LSTM 网络来捕捉上下文感知的词表示，然后根据特定的下游任务微调双方 LSTM 网络。进一步，基于自注意力机制的高度并行化 Transformer 架构，BERT 作为双向语言模型，在大规模无标签语料库上使用专门设计的预训练任务。这些预训练的上下文感知词表示作为通用语义特征非常有效，其极大地提高了 NLP 任务的性能。这项研究激发了大量后续工作，确立了"预训练和微调"学习范式。在这个范式中，通常需要对 PLM 进行微调以适配不同的下游任务。

第四阶段：大语言模型。

研究发现，扩展 PLM（如扩展模型大小或数据大小）通常会提高下游任务的模型性能。许多研究通过训练越来越大的 PLM 来探索性能极限。尽管扩展主要在模型大小方面进行，但这些大规模的 PLM 与较小的 PLM（如 3.3 亿参数的 BERT 和 15 亿参数的 GPT-2）相比，表现出不同的行为，并在解决一系列复杂任务中展示了惊人的能力（称为涌现能力）。例如，GPT-3 可以通过上下文学习来解决小样本任务，而GPT-2 则表现不佳。因此，研究界将这些大规模的 PLM 命名为大语言模型。作为大语言模型的一个出色应用，ChatGPT 展现出惊人的与人类对话的能力。

7.2.2　Transformer 简介

2017 年，谷歌发表了相关论文，提出了一种简单的完全基于注意力机制的 Transformer 架构，摒弃了传统的 RNN 和 CNN 结构。后续推出的大语言模型，如 GPT、BERT 等，无一不是基于 Transformer 网络结构。不仅如此，Transformer 在图像、视频、声音甚至自动驾驶等领域都已得到广泛应用，已成为继 MLP、CNN、RNN 后公认的第四大基础模型结构。因此，了解 Transformer 的结构与原理很有必要。

Transformer 采用 Encoder-Decoder 结构，也就是说，Transformer 是由一个编码器模块和一个解码器模块组成的。编码器将 token 表示的输入序列 $(x_1, x_2, \cdots, x_n)$ 映射到连续表示序列 $z = (z_1, z_2, \cdots, z_n)$。解码器则根据 z 输出 token 序列 $(y_1, y_2, \cdots, y_m)$，每次输出一个元素。在每个步骤中，模型都是自回归的，在生成下一个 token 时将前面生成的 token 用作输入。

作为 Transformer 核心的注意力机制在 7.1.2 已有过介绍，这里不再展开。除了注意力子层之外，编码器和解码器中的每个层都包含一个逐位置全连接前馈网络层（英文简称为 FFN）。FFN 是一个非线性层，独立地应用于序列中的每个位置。它由两个线性转换组成，两个线性转换通过一个非线性激活函数 Relu 连接。

$$\text{FFN}(\boldsymbol{x}) = \max(0, \boldsymbol{x}\boldsymbol{W}_1 + b_1)\boldsymbol{W}_2 + b_2$$

虽然不同位置的线性变换是相同的，但在层与层之间使用不同的参数，可以捕捉输入序列中的复杂模式和关系。

此外，为提取序列中不同 token 的位置信息，Transformer 引入了位置编码，位置编码与输入嵌入有相同的维度 d_{model}，将位置编码与原始词向量相加作为编码器和解码器的底层输入，位置编码的编码准则如下：

$$\text{PE}_{(\text{pos}, 2i)} = \sin\left(\text{pos} \div 10\ 000^{\frac{2i}{d_{\text{model}}}}\right)$$

$$\text{PE}_{(\text{pos}, 2i+1)} = \cos\left(\text{pos} \div 10\ 000^{\frac{2i}{d_{\text{model}}}}\right)$$

其中，pos 是当前 token 的位置，嵌入层的维度为偶数则使用正弦函数，奇数则使用余弦函数。这种位置编码能让模型很容易地关注相对位置信息，因为对于任何固定的偏移量 k，$\text{PE}_{\text{pos}+k}$ 可以表示成 PE_{pos} 的线性函数。

7.2.3 现阶段代表模型

预训练模型大致分为两类：自回归语言模型和自编码语言模型，分别以 GPT 和 BERT 为代表，下面分别介绍这两个模型的基本原理。

1. GPT

OpenAI 于 2018 年率先提出基于 Transformer 的 NLP 模型——GPT，以解决各种自然语言问题，如分类、推理、相似度、问答等。GPT 是单向表征的自回归语言模型，主要用来处理语言生成任务。GPT 是典型的"无监督预训练+有监督微调"的两阶段模型，先在没有标注的数据集中进行预训练，之后再在有标注的特定任务数据集上进行微调。

在预训练阶段，GPT 使用 BooksCorpus 数据集作为语料库，该数据集包含了 7 000 多本未发表的各种类型的书籍。GPT 使用 ftfy 库对 BooksCorpus 数据集进行了清洗，并使用 spaCy 进行了分词。预训练阶段对于一个含有大量 token 的语料库 $U = \{u_1, u_2, \cdots, u_n\}$，使用标准语言模型建模并通过极大化似然函数来进行优化：

$$L_1(U) = \sum_i \ln P(u_i \mid u_{i-k}, \cdots, u_{i-1}, \Theta)$$

其中，k 是上下文窗口的大小，P 为使用参数为 θ 的神经网络模型得到的条件概率，神经网络模型的参数使用随机梯度下降法进行训练。

GPT 使用多层 Transformer 解码器作为语言模型，对输入上下文 token 执行多头自注意力操作，随后通过逐位置前向反馈网络层生成目标 token 的输出分布。GPT 的预训练流程可以按如下方法公式化：

$$h_0 = U W_e + W_p$$
$$h_l = \text{transformer\_block}(h_{l-1}) \ \forall i \in [1, n]$$
$$P(U) = \text{softmax}(h_n W_e^{\mathrm{T}})$$

其中，$U = (u_{-k}, \cdots, u_{-1})$ 为输入的 k 个 token 的编码序列，W_e 为词嵌入矩阵，W_p 为位置嵌入矩阵，n 表示堆叠的 Block 层数。

预训练完成后需要使用少量的带标注的数据集 C 对模型参数进行微调。数据集 C 的每个样本由一个输入序列 $x^1, \cdots, x^m$ 和对应的标签 y 组成。这些数据被输入预训练模型 transformer_block，得到 h_l^m，将它输入以 W_y 为参数的线性输出层来预测 y：

$$P(y \mid x^1, \cdots, x^m) = \text{softmax}(h_l^m W_y)$$

以最大化 $L_2(C)$ 为微调阶段的目标函数：

$$L_2(C) = \sum_{(x,y)} \ln P(y \mid x^1, x^2, \cdots, x^m)$$

GPT 的作者发现，将预训练时的损失函数作为辅助目标加入微调阶段可以取得更好的效果，将两部分损失加在一起的优化目标为：

$$L_3(C) = L_2(C) + \lambda \times L_1(C)$$

2019—2020 年，OpenAI 相继推出了 GPT-2 和 GPT-3，使用更大的数据集和更大规模的参数达到了更好的效果。目前，GPT 的最新版本是 GPT-4，它是一个大规模的多模态模型，可以接受图像和文本输入并生成文本输出。虽然在许多现实场景中，GPT-4 的能力不如人类，但它在各种专业和学术基准上展现出了匹敌人类水平的表现，包括通过模拟律师考试并且分数在考生中排名前 10%。

2. BERT

Google AI 研究院 2018 年 10 月发表了相关论文，提出了一种新的预训练模型——BERT。

BERT 是自编码语言模型，为了能够同时得到上下文融合起来的信息，BERT 的模型结构为多层的双向 Transformer Encoder。具体来说，当随机遮盖住句子中的某个 token 时，使用 Transformer 的 Encoder 同时获取上下文的信息，将上下文信息进行融合来全向预测这个被掩码的 token，因此，BERT 的双向结构其实是更加深度的。由于同时掌握了上下文信息，可以看出 BERT 的目的并不是要构造一个语言生成模型，而是为了学习到整个语句的语义，因此 BERT 的语言模型其实是一种语言表征模型。

与 GPT 一样，BERT 的实现同样分为无监督预训练和有监督微调两个阶段。先在不同的预训练任务中使用没有标注的数据集进行预训练，之后再使用来自下游不同任务的标记数据分别对参数进行微调。BERT 有两个版本 BERT-Base 和 BERT-Large。

（1）输入表示。BERT 的预训练语料库使用了 BooksCorpus 和英语维基百科两份数据，大约有 33 亿个 token，比 GPT 大数倍，语料需要进行预处理。在预处理时，BERT 首先采用 WordPiece 和一个 30 000 多词的词汇表对序列进行分词，这种分词把词的本身意思和时态分开，有效地减少了词表的数量，例如 "playing" 会被拆分为 "play" + "##ing"。然后，对于分词后的序列，BERT 会加入两个特殊标记，分别是 ［CLS］和 ［SEP］。［CLS］是每个序列的开头标记，此外，模型最后一层 ［CLS］位对应向量可以作为整句话的语义表示，用于下游的分类任务。

［SEP］是序列分隔符标记，如果序列是单个句子，直接将它附加在末尾；如果序列由句子对组成，它用于分隔前后两个句子。

接下来，BERT 将序列中的每个 token 转换成以下三种 Embeddings：

Token Embeddings：每个 token 对应的词汇表中的 ID。

Segment Embeddings：对于以 ［SEP］分隔的句子对，segment embedding 指明每个 token 属于前一句子还是后一句子。

Position Embeddings：是个可学习的嵌入向量，指明每个 token 在序列中的位置。

最后，将三种 Embeddings 求和得到每个 token 的表示。

（2）BERT 预训练。BERT 有两个无监督预训练任务：Masked Language Model（MLM）和 Next Sentence Prediction（NSP）。

针对第一个任务，为了训练深度双向表示，需要随机屏蔽一定比例的输入 token，然后预测这些被屏蔽的 token，这一过程就是"Masked LM"（MLM）。具体来说，在每条训练样本中以 15% 的概率随机地选中某个 token 位置用于预测，且被选中的 token 会按概率进行替换，80% 的概率替换成［MASK］，10% 的概率替换为其他随机 token，10% 的概率保持不变。

被选中预测的位置，取最后一层 Encoder 对应的输出，再通过一个分类层（全连接+GELU+正则化）后，将输出向量乘以词嵌入矩阵，再用 softmax 就可以计算词汇表中每个 token 的概率，进而与真实词求损失函数。

针对第二个任务，许多重要的下游任务，如问答和自然语言推理都需要理解两个句子之间的关系。BERT 使用 NSP 预训练一个能够预测两个句子是否是上下文关系的二分类模型。具体做法为，对于在语料库中挑选出的句子 A 和句子 B 组成的训练样例，50% 的概率句子 B 是句子 A 的下一句，此时标记为 IsNext；50% 的概率句子 B 是随机选取的句子，此时标记为 NotNext。标记后把训练样例输入给 BERT，用［CLS］的输出向量进行二分类预测。

（3）BERT 微调。BERT 可用于多种语言任务，完成预训练之后，要针对特定任务进行有监督的微调。前文也提到，ELMo 是"基于特征的预训练语言模型"，而 BERT 是"基于微调的预训练语言模型"，下游任务需要将模型改造成 BERT 模型，才可利用 BERT 模型预训练好的参数。BERT 模型微调相对比较简单，仅需要在模型中再额外添加一个输出层即可。token 表示被输入到输出层形成问题回答或情绪分析等输出。

BERT 后来又被改进为许多新模型，如 RoBERTa、AIBert、SpanBert 等，成为一个系列，并长期霸占在各类 NLP 任务榜单榜首。BERT 缺点是模型参数太多，而且模型太大，训练一次需要巨大的时间和硬件开销。同时，因为没有采用自回归的结构，BERT 对文本生成任务的支持并不好。

7.2.4　LLM 在投资中的应用

LLM 在投资中的应用主要有以下三个方面。

1. 用 ChatGPT 预测股票收益

佛罗里达大学的学者研究发现，在金融行业使用大语言模型可以更准确地预测股票市场，并可以有效提升交易策略收益。为了进行分析，首先从 CRSP 数据库中获取所有美国普通股的每日股票收益，然后从主要新闻媒体和新闻专线获取与这些股票相关的新闻标题构建综合数据集。使用这些数据集评估各 LLM（包括 ChatGPT）在通过对新闻标题的情绪分析来预测股市回报方面的表现，并将其与领先的数据供应商提供的现有情绪分析方法进行对比。

对于每个新闻标题，使用 ChatGPT 来评估它对公司股价的影响是好、是坏还是中性，将这些影响转换为数字分数，并用分数来预测股票下一个交易日的收益。实验表明，ChatGPT 分数与随后的每日股票收益之间存在着显著的正相关性。ChatGPT 在预测股票收益上的表现远超过传统的情绪分析方法，不仅如此，与 BERT、GPT-1 和GPT-2 等模型相比，ChatGPT-4 表现最好，这种现象可归因为复杂语言模型的涌现能力。此外，文章中还提到，ChatGPT 分数对于小盘股和大盘股、有正面消息和负面消息的股票都存在预测性，不过 ChatGPT 在规模较小的股票和有坏消息的股票上的预测性更强，套利限制存在可以解释这一现象。

2. BloombergGPT

2023 年 3 月，彭博社发布了自己的 LLM，名为 BloombergGPT，与面向通用场景的ChatGPT 不同，它是一个专门为金融行业开发的拥有 500 亿参数的 LLM。根据彭博社发表的研究论文，BloombergGPT 使用从彭博专有的数据源提取的 3 630 亿个 token 和来自通用数据集的 3 450 亿个 token 组成的语料库。从模型结构看，BloombergGPT 是基于 BLOOM 的解码器的因果语言模型，该模型包含 70 层 Transformer 解码器块。此外，BloombergGPT 在模型缩放、训练和优化等方面都做了精心处理。

研究评估了 BloombergGPT 在特定金融任务和通用任务上的表现，并与 GPT-NeoX、OPT66B、BLOOM176B 和 GPT-3 等 LLM 对比。结果发现在 BloombergGPT 在特定金融任务上的表现显著优于其他 LLM，在通用任务上的表现仅次于 GPT-3。彭博社ML 产品和研究团队负责人 Gideon Mann 表示："机器学习和 NLP 模型的质量取决于您输入的数据。"这一观点在此项研究中得到证明，BloombergGPT 作为采用高质量金融数据训练的大模型确实更适合金融任务。

3. FinGPT

与基于专有知识的 BloombergGPT 不同，FinGPT 一个专门为金融行业开发的开源LLM。FinGPT 的贡献包括以下方面。

民主化：FinGPT 作为一个开源框架，旨在让所有人都能很容易地接触并理解金融数据和金融大语言模型，发掘开放金融中尚未开发的潜力。

以数据为中心的方法：认识到数据管理的重要性，FinGPT 采用了以数据为中心的方法，并实现了以严格的数据清理和预处理方法来处理各种数据格式和类型，从而确保了数据的高质量。

端到端框架：FinGPT 为金融大语言模型提供了一个四层的全栈框架：

一是数据源层：这一层确保全面的市场覆盖，通过实时信息捕获解决金融数据的时间敏感性；

二是数据工程层：这一层处理金融数据固有的高时间敏感度和低信噪比问题，为实时 NLP 数据处理做好准备；

三是 LLMs 层：这一层专注于一系列微调方法，减轻了金融数据的高动态性，确保了模型的相关性和准确性；

四是应用层：这一层展示了实际应用和样本，凸显了 FinGPT 在金融领域的潜力。

FinGPT 的贡献不仅限于技术方面，它还为金融大语言模型培育了开源生态系统。通过在开源 AI4Finance 社区内培育强大的协作生态系统，FinGPT 有望重塑我们对金融大语言模型的理解和应用。

本章以"前沿技术在量化投资中的应用"为题，希望能为读者展示前沿技术发展为量化投资带来的无限可能。但无论是以人工智能为代表的计算机技术，还是量化投资理论，都在迅速发展，当你阅读到这里时，本章所谓的"前沿技术"可能已经变成了常规技术甚至过时技术，不要感到困惑，随着时间的推移这是不可避免的。希望我们都能保持学习和探索的热情，持续更新和完善自己的知识体系，不断更新自己的量化投资策略，取得认知和收益的双重回报。如果下一次量化投资的技术突破或理论创新由本书的读者创造，那将是作者的莫大荣耀。

参 考 文 献

[1] 陈. 量化交易：如何建立自己的算法交易事业［M］. 商诺奇，谢彦，译. 大连：东北财经出版社，2014.

[2] 陈. 算法交易：制胜策略与原理［M］. 高闻酉，黄蕊，译. 北京：机械工业出版社，2017.

[3] 陈. 机器交易：利用算法赢得市场先机［M］. 林通，译. 北京：清华大学出版社，2019.

[4] 李勉群，苏子英. 阿尔法经济学：赢取资本超额收益的法则［M］. 北京：北京大学出版社，2019.

[5] 格林诺德，卡恩. 主动投资组合管理：创造高收益并控制风险的量化投资方法［M］. 李腾，杨柯敏，刘震，译. 2版. 北京：机械工业出版社，2014.

[6] 钦塞瑞尼，金大焕. 量化股票组合管理：积极型投资组合构建和管理的方法［M］. 陈志岗，李腾，译. 北京：机械工业出版社，2018.

[7] 洪灏. 预测：经济、周期与市场泡沫［M］. 北京：中信出版集团，2020.

[8] 张然，汪荣飞. 基本面量化投资：运用财务分析和量化策略获取超额收益［M］. 北京：北京大学出版社，2017.

[9] 墨菲. 金融市场技术分析：期（现）货市场、股票市场、外汇市场、利率（债券）市场之道［M］. 北京：地震出版社，2010.

[10] 费思. 海龟交易法则［M］. 乔江涛，译. 3版. 北京：中信出版社，2013.

[11] 爱德华兹，迈吉，巴塞蒂. 股市趋势技术分析［M］. 万娟，郭烨，姚立倩，等译. 10版. 北京：机械工业出版社，2017.

[12] 格林布拉特. 股市稳赚［M］. 李佳，卢晓辉，译. 北京：中信出版社，2016.

[13] 罗荣华. FOF管理：策略与技术［M］. 北京：机械工业出版社，2020.

[14] 石川，刘洋溢，连祥斌. 因子投资：方法与实践［M］. 北京：电子工业出版社，2020.

[15] 周志华. 机器学习［M］. 北京：清华大学出版社，2016.

[16] GÉRON A. 机器学习实战：基于Scikit-Learn、Keras和TensorFlow［M］. 宋能辉，李娴，译. 2版. 北京：机械工业出版社，2020.

[17] 科克雷，吉达. 机器学习与因子投资：从基础到实践［M］. 周亮，周凡程，译. 北京：人民邮电出版社，2023.

[18] 陈智颖，陈苗臻，吴巧花. 动量效应与反转效应成因及理论应用研究综述［J］. 财会月刊，2019（15）：171-176.

[19] EIXEIRO M. Time series forecasting in python［M］. New York：Manning Publications Co，2022.